免费

零元游
美国

不用门票也能游遍美国

少花钱×多体验×不走寻常路

AMERICA

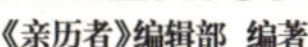

《亲历者》编辑部 编著

中国铁道出版社
CHINA RAILWAY PUBLISHING HOUSE

图书在版编目(CIP)数据

零元游美国／《亲历者》编辑部编著 .—北京：中国铁道出版社，2017.1

（零元游世界）

ISBN 978-7-113-17717-1

Ⅰ . ①零… Ⅱ . ①亲… Ⅲ . ①旅游指南－美国
Ⅳ . ① K971.29

中国版本图书馆 CIP 数据核字（2016）第 240920 号

书　　名：零元游美国

作　　者：《亲历者》编辑部　编著

策划编辑：聂浩智

责任编辑：孟智纯

编辑助理：杨　旭

版式设计：戴立志

责任印制：赵星辰

出版发行：中国铁道出版社（北京市西城区右安门西街 8 号　邮编：100054）

印　　刷：北京铭成印刷有限公司

版　　次：2017 年 1 月第 1 版　2017 年 1 月第 1 次印刷

开　　本：880mm×1230mm　1/32　印张：10　字数：360 千

书　　号：ISBN 978-7-113-17717-1

定　　价：49.80 元

前言

美国是一个自由开放的国家，充满魅力。美国不仅经济发达，还有着多元的文化。众多高等学府，彰显出这个国家的文化底蕴。

美国有着200多年的历史，拥有众多历史遗存，每一处遗存都蕴含着一个故事，如为什么自由女神像起初并不被美国人认可？布鲁克林大桥桥洞中的物品从何而来？很多未解之谜值得去探究。只有迈开脚步，亲身前往美国旅行，你才能一探究竟，深入了解美国以及美国神秘的遗存。

复杂的地形、多变的气候等诸多因素造就了美国迷人的自然风光。每一处风光都有着独特的魅力，欣赏这些景点，你定会感叹大自然的神奇，沉醉其中。

《零元游美国》汇集了美国大部分的免费景点，“零元”并不是指一分钱都不花，而是指门票免费以及不花钱欣赏自然风光，但住宿、交通、餐饮等方面是需要花钱的。

省去买门票的费用，你可以把钱用在更多旅行体验上面。例如：自己开车走一走 66 号公路，沿途的小镇风情定能让你忘乎所以；去拉斯维加斯，不花一分钱便可看遍这个世界的奢华场面；在基韦斯特待几天，静静感受“老人与海”的日日夜夜；走一遍自由之路，由浅入深地体味美国历史的韵味；又或者深入当地的市场、老城区，做回美国人，体验最接地气的美国生活……

本书的“TOP 榜”“心玩法”“免费景点介绍”“旅游资讯”“专题”“美国旅行信息”以及“附录”，都是尽我们所能帮助你免费畅游美国。在这本书中，各个版块的内容都很实用。除了帮助读者选择免费景点之外，还提供了“办理护照”“办理签证”“订机票”“订酒店”“行程计划”以及“应急知识”等多方面的重要信息。总之，本书是一本信息量大、实用可靠的旅行指南书。带着这本书去美国，你可以获得与众不同的旅行体验。

自由女神像

零元游·美国

目录

导读 ·不用门票也能High·

Part 1 ·纽约·

Part 2 ·华盛顿·

Part 3 ·波士顿·

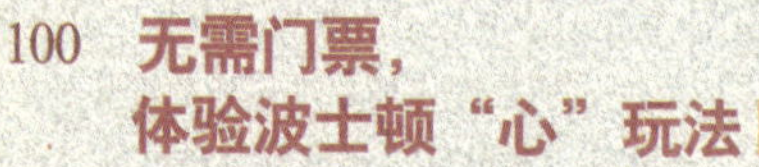

Part 4 · 迈阿密 ·

Part 5 · 亚特兰大 ·

Part 6 · 芝加哥 ·

161 零元游芝加哥周边

164 芝加哥旅游资讯

169 专题：66 号公路沿线

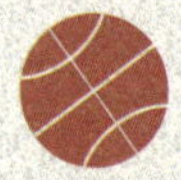
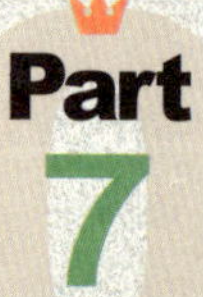

Part 7 · 休斯敦 ·

Part 8 · 丹佛 ·

Part 9 · 旧金山 ·

SANTA MONICA
YACHT HARBOR
SPORT FISHING ★ BOATING
Cafes

THE SIMPSONS RIDE

Part 10 ·洛杉矶·

ROUTE
66

Part
11

Part 11 · 圣迭戈 ·

COLORADO HOUSE.
FIRST SAN DIEGO
COURTHOUSE MUSEUM.

Part 12 · 西雅图 ·

Part 13 · 美国旅行信息 ·

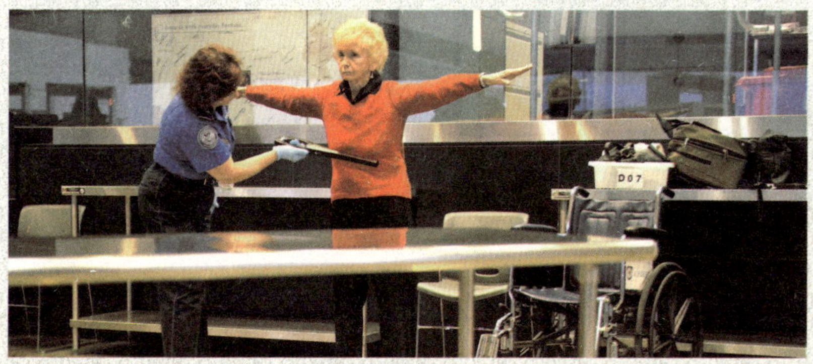

导读 不用门票也能High

·不要门票的地方到底有多好·

零元游美国 导读 1

有景点与无景点

我们所认知的大多景点：人多而杂，门票贵，随大流，体验性差。其实旅游本不该这样，旅游是一种享受，是一种见识，而不是出去一趟花点钱那么回事。少花钱，多体验，多学习，才是旅游的最佳状态。

景点是旅游目的地标志性景观的核心，它分为收费和免费2种，这里所要介绍的不要门票的地方即免费景点，也就是“有景点”。免费景点的最大优点就是不用花钱，其次人少不拥挤，并且贴近当地人的生活、科技、文学等，让你真正长见识、扩眼界。比如世贸大厦遗址博物馆工作室（纽约曼哈顿）完整保留了“9·11”事件的老照片、实物等，让你亲身体会到当时残酷的情景；分布于各大城市中的美国铸币局可以让你零距离观看到硬币的制造过程，这是极其有趣的经历；在Coors啤酒酿造厂（丹佛），品尝和参观美国西部最受欢迎的啤酒是怎样炼成的。类似这种极具体验感的免费景点，散布在美国的大小地区，只要你细细寻找，定会收获满满。

这里所说的“无景点”，是指那些隐藏于山谷、原野、海岸中的度假之地，在这些地方游玩不用花钱，却可以度过惬意的时光，欣赏到多彩的自然美景。另外，闹市中的某条小巷也算不上景点，但是却值得逛一逛，你可以在小巷里体验当地人的生活。

零元游美国 导读 2

既是穷游，也是奢华游

为何说不用门票既是穷游，也是奢华游？不用门票顾名思义可以省下很多门票钱，而且因为偏冷门的缘故，游览景点所附加的吃饭、住宿、体验等费用都会随之降低。而所谓奢华游，指的不仅是体验与见识方面的“奢华性”，更在于这些地方会带给你特有的私人空间，就好比你独自拥有一个度假村、一片草场、一片海滩等。

既是穷游，也是奢华游，说的是一种意境，玩的是一种技巧，多贴近当地人的生活圈，走不寻常的路，你就会发现：“穷”的时候才是最开心、最奢侈的。

越是免费的景点越自然

在美国，门票价格是在尽量满足广大群众文化和生活需要的前提下来制定的。美国是个高度自由且发达的国家，人们注重对文化与生活方面的需要，因此众多设施都是免费的。比如各个城市的公园，不仅建设得很有格调，而且鲜有收费的，以方便人们休息散步，放松身心。其实就连著名的国家公园，其收费标准相对于公园美景来说跟免费无异。另外，许多动物园、植物园基本是科普教育场所，或是由他人捐赠，基本为免费或者价格很便宜，但那些带有游乐性质的园区，门票价格便很高。再有，美国的一些公园每周会有定期优惠政策，比如每周三是免票日，可以随便进出，不用提前预约。

美国的博物馆也遍地都是，以供人们增长知识、了解历史、欣赏艺术和扩大视野。一般属于公有的博物馆很多都是不收费的，如首都华盛顿的众多博物馆，让你免费逛一个月都逛不完。在其他的一些州府，有关当地历史、文化的博物馆也基本是免费的。但如果是私人收藏地作为博物馆对外开放，则根据其经济实力来确定收费标准，类似于洛杉矶盖蒂中心这样资金充裕的机构来说，门票真的不值一提，而你却可以免费参观到众多艺术珍品。

另外，主题公园、游乐场等娱乐设施，因为需要大量投资与管理，所以收费高昂，不如海滩、峡谷、小镇、湖泊等自然景观来得实在。

中央公园很大，用1天时间都不一定能逛完。这个公园可谓一片人间仙境，是纽约城市中的绿洲。漫步于公园内，你可以呼吸到新鲜的空气，看到骑自行车的人、跑步的人……无限风光，尽在中央公园。

高架公园的确是纽约一个很有特色的公园，它曾是“架在空中的高架”，这个高架是货运铁路线。如今，这个高架上面种植了郁郁葱葱的植被，作为公园对公众开放，绝对是一个不容错过的免费游览地。

金门公园即美国西海岸的“中央公园”，位于旧金山，由各色小公园组成，花园造景、小桥流水、幽幽曲径都让人流连忘返。公园中小动物更是无视游人，过着自由散漫的生活，可人至极。

展望公园是纽约市布鲁克林区的一个世外桃源，内部景观丰富，不仅有森林，还有湖泊。除了植物外，展望公园里还设有动物园、拉法次博物馆，可谓“金屋藏娇”。展望公园规模如此之大，令人感叹。

法拉盛草地公园位于纽约市皇后区，这个公园与众不同，内部有美国国家网球中心、美国网球公开赛的场地、纽约大都会棒球队、皇后区艺术博物馆、皇后剧院、皇后区野生动物保护中心等，是一个艺术文化中心，实在不容错过。

虽然林肯公园只是一个小型的城市公园，但是却占据了良好的地理位置，位于风景如画的椰林区。公园内绿树成荫，空气清新，还有一面展示艺术设计作品的投影墙。无论白天还是黑夜，这个公园都是一个免费休息的好去处。

波士顿公园是波士顿市中心的一块宝地，有着悠久的历史。公园正门口矗立着华盛顿骑马的雕像，公园内部有一片湖区，夏天人们可以在这里游泳，冬天可以滑冰。在这个公园的游客中心，你可以免费领取一份自由之路的地图。

千禧公园园内有云门、露天音乐厅、皇冠喷泉等。云门就像一颗巨大的豆子，别具一格。在云门的前方就是芝加哥露天音乐厅，芝加哥的许多音乐节都会在这里举办。公司内的 LED 屏幕上循环播放芝加哥市民笑脸照片，很有意思。

TOP 9 凯瑞公园

凯瑞公园是欣赏西雅图全景的最佳地点，在黄昏时可以拍摄到与众不同的城市景色。由于这个公园是西雅图最古老的居民区之一，所以在这里可以看到许多古色古香的房子。

TOP 10 红杉树国家公园

在 1980 年，红杉树国家公园就被联合国教科文组织列入《世界遗产名录》，园内有高大的红杉树，层林尽染。来到这个公园，你可以漫步古老的森林，尽情呼吸新鲜的空气，这是非常棒的体验。

·零元游美国 TOP榜·海纳百川的博物馆

TOP 1 史密森尼国家自然历史博物馆

华盛顿的史密森尼国家自然历史博物馆 (Smithsonian National Museum of Natural History) 可以让你免费见识到上亿件珍贵藏品，其中最为稀有的是一楼大厅正中央的非洲野象标本与二楼矿藏和宝石展馆内的“希望之星”蓝钻。电影《博物馆奇妙夜 2》便曾在此取景。

美国艺术博物馆和美国肖像画廊是“邻居”，这里的藏品丰富。博物馆外面有个彩色牛仔雕塑，极具美国特色。总体来说，这个博物馆以艺术为主题，展品有绘画、雕塑。当你走进博物馆以后，一定能感受到浓厚的艺术气息。

美国国会图书馆收藏包括 2000 万册图书以及各种期刊、地图、唱片等。来这里参观，你不仅可以看到各种图书，还会被它那华丽的内部装饰所吸引。这个图书馆展现出了美国的独特魅力，让人流连忘返。

美国国家美术馆由两座建筑组成。一座建筑在西侧，这是古希腊风格的新古典主义建筑，里面有许多经典画作与雕塑；另外一座建筑在东侧，这是现代主义的几何建筑，里面有现代艺术作品。有机会看到梵·高的自画像、安迪·沃荷的作品。

美国印第安人国家博物馆展示了有关北美洲原住民印第安人的生活、语言、历史、文学以及艺术。博物馆总共有 5 层，每层的藏品都十分吸引人。在这里，你可以看到美国印第安人部落的工艺品和日常物品。

国立非洲艺术博物馆充满艺术气息，内部藏有来自多个非洲民族的美术工艺品。在这里，你可以看到象牙雕刻、狩猎工具以及彩绘面具等。有意思的是，这个博物馆采用非洲风格来布置，当你走进博物馆以后，如同走进了非洲。

国家邮政博物馆规模并不大，但它却是美国最大的邮政博物馆。对于集邮爱好者而言，这里简直就是一个天堂。你可以免费来这里参观，还可以免费索取精美的明信片。无论是带回家收藏，还是送给亲友，这里的明信片都是不错的选择。

国家航空航天博物馆华盛顿分馆藏品丰富，有飞机、宇航器、火箭以及导弹等藏品。在这里，你还能看到“二战”时期的战机、退役的军用间谍飞机以及曾经服役多年的客机。来到这个博物馆，你会获得神奇的体验。

洛杉矶的盖蒂中心为私人博物馆，因为背后雄厚的财力支撑，使得众多游客可以免费参观到世界著名的雕塑、绘画，就连梵·高名画《鸢尾花》也可近距离欣赏。除了价值连城的大师之作，盖蒂中心的中央花园也是美轮美奂。

TOP 10 世贸大厦遗址博物馆工作室

世贸大厦遗址博物馆工作室有很多关于“9·11”事故的展品，包括“9·11”事故遇难者的照片。通过参观这里的展品，你可以深入了解“9·11”事故。那段历史，被世人所熟知。对于美国来说，这个世贸大厦遗址博物馆工作室有着特殊的意义。

·零元游美国TOP榜·体验最接地气的美国生活

TOP 1 昆西市场

昆西市场并不是一个普通的小市场，这个市场的建筑为罗马式建筑风格，市场中轴线处有长廊，长廊上有许多座椅。除了挑选商品之外，你还可以在这里的美食街品尝特色食物，一饱口福。

TOP 2 珊瑚山墙区

珊瑚山墙区在1920年建成，历史悠久。这里的建筑达一千多座，令人惊叹。酒店、服饰店、珠宝店等均可以在这里找到。对于购物爱好者而言，这里是个天堂。想买什么，来这里准没错。

美国铸币局总部位于费城，在纽约、丹佛以及旧金山都有分部。有意思的是，在参观铸币局时，你有机会看到硬币的制造过程，还能获得一枚纪念币。在这里参观、听讲解都是免费的，因此不能轻易错过这里。

九曲花街被称为“世界上最弯曲的街道”，尽管如此，这条街道还是被合理地利用了。街道两旁的花坛里种满了美丽的玫瑰花，花开的时候，就像一幅斜挂着的绒绣。如果你对这条街道感兴趣，来散步也是一种十分浪漫的体验。

Coors 啤酒酿造厂生产的啤酒有着德国风味。来这里参观，你可以看到啤酒的制作过程，非常有意思。通过参观这个啤酒酿造厂，你能深入了解啤酒的品牌历史，可见，花些时间也是值得的。

渔人码头曾经是意大利渔夫的停泊码头，如今是旧金山热门的景点。来到这个码头，一定要品尝美味的大螃蟹。有意思的是，这里有个圆形广告牌，上面画有“大螃蟹”，你看到广告牌，就到了渔人码头。

TOP 7 丹麦村

丹麦村是一个小镇，这里的街道很干净，漫步于街头是种享受。这里的店铺、教堂具有北欧风格，房屋多为丹麦式建筑风格。由于房屋外观的颜色五彩缤纷，因此这里就像一个童话世界一样。

TOP 8 派克市场

派克市场有着百年历史，是个热闹的市场。市场内部有酒吧、咖啡馆、餐馆等，在购物之余，你还可以喝杯咖啡。在市场内走一圈，你可以感受到当地的风土人情，了解当地人的生活状态。

·零元游美国TOP榜·美国大片里的点点滴滴

TOP 1 布鲁克林大桥

布鲁克林大桥是一个很浪漫的地方，《绯闻女孩》《破产姐妹》等曾在这里选景。漫步于大桥上，你可以欣赏曼哈顿与众不同的风景，感受这座城市独特的魅力。夕阳西下时，带着好友来这里散步是非常浪漫的体验。

格林威治村是一个充满艺术气息的区域，许多艺术家都生活在这里。在这里，你可以找到书店、服饰店、酒吧以及咖啡馆等。那部经典美剧《老友记》就曾以格林威治村的街景为背景，可见这里是个好地方。

联邦调查局即 FBI，是美国最大的反间谍机构，这个常常出现在美国电影里的神秘机构在现实中依旧神秘，办公的大楼很不起眼，如果不是楼下停放的 FBI 车辆，你很难忽略这个地方。在这里可看到神色严肃的黑衣人匆忙出入其中。

罗斯福岛是一个狭长的小岛，《蜘蛛侠》《纽约黑帮》等许多影视剧都曾在该岛取景。尽管这个岛的面积不大，但却有许多精彩看点。岛上的风景美得醉人，花些时间来看一看，你一定会流连忘返。

66 号公路上的图克姆卡里小镇即是著名电影《黄昏双镖客》的拍摄地，小镇有众多经典有趣的墙画，两个牛仔互相拔枪对射的情景便在其中。小镇上还有个著名的蓝燕旅馆，也是不可错过的经典怀旧地。

TOP 6 布鲁克林高地步道

布鲁克林高地步道是纽约市的一个浪漫景点，电影*Annie Hall*和*Moonstruck*都曾在此取景拍摄。傍晚，站在桥上看四周美景，十分惬意。在这里，你能看到布鲁克林大桥和自由女神像。

TOP 7 好莱坞星光大道

好莱坞星光大道有几千颗印有明星手印的星形奖章，值得参观。你可以仔细观察，找到有自己偶像手印的星形奖章，与其合影。在大道上，有街头艺人把自己打扮成明星，你可以免费给这样的艺人拍照。

TOP 8 金门大桥

金门大桥雄伟壮观而又朴实无华，《猩球崛起》《X战警》等美国大片均在此取景过。这个大桥值得参观，即使站在远处看一看也挺好的。走近参观这座大桥，你可以感受到它的独特魅力。

TOP 9 布拉德伯里大楼

布拉德伯里大楼造型精美，它的每个地方都展现出维多利亚风格。由于大楼华丽精致，因此许多美国电影的拍摄都在这里选景，以这里为背景拍摄出的电影都很有范儿，一幕幕精彩镜头很有吸引力。

盖洛普

著名电影《风语者》中，尼古拉斯·凯奇所保护的2位纳瓦霍族人让人印象深刻。纳瓦霍族人便生活在盖洛普附近，纳瓦霍语没有文字，它的发音和语法都极为怪异，因此用纳瓦霍语编制的军事密码在战场上基本无法破译。纳瓦霍族曾有29人应征入伍，直到2014年6月4日，最后一名“风语者”平静去世，世上再也没有了“风中的密码”。

·零元游美国TOP榜·散发浓厚学术气息的美国大学

哈佛大学位于波士顿剑桥镇，有着悠久的历史，建筑古色古香。从建校至今，这所大学培养出许多人才，包括作家、数十位诺贝尔奖获得者以及8位美国总统。校园内充满文化气息，值得参观。

布朗大学位于罗德岛州，历史悠久。虽然这所大学不大，却极具特色。有意思的是，这所大学没有校门，校园建筑分布于马路上。校园有个吉祥物——棕熊雕塑，你可以跑过去与它合影。

佛罗里达国际大学位于迈阿密，是一所公立大学。这所大学的校园景色十分优美，设有图书馆和博物馆。另外，校园内还有游泳池和咖啡馆，在课余时间，这里的学生可以去游泳、喝咖啡。

西北大学是美国著名的高等学府之一，学校内部设有 11 间图书馆，总藏书超过 460 万本。校园内部环境优雅，充满艺术气息。你可以进入校园免费参观，感受这里的独特氛围。

芝加哥大学是一所私立大学，在美国十分有名。校园内的图书馆藏有数百万图书，斯迈特艺术馆收藏了 8000 多件藏品。来这里参观，你一定会大饱眼福，看到很多珍贵的艺术品。

莱斯大学是位于休斯敦的一所私立大学，被称为“南方哈佛”。校园内部有绿色的草坪，你可以坐在草坪上读书。另外，这所大学内有一个叫“暮光之城”的地方，你可以在这里看日出。

南加州大学校园环境优美，这里的大部分建筑为罗马式风格，《阿甘正传》《达·芬奇密码》《星球大战》的导演都毕业于这所大学。第一位登上月球的宇航员阿姆斯特朗也毕业于这所大学。

匹兹堡大学是美国最好的公立大学之一，拥有世界上第二高的校园建筑。这所大学的教学楼很漂亮，就像电影《哈利·波特》中的城堡一样，古色古香。校园内有着良好的氛围，学术气息浓厚。

华盛顿大学是美国西北部的高等学府，拥有 200 多座不同风格的建筑。在校内，还有一个伯克自然史和文化博物馆。来这所大学免费参观，你一定会有所收获。

宾夕法尼亚大学的校园环境优美，绿树成荫，花开四季，营造出一种舒适的学习环境。来到这所大学参观，穿梭于古朴典雅的欧式教学楼之间，你一定会流连忘返。

耶鲁大学是美国最有影响力的大学之一，有“总统摇篮”之称，福特和克林顿都毕业于这所大学。这所大学还培养出许多诺贝尔奖获得者，例如：获得诺贝尔物理奖的欧内斯特 · 劳伦斯。校园内有着秀丽的风光，拥有哥特式建筑和乔治王朝式的建筑。

卡内基梅隆大学是一所私立的研究型大学，以全美国第一的计算机科学专业出名。校园内有中国科学家茅以升的雕像，值得一览。校园景色优美，整体环境和谐。在校园里走一走，你一定会被这所大学的魅力所吸引。

TOP 13

麻省理工学院

麻省理工学院是一所研究型私立大学，这是全球高科技和其他高等研究的先驱领导大学。在校园内，随处可见来自世界一流设计大师的建筑作品。这所大学有着开放式的环境，因此你可以走进教室参观。

·零元游美国TOP榜·不容错过的冷门景点

中央车站有着悠久的历史，建于 1903 年。车站内部装饰华丽，有罗马石柱、天象图壁画以及古典雕像等。来这里参观，你可以感受车站的独特魅力。

纽伯里街位于波士顿，是一条很有特色的购物街。在这里，你可以找到咖啡馆、餐馆、服装店等。你可以在这里逛一逛，挑选自己喜爱的商品。

瓦尔登湖原本是一个普通的湖，因美国先验派哲学家亨利·大卫·梭罗而出名。梭罗曾经在湖畔建造小木屋，居住了一段时间。后来，他写了《瓦尔登湖》一书。

马洛利广场被称为“日落广场”，有些艺人会在这里表演精彩的节目。来到这里，你可以坐在海边酒吧品尝美酒，还可以坐在海边的水泥台欣赏远处的风光。

TOP 5

海军码头只是一个很普通的码头，但是却值得参观。岸边有剧院、商店、露天咖啡厅等。晚上，你可以登上摩天轮欣赏密歇根湖的景色。

TOP 6

旧水塔是一个看上去像小城堡的建筑，极具特色，是芝加哥的地标建筑之一。在高楼大厦的衬托下，水塔显得很小，但是它却值得参观，因为它是芝加哥大火中所留存不多的古老建筑之一。

TOP 7 加菲尔植物园

加菲尔植物园有着许多风格独特的建筑以及种类繁多的植物。漫步于这个植物园中，你一定会十分陶醉。这个植物园内还有玫瑰园、英国园以及盆景园等，这些园中园均值得游览。

TOP 8 白金汉喷泉

白金汉喷泉位于格兰特公园内，是世界上最大的照明喷泉。该喷泉以粉红色大理石筑成基座，四周几百道水花射向中央。无论是白天还是晚上，来参观这个喷泉都是一种享受。

TOP 9 波特兰灯塔

波特兰灯塔位于缅因州，灯塔内部有一个博物馆，馆内展示着灯塔所使用的镜头。这个灯塔外表看上去很普通，却值得参观。

TOP 10 墨西哥街

墨西哥街位于洛杉矶，这条街道有着浓厚的墨西哥风情，是墨西哥人在洛杉矶的聚集之地。漫步于这条街道上，你会找到许多墨西哥元素。

波特兰灯塔

Part 1 纽约
纽约市区

1 · 遇上节庆别错过 ·

纽约节庆			
节庆名称	时间	举办地	简介
春节	中国农历新年	唐人街	唐人街中最热闹的新年庆典。届时，人们会燃放焰火，并且举行环绕唐人街的盛大游行活动
餐厅周	每年 2 次（1 月 /2 月，6 月 /7 月）	纽约市内	餐厅周（Restaurant week）始于 1992 年，餐厅周内，纽约的很多高级餐厅参与其中，一般只提供正式午餐，价格低廉。餐厅周给纽约的美食爱好者提供了品尝美味佳肴的好机会
布鲁克林植物园樱花节	4 月底	布鲁克林植物园内	布鲁克林植物园是纽约市看樱花的最佳地点。樱花时节，有日本艺人在成片的樱花树下表演日本传统节目

续表

节庆名称	时间	举办地	简介
复活节游行	4 月	第五大道的 49 街到 57 街	复活节游行的线路为第五大道的 49 街到 57 街，一般会在上午举行。届时，会有许多卡通形象出现在游行的队伍中，最受人们欢迎的卡通形象是 Hello Kitty 和邦尼兔
翠贝卡电影节	4 月	纽约市内	翠贝卡电影节创建于 2002 年，为重振“9·11”之后的纽约经济而创建。届时，会有许多活动，包括明星红毯秀
纽约自行车日	5 月的第一个星期日	纽约市内	纽约自行车日是美国最大的非竞赛类自行车活动，在 5 月的第一个星期日举办。届时，会有几万人参加，参与者会骑着自行车穿越纽约市的五大桥以及五大行政区
河到河艺术节	6 月到 7 月	曼哈顿下城	河到河艺术节是曼哈顿下城最大的免费暑期大型艺术节。届时，会有舞蹈、戏剧等表演活动
博物馆大道节	6 月	博物馆大道	每年 6 月第 2 个星期二的 18:00 ~ 21:00，博物馆大道上所有的博物馆会免费向公众开放，届时会有街道表演等活动
梅西百货独立日烟花表演	7 月 4 日	纽约市内	每年国庆日，梅西百货都会在纽约举行盛大的烟花表演，这已经成为一项独立日传统
国际吃热狗大赛	7 月 4 日	布鲁克林区康尼岛	每年在布鲁克林区的康尼岛 (Coney Island) 举行，届时，会有许多人参赛，你可以看大胃王们吞热狗
全球时尚购物夜	9 月初	纽约市内	全球时尚购物夜是由 VOGUE 杂志举办的一年一度的时尚盛事。届时，各大中小品牌店都会参与此活动，大牌明星、超模和时尚人士云集
万圣节大游行	10 月 31 日	纽约市内	每年万圣节时，会有许多打扮得很奇怪的人加入到万圣节大游行的队伍中，很有意思

Part1 纽约
纽约市区

2·使用免费网络·

在纽约，几乎所有公共图书馆都提供免费的无线网络。部分餐厅如麦当劳等，以及一些手机店也提供。因此，在纽约游玩时，你不用担心上网问题。

Part1 纽约
纽约市区

3·信息中心的免费优质服务·

在纽约官方旅游信息点(Official NYC Information Center)，你可以领取多语言版的纽约地图。

纽约旅游信息中心

名称	地址	电话	交通	开放时间	简介
纽约官方旅游信息中心(时代广场店)	Seventh Ave. between 46th and 47th St.	0212-4841222	乘坐地铁3号线至Times Sq.下即可	周一至周日09:00～19:00(圣诞节和新年关闭)	这个信息中心提供地图、游客指南、优惠券等，还出售一些景点的门票
纽约官方旅游信息中心(哈林区)	144 W 125th St. between Adam Clayton Powell Jr. Blvd. and Malcolm X Blvd.	0212-8644500	乘坐地铁2号线至125大街站下即可	周一至周五12:00～18:00，周六、周日10:00～18:00，节日休息	这个信息中心提供地图、指南、优惠券和折扣券。在这里，你可以面对面与服务人员进行交流
纽约官方旅游信息中心(市政厅)	Southern tip of City Hall Park, Broadway at Park Row	0212-4841222	乘坐地铁2号线至Park Pl.站下即可	周一至周五09:00～18:00，周六、周日10:00～17:00，节假日09:00～15:00	提供纽约旅行指南

零元游纽约市区

自由女神像（**Statue of Liberty**）作为法国赠送给美国独立 100 周年的礼物，是美国重要的观光景点，每天吸引着无数游人光顾。自由女神像久久地屹立于海滨之上，沧桑的岁月中，静静地凝视着过往的船只和游客。当夜幕降临，女神在灯光的照射下，宛如一座淡青色的玉雕，将自身的魅力散发在整个美国之中。

1 · 自由女神像 ·

旅游资讯

Liberty Island, Brooklyn,New York, NY 11231

乘坐地铁 1 号线至 South Ferry 站下车后步行前往炮台公园，然后乘坐轮渡前往自由岛

不要门票也能 High

如果要登顶的话，需要买票。建议乘坐轮渡在远处欣赏自由女神像的独特美。在天气晴朗的日子，可以乘坐轮渡在海面上看自由女神像。在蓝天白云的衬托下，自由女神像魅力十足，你可以用相机把自由女神像及其周边的建筑物拍摄下来。

Part1 纽约
纽约市区

2 ·时代广场·

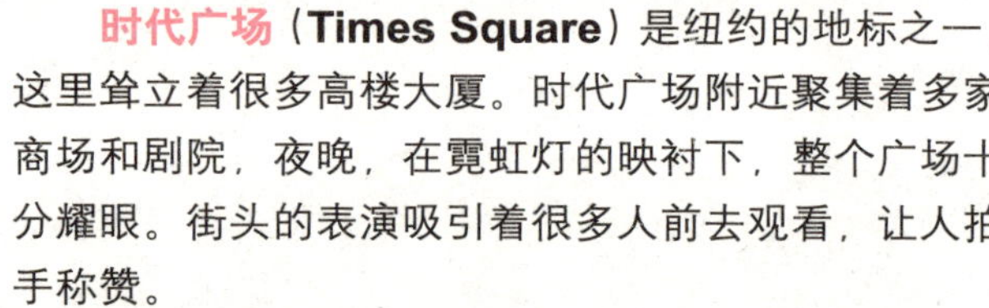

时代广场（**Times Square**）是纽约的地标之一，这里耸立着很多高楼大厦。时代广场附近聚集着多家商场和剧院，夜晚，在霓虹灯的映衬下，整个广场十分耀眼。街头的表演吸引着很多人前去观看，让人拍手称赞。

走在时代广场上，你可能会遇到向你兜售唱片的人，面对这种情况，不要理对方，否则会被要求花高价买下劣质CD。另外，还有人偶要求与你合影，合影后会问你要钱，千万别上当。

旅游资讯

Times Square, Manhattan, New York, NY 10036

乘坐地铁N线至49 St. 站下即可

@ www.timessquarenyc.org

不要门票也能 High

在纽约这个不夜城，时代广场的美不容置疑。在这里，你可以看到各种面孔。逛一逛周边的商铺，累了就坐下来喝杯咖啡。如果你想happy一下的话，还可以去摇滚吧。即使什么都不做，站在街头欣赏夜景也是一种享受。

在时代广场上玩的时候，可以看到一块巨大的显示屏。这个显示屏很神奇，除了显示广告之外，还会定时显示路边的游客。显示屏会将画面拉近到一个固定的位置，然后屏幕显示的心形图案会圈住中心的两个人。你不妨和好友站在那里试一试，挺有意思的。

Part1 纽约
纽约市区

03 ·第五大道·

第五大道（**Fifth Avenue**）位于曼哈顿岛，这是一条南北向的商业街。这条大道上聚集着很多著名的品牌商店，充满时尚气息。爱马仕、路易·威登、香奈儿、蒂凡尼等汇集于此，除此之外，这里还有一些高级服装的订制店。在这里，还可以买到精美的珠宝首饰。总体来说，第五大道高端、大气、上档次，值得逛一逛。就算什么都不买，漫步于大道上也是一种不错的体验。

旅游资讯

5th Ave.,New York,NY 10016

乘坐地铁E线至53 Rd. St.站下即可

全天开放

不要门票也能 High

第五大道有多家受人喜爱的商店，货品齐全。走在大道上，可以看到衣着入时的女士、男士，拿着公文包，进出大厦。整条大道呈现出一幅时尚的美国现代生活图景。

Part1 纽约
纽约市区

04 ·中央公园·

中央公园（**Central Park**）位于曼哈顿中心，面积很大，高达340万平方米。园内的步行道总长93公里，这是纽约繁华都市中的一片世外桃源。公园内分布着许多森林和湖，还设有娱乐设施及运动场所。由于公园实在是太大了，所以用1天时间根本就逛不完。进入公园后，可以呼吸到新鲜的空气。很多当地人都会来这里休息，有人在步行道上面散步；有人在园内骑自行车；有人坐在椅子上看书。

旅游资讯

Central Park, New York,NY 10022

乘坐地铁N线至5 Ave./59St.站下即可

周一至周日06:00至次日01:00

www.centralparknyc.org

不要门票也能 High

中央公园内的毕士达喷泉很有看点，湖西侧的草莓地不容错过。接近正中央的位置有个眺望台，这里是登高远眺的好地方。公园北部有大片的草坪，你可以坐在柔软的绿色草坪上欣赏四周风景。

Part1 纽约
纽约市区

05 ·华尔街·

旅游资讯

Wall St.,New York,NY 10005

乘坐地铁 5 号线至 Wall St. 下即可

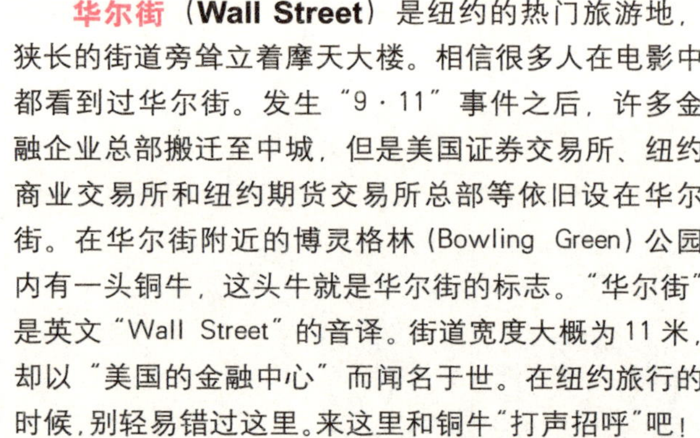

华尔街（**Wall Street**）是纽约的热门旅游地，狭长的街道旁耸立着摩天大楼。相信很多人在电影中都看到过华尔街。发生“9·11”事件之后，许多金融企业总部搬迁至中城，但是美国证券交易所、纽约商业交易所和纽约期货交易所总部等依旧设在华尔街。在华尔街附近的博灵格林（Bowling Green）公园内有一头铜牛，这头牛就是华尔街的标志。“华尔街”是英文“Wall Street”的音译。街道宽度大概为 11 米，却以“美国的金融中心”而闻名于世。在纽约旅行的时候，别轻易错过这里。来这里和铜牛“打声招呼”吧！

不要门票也能 High

华尔街给很多人的印象是这样的：穿着西装革履的上班族，手提着电脑来来往往于华尔街。如果你在早晨上班时间到华尔街游览，就可以看到一些脚步匆匆的青年人赶时间去上班的场景。高大的建筑与走在华尔街的人勾勒出一道风景线，让人陶醉。

Part1 纽约
纽约市区

06 ·中央车站·

旅游资讯

89 East 42nd St.,New York,NY 10017

乘坐地铁 S 线至 Grand Central-42 St. 下即可

周一至周日 05:30 至次日 02:00

www.grandcentralterminal.com

中央车站（**Grand Central Terminal**）算是值得参观的一个景点，这个车站始建于 1903 年，算是个“古董”了。车站内部装饰得金碧辉煌，罗马石柱、天象图壁画以及古典雕像等使这里成为艺术的殿堂。站在大厅里，你可以仰着头观望星空壁画，据说壁画上共有 2500 多颗星星。

不要门票也能 High

据悉，中央车站已经有 100 多年的历史了，而这里至今都保持着独特的魅力。走进车站内部，大厅富丽堂皇的气派会给你一种视觉上的冲击，那就是一种美的享受。总之，中央车站和其他地方的车站不同，能够带给你惊喜。既然不用买票，不妨就来这里看一看。

布鲁克林大桥（**Brooklyn Bridge**）连接着曼哈顿和布鲁克林，桥上有步行道和自行车专用道。漫步于这座大桥上，可以欣赏到曼哈顿独特的美景。如果在傍晚来这里，还可以看到夕阳西下的美景。美国很多电影、电视剧的拍摄都选这里为场景，例如《绯闻女孩》《破产姐妹》等。如果时间充足的话，不妨来这里留下你美丽的倩影吧！

· 布鲁克林大桥 ·

Brooklyn Bridge, New York,NY 10038

乘坐地铁 6 号线至 Brooklyn Bridge–City Hall 站下车后步行约 10 分钟即可

不要门票也能 High

布鲁克林大桥设计得很精致，采用几何图案，从远处看过去，就像一件艺术品。尽管这座桥有着悠久的历史，但是至今保存完好。走在桥上，不用担心会掉下去，尽情欣赏四周美景即可。

格林威治村（**Greenwich Village**）算是纽约的富人区，这里充满艺术气息，在这里生活的人大多为艺术家。这里的街道窄小，有着低矮的红砖楼房以及隐蔽的庭院。另外，这里还有书店、服饰店、酒吧以及咖啡馆等。美国许多影视剧的拍摄都以格林威治村的街景为背景，例如：经典美剧《老友记》等。

· 格林威治村 ·

Greenwich Village, New York,NY

乘坐地铁 1 号线至 Christopher St.–Sheridan Sq. 站下即可

@ www.nycgv.com

不要门票也能 High

格林威治村是艺术家和现代作家的居住地，这里的街道很安静。白天，你可以来这里逛一逛书店，翻阅喜欢的书籍。夜晚，你可以来这里的酒吧喝酒或听一场音乐会。总之，无论何时来这里都能大有所获。

Part1 纽约
纽约市区

9 ·罗斯福岛·

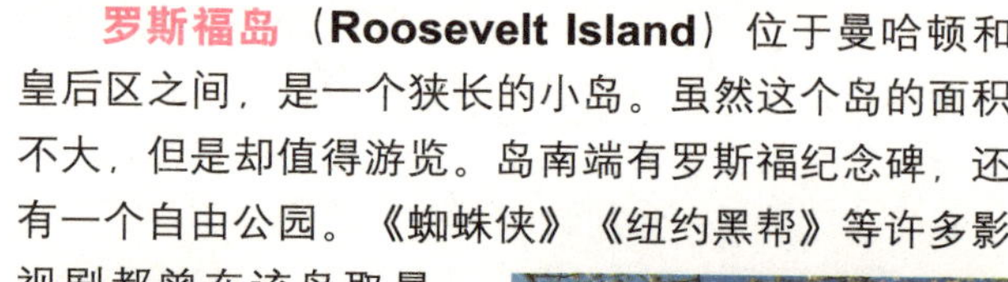

罗斯福岛（**Roosevelt Island**）位于曼哈顿和皇后区之间，是一个狭长的小岛。虽然这个岛的面积不大，但是却值得游览。岛南端有罗斯福纪念碑，还有一个自由公园。《蜘蛛侠》《纽约黑帮》等许多影视剧都曾在该岛取景。在欣赏景色、参观罗斯福纪念碑之余，你还可以抽出一些时间去自由公园逛一逛。

旅游资讯

Roosevelt Island, New York,NY 10044

乘坐地铁F线至 Roosevelt Island 站下即可

@ www.rioc.com

不要门票也能 High

如今，有一些人生活在这个岛上，这里的生活节奏没有曼哈顿那么快。来到这个岛，你可以欣赏自然风光，享受一份宁静。岛上的空气很新鲜，景色宜人。白天，你可以躺在沙滩上晒日光浴。如果时间富裕的话，来这个岛免费游览吧！

Part1 纽约
纽约市区

10 ·切尔西区·

切尔西区（**Chelsea**）是一个充满艺术气息的地方，是纽约多元文化的汇集之地。这里有画廊、咖啡馆和酒吧等，在欣赏艺术品的同时，你还可以品尝到美味的龙虾、意大利冰激凌等。另外，这里还有一个切尔西市场，你可以在市场的小商店内淘宝。

旅游资讯

Chelsea, New York,NY 10001

乘坐地铁C线至 23St 站下即可

不要门票也能 High

如果幸运的话，你可以在切尔西区看到展览开幕式。参加展览开幕式的人很多，包括艺术家、文艺青年等。就算只在切尔西区的街道上走一走，也是一种不错的体验，感受纽约的艺术氛围，深入了解当地人的生活。可以说，切尔西区的每一个角落都值得参观。

世贸大厦遗址博物馆工作室（**Ground Zero Museum Workshop**）是一个现代化的博物馆，这里有很多展品和素材，包括“9·11”事故遇难者的照片。通过参观这里的展品，你会莫名地感到伤心，为那些遇难者感到难过。通过看、听，你能深入地了解“9·11”事件。这里有一个咖啡馆，你可以在里面吃午饭、喝饮料。

Part 1 纽约
纽约市区

11 ·世贸大厦遗址博物馆工作室·

旅游资讯

420 West 14th St., Floor 2, New York, NY 10014

乘坐M11路公交车至W 14 St./Washington St.下车后步行前往即可

周一至周六10:30～16:30，周日11:30～16:30

@ www.GroundZeroMuseumWorkshop.org

高架公园（**High Line Park**）是纽约一个独具特色的公园，因为这个公园是架在空中的高架，所以被称为高架公园。高架在1934年至1980年曾是货运铁路线，在2009年时作为公园对公众开放。免费参观这个奇特的公园，是一种不错的体验。高架内有郁郁葱葱的植被，你可以在狭长的人行道上漫步，欣赏风景。将铁轨变成花圃，这种设计灵感独具匠心。别轻易错过这个公园，来体验一下吧！

Part 1 纽约
纽约市区

12 ·高架公园·

旅游资讯

210 10th Ave., New York, NY 10011

乘坐M11路公交车至10 Av/w 23 St.下车后步行前往即可

@ www.thehighline.org

Part1 纽约
纽约市区

13 •布鲁克林大桥公园•

旅游资讯

334 Furman St.,Brooklyn,New York,NY 1120

乘坐地铁 C 号线至 High St. 下即可

布鲁克林大桥公园（**Brooklyn Bridge Park**）的用地是原港口的土地，公园的建成促进了布鲁克林滨水区域的复兴。在这个公园里，你可以观赏到纽约下城区的天际线。每年夏天，7 月上旬至 8 月底的每个周四傍晚，公园的 1 号码头会播放一种特殊的电影，即有风景的科幻电影（Syfy Movies with a View）。以下城区的天际线为背景播放的科幻电影十分精彩，别轻易错过。

Part1 纽约
纽约市区

14 •布鲁克林博物馆•

旅游资讯

200 Eastern Parkway, Brooklyn, New York,NY

乘坐地铁 2 号线至 Eastern Parkway Brooklyn Museum Station 下车后步行前往即可

捐款入内（每月第一个周五 17:00～23:00免费）

布鲁克林博物馆（**Brooklyn Museum of Art**）于 1895 年开业，馆内藏品丰富，大概有 150 万件展品，包括古埃及艺术品、非洲文物、欧洲画作以及现代艺术作品等。如果你有一颗热爱艺术的心，不妨来这个博物馆参观，一定能有所收获。这里的展品可以让你一饱眼福，在这里，你的心灵会更加充盈。需要注意的是，虽然参观这个博物馆不要门票，但是你需要捐款入内。

布鲁克林高地步道（**Brooklyn Heights Promenade**）位于布鲁克林上层住宅区，步道对岸为曼哈顿金融区，步道西边为伊斯特河。该步道被誉为纽约市最浪漫的景点之一，电影 *Annie Hall* 和 *Moonstruck* 都曾在此取景拍摄。在这里，你可以看到自由女神像、曼哈顿天际线以及布鲁克林大桥的壮美景色。傍晚时分，这里适合摄影。你可以站在桥上看哈德逊河平静的河水，四周美景一定会让你叹为观止。

Brooklyn Heights Promenade, Brooklyn, New York, NY

乘坐地铁 A 线至 High St. 下车即可

展望公园（**Prospect Park**）位于布鲁克林区，公园规模很大，内部有森林、湖泊等。园内风光优美，空气清新，设有动物园、旋转木马以及用荷兰人生活过的农舍改建而成的拉法次博物馆。

Part1 纽约
纽约市区
16
•展望公园•

Prospect Park, Brooklyn, New York, NY

乘坐地铁 S 线至 Prospect Park 站下即可

06:00 至次日 01:00

法拉盛草地公园（**Flushing Meadows Corona Park**）位于皇后区，是纽约市内的第二大公园，建于 1939 年。如今这里是世界四大满贯赛事之一——美国网球公开赛的重要坐标，成为当地主要的艺术文化与体育活动中心。公园内部有美国国家网球中心、美国网球公开赛的场地、纽约大都会棒球队、纽约科技馆、皇后区艺术博物馆、皇后剧院、皇后区野生动物保护中心，美国小型飞行器协会等。

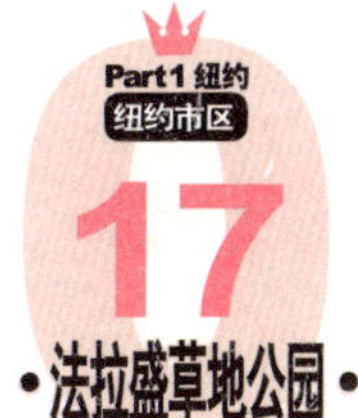

旅游资讯

Flushing Meadows Corona Park, Queens, New York, NY

乘坐地铁 7 号线至 Mets-Willets Point 站下，向南步行可到

@ www.nycgovparks.org

Part1 纽约
纽约市区

18

• 杰克逊高地历史区 •

杰克逊高地历史区（**Jackson Heights Historic District**）位于皇后区的富裕地段，是纽约有名的街区之一。这里繁华却不喧嚣，很多富人聚集于此。这里有古朴的建筑，高档轿车在街道上穿行。整个区域的面积较大，街道环境十分整洁。除了欣赏古色古香的建筑外，你还可以逛一逛这里的特色小店。即使什么都不买，随意走一走也不错。

旅游资讯

Btwn Roosevelt & 34th Ave., from 70th to 90th St., Queens, New York, NY

乘坐地铁 7 号线至 82 St.–Jackson Hts 下车后步行前往即可

Part1 纽约
纽约市区

19

• 东汉普顿 •

东汉普顿（**East Hampton**）是纽约的一个富人区，许多名媛、巨星、大亨都在这里买豪宅。这里不仅有美丽的海滩，还有美食和商店。你可以自驾前往该区域游玩，欣赏与众不同的风景，了解美国富人的生活状态，享受奢华的一段旅程。漫步于街头，你会感觉自己仿佛进入了电影中一般。

旅游资讯

East Hampton, Long Island, NY

可以从纽约乘坐 Hampton Jitney 公司的豪华公交前往，豪华公交每小时一班

@ www.Easthampton.com

Part1 纽约
纽约市区

20

• 阿尔弗雷德·马汉墓 •

阿尔弗雷德·马汉墓（**Grave of Alfred Thayer Mahan**）是美国著名海军军事理论家马汉以及他的家人的安葬之地。马汉可谓是一位伟大的人物，他是海权论的创始人，主要著述有《海权对历史的影响》《海权对法国革命及帝国的影响，1793 — 1812》《海权的影响与 1812 年战争的关系》以及《海军战略》等。建议自驾前往阿尔弗雷德·马汉墓。马汉及其家人的墓在左边入口进去后的第二个路口上。

旅游资讯

58 Lamb Avenue Quogue Suffolk, Long Island, NY

建议自驾前往

零元游纽约周边

· 纽约→费城

费城（**Philadelphia**）位于美国宾夕法尼亚州东南部，它是美国最具历史意义的城市之一。费城距离纽约、亚特兰大及波士顿等大都市都很近，距离纽约大概 160 公里，距离华盛顿大概 220 公里。在 2015 年 11 月，费城被列入世界遗产城市。在费城，可以参观的景点很多，这里有博物馆、歌剧院等。费城充满文化气息，许多美国艺术家、文学家等都居住于此。走进这座城市，你会被这里的一切所吸引，因为这座城市充满魅力。

前往费城

从纽约前往费城可以乘坐灰狗巴士，价格便宜，十分方便。巴士宽敞舒适，坐在巴士上可以欣赏沿途的风景。

乘坐 Amtrak 火车前往费城也很方便，你需要提前预订 Amtrak 火车票，要先在网上进行支付，然后你会收到一封电子票邮件。记得提前把电子票打印出来，然后前往火车站大厅两侧的 Amtrak 自动检票机扫描一下，换取正式的火车票。如果不这样的话，你就需要拿着自己的证件前往柜台换票。

下面详细介绍几种从纽约到费城的交通方式：

1.Megabus

从纽约出发，乘坐 Megabus 可以到达费城火车站的北门（30th St.Station 北入口），即 30 街与 Market St. 的交叉口，票价从 1 美元起。订票网址：us.megabus.com

2.2000 新世纪旅行公司巴士

这种巴士一般每 30 分钟发车一次，价格低，班次多。从纽约到费城的价格：单程 12 美元，往返 20 美元（不限同一天）。从纽约的中国城乘车，到达费城的中国城，需要 1.5 小时～2 小时。订票网址：www.2000coach.com。

3. 灰狗巴士

灰狗巴士是美国本土廉价巴士，从纽约乘坐灰狗巴士前往费城很方便，可以到达费城的中国城（Philly China Town）。灰狗巴士网址：www.greyhound.com。

4.Amtrak 火车

从纽约到费城乘坐 Amtrak 火车的价格：按不同时间段、是否经停和座位等级，为 48～150 美元。从纽约的 NYC Penn 中央火车站出发，到达费城的 30 街火车站，大概需要 1.5 小时。Amtrak 火车订票网址：www.amtrak.com。

Part1 纽约

纽约周边

01

• 国家独立历史公园 •

国家独立历史公园（**Independence National Historical Park**）内有许多建筑，包括美国第一银行和美国第二银行。园内有纪念本杰明·富兰克林和美国邮政的博物馆。另外，园内还有一个独立厅，独立厅以北有个独立广场。广场上绿草如茵，草坪上矗立着开国英雄的铜像群。

自由钟（Liberty Bell）被安放在费城独立宫外的小纪念馆中，它是美国自由精神的象征，值得一览。进入纪念馆，可以看到有关自由钟的照片。有一个展厅内有电视中文讲解，讲述自由钟的历史意义。近距离观看自由钟，可以看到钟体上的裂缝。钟上面刻着《圣经》中的名言：向世界所有的人们宣告自由。需

旅游资讯

Independence National Historical Park, Philadelphia, PA 19106

乘坐地铁 MFL 线至 5th St. 站下车后步行前往即可

09:00～17:00（其中部分景点周日关闭）

要注意的是，参观自由钟需要排队安检。在这个世界上，有很多钟，费城的自由钟是值得参观的，虽然它不是特别华丽，但在美国历史上有着重要的地位，它还是费城的标志之一。最重要的是，目前参观自由钟是免费的。

独立厅（Independence Hall）位于费城国家独立历史公园独立大厦内，建造于1732～1756年。独立厅原为殖民时期宾夕法尼亚州的议会大厦。1774年9月和1775年5月在独立厅召开第一次和第二次美洲大陆会议。1776年7月2日，13个英属美洲殖民地代表组成的大陆会议在独立厅举行。1918年10月26日，托马斯·马萨里克在独立厅的台阶上宣布了捷克斯洛伐克的独立。1948年，独立厅建筑内部被重修，恢复到最初的面貌。1962年，美国独立日时，美国总统肯尼迪曾在独立厅发表演说。

Part1 纽约

纽约周边

2 •博爱公园•

博爱公园（**Love Park**）位于费城市政厅的北侧，园内有“LOVE”雕塑可供参观。雕塑算是广场上的标志，很多人选择在雕塑前拍摄婚纱照。在园内，可以看到玩滑板的孩子。夏天，这个公园是当地人乘凉的好去处。据说，当年34岁的设计者印第安那热心于反战运动，因此给这个运动设计了醒目的符号，就是“LOVE”。雕塑算是一件艺术品，带着你的家人或朋友来欣赏一下吧！

旅游资讯

1599 John F Kennedy Blvd., Philadelphia, PA

乘坐地铁蓝线至15th St.下车，然后沿N 15th St.向北步行2分钟即可

全天开放

Part1 纽约
纽约周边

3 •宾夕法尼亚大学•

旅游资讯

Philadelphia, PA 19104

乘坐30路或42路公交车至34th St. & Walnut St.-FS站下车后步行前往即可

全天开放

@ www.upenn.edu

大学一般都是可以免费参观的，来到费城，自然不能错过这里的大学。**宾夕法尼亚大学**（**University of Pennsylvania**）是费城的高等学府之一，值得参观。这个大学培养出许多名人，包括著名建筑学家梁思成、美国地产商特朗普以及华人经济学者郎咸平等。由于这个大学的创始人是富兰克林，因此校园内有很多富兰克林雕像。校园内绿树成荫，充满绿色气息。走进校园，可以欣赏景色、感受舒适的学习环境。在校园内，还可以看到坐在草地上看书的学生。你还可以和当地学生交流，进一步了解这个大学。把校园内的每个角落都参观一下，你会有很多惊奇地发现。每个地方都古色古香，充满书卷气。

Part1 纽约
纽约周边

4 •美国铸币厂•

旅游资讯

151 N Independence Mall E, Philadelphia, PA

乘坐57路公交车至4th St. & Race St.下车后步行前往即可

09:00～16:30

@ www.usmint.gov

美国铸币厂（**United States Mint**）也是一个免费参观的好去处。这个铸币厂主要铸造美国流通的货币和特别的纪念币，是美国的铸币厂之一，建于1792年。如今，这个铸币厂向世人敞开大门，你可以在这里亲眼目睹硬币的生产过程，可以在这里的空中走廊隔着玻璃窗俯视参观45分钟，看一看硬币制作的全过程。铸币厂有3层楼，1层为大厅，设有纪念品中心；2层有历史年表；3层有工厂导览介绍。

到了费城，别错过这个免费参观的景点。需要注意的是，在参观的过程中不可以拍照。

Part 1 纽约
纽约周边
5
·佩恩码头·

佩恩码头（**Penn's Landing**）位于费城母亲河边，如今这里已经成为休闲娱乐区。这个码头有着重要的历史意义，在几百年前，一位英国人从这个码头登陆，发现了费城。沿着河流而建的老式船闸成为历史文物，值得参观。来到这个码头，你可以在特色小餐馆里享用美食，还可以坐在椅子上晒太阳。在夏天，这里有露天音乐会。如果想要游河赏景，可以乘坐渡船。

旅游资讯

Penn's Landing, Philadelphia, PA

乘坐地铁MFL至2nd St.下，然后再步行10分钟即可

全天开放

Part 1 纽约
纽约周边
6
·费城唐人街·

费城唐人街（**Philadelphia Chinatown**）有着100多年的历史，位于费城的中心地段。这条街上有超市、餐馆和公司，是华人的聚集地。来到费城，别错过唐人街，在这里可以找到家的温馨感，看到一张张熟悉的面孔，吃到美味的家乡菜。购买商品的时候，你也不用担心自己英语不够好，完全可以用中文和这里的店主进行交流。就算只是在街上走一走，也是个不错的体验。

旅游资讯

1101 Arch St., Philadelphia, PA 19104

乘坐地铁蓝线至11th St.下即可

全天开放

Part 1 纽约
纽约周边
7
·费尔蒙特公园·

费尔蒙特公园（**Fairmount Park**）是一个面积很大的公园，园内充满绿色气息，斯古吉尔河在这里流过。这里包括费城动物园、艺术博物馆、植物园等。来到这个公园，你可以坐在绿荫下休息，感受大自然的美丽。还可以在湖边漫步，和身边的松鼠互动。另外，你还可以在这个公园内骑自行车、跑步、滑旱冰。

旅游资讯

Fairmount Park, Philadelphia, PA

乘坐3路公交车至Resevoir Dr & SmithDay Nursery Dr-1下车后步行前往即可

全天开放

·老城·

老城（**Old City**）是一个免费游览的好去处，这里保留着美国建国初期的一些老建筑，例如：美国第一所银行。老城有许多18世纪的建筑，每一座建筑都记载着一段历史。漫步于老城的街道上，可以感受到浓浓的历史气息。身边的建筑物都古色古香，值得欣赏。如此充满文化气息的老城，别轻易错过。

旅游资讯

Old City，Philadelphia，PA

乘坐地铁蓝线至2nd St.或5th St.下即可

全天开放

·纽约→大西洋城

大西洋城（**Atlantic City**）是美国新泽西州的一个城市，于1854年建市，位于费城东南约97公里处。城市内有5个码头以及众多的游乐场所。自1921年起，一年一度的美国小姐评选在此举行。城市内有瓷器、玻璃器皿以及糖果制造等轻工业。如今，这个城市成为一个休闲的重要场所，是海滨旅游胜地和疗养城市。

前往大西洋城

从纽约到大西洋城，可以在唐人街乘坐发财巴士。在纽约唐人街的孔子大厦附近买票即可，往返票价为25美元。

大西洋城木板路（**Atlantic City Board walk**）是大西洋城一道美丽的风景线，木板路沿海而建，它的一侧是浩瀚的大西洋，另外一侧集中着城内大部分的赌场。除了唯美的自然风光之外，木板路的路边还有商店、酒店以及娱乐场所。漫步于这条大道上，你可以免费欣赏风景，放松身心。

· 纽约→纽黑文

纽黑文市（**City of New Haven**）又称纽海文市，它是美国康涅狄格州的第二大城。纽黑文市是一个充满绿意的城市，世界著名的耶鲁大学就坐落于此。美国前总统乔治 · W · 布什的出生地就是纽黑文。如今，纽黑文已经成为一个重要的旅游中心和文化中心。在 2003 年，纽黑文市被选为 All-America City，以表彰其悠久的殖民时期建筑风貌和作为世界一流大学的耶鲁大学。这个城市的每个角落都充满韵味，近年来，这里吸引着世界各地的游客前来观光。

前往纽黑文

从纽约 42 街的 Port Authority Terminal 乘坐灰狗巴士即可到纽黑文。

Part1 纽约
纽约周边

1 ·耶鲁大学艺术廊·

旅游资讯

1111 Chapel St.,New Haven,CT

乘坐D、F、G路公交车至Chapel St.and York St.下车后步行前往即可

@artgallery.yale.edu

耶鲁大学艺术廊（**Yale University Art Gallery**）是一个免费参观的景点，建筑具有现代化设计，内部收藏着许多世界各地的艺术品。作为美国最古老的大学艺术博物馆，馆内不乏大师名作，值得参观。在这里，你有机会看到老师给学生讲课的场景，还可以坐在一旁听一听。

Part1 纽约
纽约周边

2 ·耶鲁大学·

旅游资讯

Connecticut,New Haven,CT

乘坐SLCA路公交车至Sachem St.and Opp Hillhouse Ave.下车后步行前往即可

耶鲁大学（**Yale University**）成立于1701年，是一所私立大学，它与哈佛大学、普林斯顿大学齐名。这所学校的建筑很有特色，哥特式建筑、乔治王朝式的建筑以及现代化的建筑交相辉映。校园内部风景秀丽，在秋季，校园中遍地是金黄的落叶。阳光照着古色古香的建筑物，美得醉人。整个校园美丽而庄严，是个免费参观的好地方。夕阳西下时，你有机会在校园里看到一些学生在跑步。

纽约·旅游资讯

交通

飞机

纽约总共拥有 3 个机场，分别是约翰·肯尼迪国际机场（John F. Kennedy International Airport）、纽华克自由国际机场（Newark International Airport）以及拉瓜迪亚机场（La Guardia Airport）。

纽约机场资讯

机场名称	位置	网址	备注
约翰·肯尼迪国际机场（John F. Kennedy International Airport）	位于皇后区，距离市中心曼哈顿大约 24 公里	www.panynj.gov	很多国际航班、美国国内的航班在此起降。从中国国内出发去美国的航班大多降落在该机场
纽华克自由国际机场（Newark International Airport）	位于哈德逊河对岸，距离市中心 26 公里	www. panynj. com	该机场是欧洲航班的起降中心，许多美国大陆的航班在这里起降
拉瓜迪亚机场（La Guardia Airport）	位于皇后区，距离市中心 13 公里	www.panynj.gov	美国国内的航班大多在该机场起降

肯尼迪国际机场、纽华克自由国际机场、拉瓜迪亚机场到市区的交通都十分方便。下面的表格列出了各个机场到市区的交通。

纽约机场交通资讯

机场名称	交通			
	地铁	公交车	出租车	机场巴士
约翰·肯尼迪国际机场	在机场乘坐 Air Train 红线到 Jamaica 站，然后转乘其他的地铁线路，费用 7.25 美元左右。地铁 24 小时运行	乘坐 Q10 到 Kew Garden 站或乘坐 Q3 到 Jamaica 站，再转乘其他的公交车，费用大概为 2.25 美元	可以在出租车招呼站乘坐，到曼哈顿区费用为 40 ~ 50 美元	可以乘坐机场巴士去曼哈顿，每 20 ~ 30 分钟有一趟

续表

机场名称	交通			
	地铁	公交车	出租车	机场巴士
纽华克自由国际机场	在该机场的各个出站口均可以乘坐 Air Train，可以先到纽华克自由国际机场站，然后再换乘其他的地铁	在该机场的各个出站口均可以乘坐 Air Train，可以乘坐 Air Train 到纽华克自由国际机场站换成公交车	在出站口搭乘出租车，到曼哈顿区为 70 ~ 80 美元	可以在机场各出站口的乘车处上车，到达中央车站等地，每 15 ~ 30 分钟一班，单程大概需要 15 美元，往返大概需要 25 美元
拉瓜迪亚机场	可以在 MTA 公交车站乘坐公交车到 Lexingto Ave.&125 St. 站换乘地铁	可以在出站口乘坐 Q33，也可以在马林航站楼乘坐 Q47	在各个出站口的出租车招呼站都可以乘坐出租车，到曼哈顿区的费用为 21 ~ 30 美元	在机场的各个出站口都可以乘坐机场巴士，可到达中央车站等地

火车

纽约有两个主要的火车站，分别是中央火车站（Grand Central Terminal）和宾夕法尼亚车站（Penn Station）。中央火车站位于曼哈顿区的中心，而宾夕法尼亚车站位于百老汇附近。

火车站信息		
名称	地址	交通
中央火车站	87 E 42nd St.,New York,NY	乘地铁 7 号线或 S 线到 Grand Central–42 St. 下即可
宾夕法尼亚车站	8th Ave. &31 St.,New York,NY	乘地铁 1、2、3 号线在 34 St.–Penn Station 站下

长途汽车

纽约的长途巴士总站又被称为港务局汽车站（Port Authority Bus Terminal），位于曼哈顿的中心区域，它是一个大型的长途巴士站。在地下 1 层有灰狗巴士的售票处，地下 2、3 层是乘车的地方。

纽约长途巴士总站信息	
地址	625 8th Ave.,New York,NY
交通	乘地铁 A、C、E 线到 42 St.–Port Authority Bus Terminal 下即可

续表

电话	212-5022200
网址	www.panynj.gov

地铁

纽约地铁是整个城市公共交通的运输支柱，是历史悠久的公共地下铁路系统之一。纽约地铁几乎覆盖了整个城市，共有 24 条路线，其中包含 3 条区间线。纽约地铁的一般路线标示为圆形，菱形代表加开或快车服务的路线。每条线路的首末班时间不一样，有些繁忙的路线一天 24 小时运行。纽约地铁经常出现换道、停运、快车改慢车等情况，主要发生在非高峰期和周末地铁进行修复活动时，因此乘坐地铁前应登录官网（www.mta.info）查询地铁最新路线变更情况。

纽约大部分地铁没有机器语音报站，只有听不清的口音报站，乘坐这种地铁时应注意站台上的站名。曼哈顿的少数地铁有屏幕显示以及机器语音报站。纽约地铁的闸机是双向的，进站、出站均可以，进站时需要刷卡开门，出站时不用刷卡直接通行即可。

纽约地铁全程统一票价为 2.25 美元，可以无限次站内转乘。纽约地铁站入口处设有灯柱，绿色灯柱表明该站地铁 24 小时运行，黄色灯柱表示该站地铁只在白天运行，而红色灯柱则代表这个地铁站只能作为出站口。

公交车

纽约市的公交网遍布市内主要行政区，与地铁网相互配合，形成便捷的交通网。纽约公交车的编码以各个行政区的第一个字母来标示，其中 M 代表曼哈顿，B 代表布鲁克林区，Q 代表皇后区，Bx 代表布朗克斯区，S 代表史丹顿岛。

为了缩短行车时间，部分公交线路设有直达快车，在市区的干道以及著名景点附近均可以搭乘直达快车。在纽约，以 X 开头的公交车就是快车（Express Bus），这种快车就像中国国内的某些通勤快车，供上班族乘坐，在小站不停。快车的单程票价为 5.5 美元，乘坐快车不能使用 7 天和 30 天无限次搭乘票，也不方便换乘。

纽约公交车各个线路的首末班时间是不同的，可以登录官网（www.mta.info）查询。公交车单程票价为 2.25 美元，也可以购买 1 天内无限次搭乘票。需要注意的是，如果要投币的话，只能投硬币。

出租车

纽约的出租车大多是黄颜色的，由私人公司管理。出租车费用自 2.50 美金起跳，之后每增加 1 公里收费 0.4 美元。需要注意的是，遇到赛车或通过收费的桥梁、隧道时，要支付额外费用。另外，下车时记得给出租车司机小费，至少是乘车费用的 10%。

每天 10:00 ～ 16:00，只能在出租汽车停靠点打车，否则，就算招手，司机也不会停车。对于这种情况，应表示理解，若司机不遵守在停车点停车的要求，将会被罚款 55 美元。

史丹顿岛轮渡

史丹顿岛轮渡连接曼哈顿与史丹顿岛，可以在曼哈顿炮台公园免费搭乘。史丹顿岛轮渡为那些在曼哈顿工作并在史丹顿居住的人提供了便利。因为史丹顿岛轮渡行经纽约自由岛附近，所以很多人喜欢搭乘史丹顿岛轮渡欣赏曼哈顿下城的天际线。

美食

纽约汇聚了世界各地的美食，因此这里是美食爱好者的天堂。这里有夏威夷、阿富汗、克里奥尔等地的风味食品。

纽约必尝美食

贝果

贝果（Bagel）是一种圆形的犹太面包，最适合配着熏鲑鱼、奶油起司一起吃，味道非常棒。

腌牛肉黑麦面包

腌牛肉黑麦面包（Corned Beef on Rye）是一种用黑麦面包夹着腌牛肉，再配上芥末及腌制的小黄瓜做成的面包。

厚煎饼

厚煎饼（Pancakes）是一种将新鲜水果或水果干放入面粉团里，然后下油煎的一种煎饼，可以蘸着枫香糖浆一起吃。

百吉饼

纽约的百吉饼外观很像刀纳面圈，百吉饼较硬，但十分有嚼劲。如今，纽约百吉饼日臻完美，让很多人垂涎欲滴。

咸脆卷饼

把长条的面团卷成三个圈圈似的样子下去烤，就是咸脆卷饼（Giant Pretzel），咬上一口，回味无穷。在纽约的街上就可以买到咸脆卷饼。

纽约美食餐厅推荐

Per Se

10 Columbus Cir.,New York,NY

212-8239335

乘地铁A、B、C、D线到59 St.–Columbus Circle站下即可

@ www.perseny.com

Per Se注重食物原材料的选取，许多菜肴的原料是有机的。经过厨师的巧妙搭配，烹制出的美食很诱人。另外，这家餐厅提供周到的服务，服务人员很热情。来这里用餐绝对是一种享受，千万别错过这家餐厅。

Gramercy Tavern

42 E 20th St.,New York,NY

212-4770777

乘6线地铁在23 St.站下

@ www.gramercytAve.rn.com

Gramercy Tavern的美食物美价廉，以美国风味菜肴为主。餐厅不断创新，烹制出独具特色的美味佳肴，吸引着许多当地人和各国游客前来品尝。这里向客人提供亲切的服务，菜肴的价格也很优惠，因此该餐厅深受人们的喜爱。

Levain Bakery

167 W 74th St.,New York,NY
212-8746080
乘地铁 1、2、3 号线在 72 St 站下即可
www.levainbakery.com

Levain Bakery 是一家很有名的面包店，深受当地人和游客的青睐。这里的面包都是手工制作的，现烤现卖。平时，来这里排队买面包的人特别多。另外，有一些高级酒店会从这里大量订购面包。如果你喜欢吃面包，不妨来这里。

Babbo

110 Waverly Pl.,New York,NY
212-7770303
乘地铁 A、B、C、D、E、F、M 线到 W 4 St. 站下即可
www.babbonyc.com

Babbo 主要提供意大利美食，以意大利面为主。该餐厅采用高超的美食烹饪技术，将面条与各种食材搭配得很完美。如果你喜欢吃意大利美食，不妨来这里品尝诱人的意大利面，让你的味蕾享受一番。

Joe's Shanghai

24 W 56th St.,New York,NY
212-3333868
乘地铁 F 线在 57 St. 站下即可
www.joeshanghaiRestaurants.com

Joe's Shanghai 是一家中餐厅，主要提供中国美食。这里的小笼包很受欢迎，尤其是蟹粉小笼包。咬上一口，可以品尝到美味的汤汁。餐厅提供良好的服务，热情周到。除了中国游客，其他国家的游客也会特地来这里品尝中餐。

Le Bernardin

155 W 51 St.,New York,NY
212-5541515
乘地铁 1、2 号线在 50 St. 站下即可
www.le-bernardin.com

Le Bernardin 是纽约当地一家很有名的餐厅，人气很高。该餐厅主要经营海鲜美食，注重食物的鲜美程度。这里的环境良好，服务也很周到，来这里用餐绝对是个好选择。需要注意的是，来用餐之前要预约。

纽约其他餐厅推荐

名称	地址	电话	交通
Russ & Daughters	179 East Houston St.,New York,NY	212-4754880	乘地铁 F 线在 2 Ave. 站下
Union Square Cafe	21 E 16th St.,New York,NY	212-2434020	乘地铁 N、Q、R 线在 14 St. – Union Sq 站下
Daniel	60 E 65th St.,New York,NY	212-288-0033	乘 F 线地铁在 Lexington Av./63 St. 站下
The Sea Grill	19 W 49th St.,New York,NY	212-3327610	乘地铁 B、D、F、M 线在 47–50 St.–Rockefeller Ctr 站下

住宿

在纽约，高档酒店价格偏贵。一般情况下，经济型住宿地的费用在 100 美元以内，中等旅馆的费用为 200 美元左右。纽约的住宿地价格有浮动，一般在周五、周六晚上会比较贵，而春季和秋季是纽约的旅游旺季，因此这两个季节的住宿费较高。

纽约高档酒店

名称	地址	电话	网址
宾夕法尼亚酒店 Hotel Pennsylvania	401 7th Ave.,New York,NY	212-7365000	www.hotelpenn.com
纽约四季酒店 Four Seasons Hotel New York	57 E 57th St.,New York,NY	212-7585700	www.fourseasons.com
纽约皇宫酒店 The New York Palace	455 Madison Ave.,New York,NY	212-8887000	www.newyorkpalace.com
玫拉酒店 Hotel Mela	120 W 44th St.,New York,NY	212-7107000	www.hotelmela.com
帝国酒店 The Empire Hotel	44 W 63 Rd.,New York,NY	212-2657400	www.empirehotelnyc.com
卡尔顿酒店 The Carlton Hotel	88 Madison Ave.,New York,NY	212-5324100	www.carltonhotelny.com

纽约中档酒店			
名称	地址	电话	网址
切尔西松林旅馆 Chelsea Pines Inn	317 W 14th St.,New York,NY	888-5462700	www.chelseapinesinn.com
惠灵顿酒店 Wellington Hotel	871 7th Ave.,New York,NY	212-2473900	www.wellingtonhotel.com
君悦酒店 GrandHyatt	109 E 42nd St.,New York,NY	212-8831234	www.grandnewyork.hyatt.com
格什温酒店 The Gershwin Hotel	7 E 27th St.,New York,NY	212-5458000	www.gershwinhotel.com
总统酒店 President	234 W 48th St.,New York,NY	212-2468800	www.book.bestwestern.com

纽约经济型旅馆			
名称	地址	电话	网址
切尔西国际旅社 Chelsea International Hostel	251 W 20th St.,New York,NY	212-6470010	www.chelseahostel.com
纽约国际青年旅舍 Hostelling International New York	891 Amsterdam Ave.,New York,NY	212-9322300	www.hinewyork.org
纽约包厘街白宫酒店 Bowery's Whitehouse Hotel of NY	340 Bowery,New York,NY	212-4775623	www.whitehousehotelofny .com
银河旅馆 Galaxy Motel Inc	860 Pennsylvania Ave.,Brooklyn,New York,NY	718-6494800	www.galaxymotelinc.com

购物

在纽约旅行时，购物是必不可少的一个环节。购物中心、折扣店、专卖店以及免税店等都是购物的好去处。纽约的购物地主要集中在曼哈顿区，第五大道及其周边是不容错过的地方。建议在打折季去选购商品，这样可以节省一些钱。

纽约购物街

第五大道

在纽约，最著名的购物街当属第五大道。这里聚集了全美国最著名的珠宝、皮件、服装、化妆品商店等，著名的品牌有 Gucci、Zegna、Versace、Herms 以及 LV 等。在这里，你可以选购时尚的衣服。

麦迪逊大道

麦迪逊大道也是一个购物的好去处，大道位于 57 街和 79 街之间。在这里，你可以找到各种高档精品店，例如：鞋店、皮包店等。逛一逛这里的百货商场，从日用品到高档消费品，应有尽有。

125 街

从圣尼古拉斯大道到第五大道之间的这片区域叫作 125 街，这里店铺林立，聚集着多种品牌。由于这里的商品多为大众品牌，因此价格不是特别贵。如果想要节省一些费用，来这里是个好选择。

47 街

47 街位于第五大道和第六大道之间，这里是钻石的交易区。这里不仅出售钻石，还提供清洗、保养、鉴定、重镶等服务。如果你喜欢钻石，那么不妨来这里精心挑选，一定会大有所获。

SOHO 区

SOHO 区从百老汇的西面一直延伸到第六大道，这片区域是纽约市民喜欢的购物地之一，这里有很多店铺，你可以在店铺中淘到宝贝。

纽约购物中心

Woodbury Common

498 Red Apple Ct.,Central Valley,New York,NY
845-9284000
在宾夕法尼亚车站乘车前往即可
10:00～21:00
www.premiumoutlets.com

Woodbury Common 是一个大型的购物中心，距离纽约市中心有 1 个多小时的车程。虽然这个地方离市中心有点儿远，但是很多当地人都喜欢来这里选购商品。这里有着 200 多家品牌店，每天都有上千种国际大牌商品以 3 至 7 折的价格在此出售。另外，这里还是 Chanel 在全球唯一的直销店。来这里购物，一定能淘到自己喜欢的宝贝，别错过购买打折商品的好机会。

梅西百货

151 W 34th St.,New York,NY
212-6954400
乘地铁 B、D、F、M、N、Q、R 线至 34 St.-Herald Sq. 站下即可
www.macys.com

梅西百货（Macy's）位于第 7 大道的海诺德广场（Herald Square），靠近宾夕法尼亚车站，是美国一个连锁的百货公司。这里的商品种类齐全，众多品牌集中于此。梅西百货的折扣活动比较多，你可以在这里买到心仪又划算的商品。

Barneys New York-Corporate Headquarters

575 5th Ave.,New York,NY
乘坐地铁 E、M 线至 5 Ave./53 St. 站下即可

Barneys New York – Corporate Headquarters 是纽约高档的购物中心，有着良好的环境，提供周到的服务。在这里购物也是一个好选择，你可以大饱眼福。需要注意的是，一旦在这里购买了商品，就不可以轻易退货。

娱乐

纽约是个不夜城，夜晚的纽约热闹非凡。当夜幕降临的时候，纽约就成了一个娱乐中心。在这里，既可以听到好听的爵士音乐、古典音乐、歌剧，还可以欣赏到美轮美奂的芭蕾表演。在百老汇看一场歌剧表演，或者在麦迪逊广场花园看激烈的球赛，都是不错的娱乐方式。另外，你还可以去酒吧畅饮。

百老汇剧院

据悉，加入百老汇剧院联盟的剧院总共有40家，有39家分布于44街到53街的时报广场附近，所有在百老汇剧院（Broadway Theaters）上演的音乐剧（Musical）和话剧（Play）都被统称为百老汇秀（Broadway Shows）。夜晚，不妨到百老汇看一场《狮子王》或《歌剧魅影》，你一定能收获很多乐趣。

无线电城音乐厅

1260 Avenue of the Americas, New York, NY

212-2474777

乘坐地铁F、D、B、Q线在洛克菲勒中心下可到St.–Lincoln Center站下

@ www.radiocity.com

无线电城音乐厅（Radio City Music Hall）位于洛克菲勒中心，音乐厅拥有近6000个座位。舞蹈、交响乐以及杂耍等精彩节目在这里上演，异常精彩。来这个音乐厅，可以获得视听享受，别错过这里。

林肯中心

10 Lincoln Center Plaza, New York, NY

乘地铁1、2号线在66 St.–Lincoln Center站下

林肯中心（Lincoln Center）是一个综合艺术表演中心，有12个表演团体驻扎于此。这里的3座主要剧院为大都会歌剧院(Metropolitan Opera House)、艾弗里·费雪厅（Avery Fisher Hall）和纽约州立剧院（New York State Theater）。

Part 2 华盛顿

无需门票，体验华盛顿“心”玩法

Part1 华盛顿
华盛顿市区

1·免费节庆别错过·

华盛顿节庆			
节庆名称	时间	举办地	简介
马丁·路德·金日	1月第3个周一	华盛顿市内	届时，在华盛顿有纪念马丁·路德·金博士的活动
总统日	2月第3个周一	华盛顿市内	届时，在华盛顿市内有纪念华盛顿、林肯总统的仪式
樱花节	3月20日至4月13日	华盛顿市内	届时，会在华盛顿举办各项樱花节相关活动
独立日	7月4日	华盛顿市内（包括国会山、国家广场等地）	届时，会有独立日大游行、露天音乐会等活动
圣诞节	12月25日	华盛顿市内	届时，圣诞树会亮灯，还有圣诞节游行活动。美国总统按照传统点亮国字号圣诞树，和人民共同庆祝圣诞节

Part2 华盛顿
华盛顿市区

2·免费网络畅游华盛顿·

华盛顿的免费 Wi-Fi 热点遍布全市，在麦当劳、星巴克、餐厅、书店、旅馆等场所均可以使用。每年圣诞新年的节日期间，Google、Skype 等公司会在三大机场提供免费 Wi-Fi 服务，为各方游客提供方便。

Part2 华盛顿
华盛顿市区

3·信息咨询处的免费优质服务·

史密森学会信息咨询处为游客提供优质服务，这里有史密森学会下属在华盛顿的博物馆信息。在这里，你可以领取国家广场附近博物馆的分布图。另外，有志愿者在这里的信息台(Information Desk)为游客提供帮助，安排博物馆参观行程，免费提供线路安排服务。

史密森学会信息咨询处	
英文名称	Smithsonian Castle (Information Center)
地址	1000 Jefferson Dr. SW, Washington, D.C., DC 20004
电话	202-6331000
交通	乘坐地铁蓝线至 Smithsonian 站下车后步行前往即可
开放时间	08:30 ~ 17:30(圣诞节闭馆)
网址	www.si.edu

零元游华盛顿市区

旅游资讯

🏠 1600 Pennsylvania Ave., NW, Washington,DC 20500

📞 202-2081631

🚗 乘坐地铁蓝线或橙线至 Farragut 站下即可

🕒 周二至周六 07:30 ~ 12:30

@ www.whitehouse.gov

美国白宫（**The White House**）是历任美国总统办公和居住的地方，其实就是美国政府所在地。白宫是新古典建筑风格的白色砂岩建筑，坐南朝北，面对着国家广场。白宫看上去十分典雅、大气，说它是这个世界上最有名的“房子”，一点都不为过。

不要门票也能 High

来这里参观，如果只是站在外面看一看的话，就不需要门票。如果想要参观内部的话，需要提前预约，要通过本国驻美使馆提交申请。其实，站在外面免费参观一下白宫，也是一种很棒的体验。

Part2 华盛顿
华盛顿市区
2
· 林肯纪念堂 ·

林肯纪念堂（**Lincoln Memorial**）是古希腊神殿式建筑，这是为了纪念美国第16届总统亚伯拉罕·林肯而建的。马丁·路德·金曾在这里发表了演说《我有一个梦想》。进入纪念堂，可以看到正中央用洁白大理石雕刻的林肯坐像。林肯坐像背后有一段铭文，意为“在这座殿堂里，在人民心中，永远铭记对林肯的怀念，是他为人民拯救了联邦”。林肯坐像左侧有一块葛底斯堡演说的石刻，坐像的右侧墙上铭刻着林肯第二次就任美国总统时的就职演说。傍晚时分，纪念堂附近灯光闪烁，美得不可思议。这样一个有纪念意义的纪念堂，不容错过。

旅游资讯

2 Lincoln Memorial Circle, NW, Washington, DC 20037

乘坐地铁蓝线至Foggy Bottom站下车后步行前往即可

全天开放

@ www.nps.gov/linc

不要门票也能High

在林肯纪念堂，每天09:30～22:00有工作人员提供讲解，并且会解答游客的各种问题。若要前往林肯纪念堂参观，最好在早上或傍晚去，这样可以避开拥堵的人群。另外，如果你想拍到纪念堂的全景，那么可以去反思池另一端拍，这样也可以将池中美丽的倒影拍进去。

Part2 华盛顿
华盛顿市区
3
· 乔治城 ·

乔治城（**Georgetown**）拥有十八九世纪的建筑风格，漫步于这里的街头，可以看到喷泉、雕塑。乔治城沿波托马克河而建，河边铺有木板路，是散步的好地方。乔治城中心地带的威斯康星大道是购物的天堂，吸引着四面八方的游客前来购物。另外，美国具有贵族气质的乔治城大学也位于这里。

旅游资讯

Georgetown, Washington,DC

乘坐D6路公交车至NW Q St & NW Wisconsin Av站下车即可

全天开放

不要门票也能High

乔治城就像中国的古镇，你可以在这里买到特色商品。这里的纸杯蛋糕特别好吃，不妨尝一尝。这里的房子与红色的石板路相互衬托，形成亮丽的风景线。建议你多拍些照片留念，把这里的美景记录在照片中。

Part2 华盛顿

华盛顿市区

4 ·美国国会大厦·

美国国会大厦（**United States Capitol**）是美国国会所在地，它是一幢全长 233 米的 3 层建筑，通体洁白，四周有很多巨柱，是古典复兴风格建筑。国会大厦圆顶上方有一尊 6 米高的自由女神青铜雕像，女神头顶羽冠，右手持剑，左手扶盾。圆顶内部是中央圆形大厅，圆顶两侧的南北翼楼分别为众议院和参议院办公地。中央圆形大厅东面有 3 座巨形铜门，由于门扇上刻有描述哥伦布发现新大陆的浮雕，所以被称为哥伦布门。中央圆形大厅四周的墙壁上挂着 8 幅巨大的油画，记载了美国独立战争等 8 个重大历史事件。

旅游资讯

East Capitol Street Northeast & First Street Southeast, Washington, DC 20004

202-2256827

乘坐地铁蓝线或橙线至 Capitol South 站下即可

08:30 ~ 16:30（感恩节、圣诞节、元旦、就职典礼日不对外开放）

@ www.aoc.gov

不要门票也能 High

国会大厦游客中心和内部均免费开放。参观导览之旅每日有少量当日票，但是需要提前去排队，因此建议在网上预约。需要注意的是，进入国会大厦之前要经过严格的安检，不可以将水、食物、刀具带入。另外，在国会大厦内部的任何地方都禁止吸烟。

预约网址：www.visitthecapitol.gov/plan-visit/book-tour-capitol

华盛顿纪念碑（**Washington Monument**）位于国家广场的正中央，这是为了纪念美国首任总统华盛顿而建立的，是华盛顿的地标之一。该纪念碑通体光滑，没有一个字母。纪念碑的正方体碑柱顶端为四面三角形的尖顶。纪念碑内部有897级台阶盘旋直上，你可以通过台阶走上去，也可以乘坐电梯直达顶端。纪念碑顶部瞭望台的4个方向设有8个观光窗口，通过这些窗口，可以欣赏外面的美景。

不要门票也能 High

傍晚可以在华盛顿纪念碑顶部欣赏美景，用相机把日落时分的景色变化记录下来。每逢7月4日独立日，华盛顿纪念碑周围都会有精彩的烟火表演。虽然华盛顿纪念碑免费开放，但是你需要领取门票才能进入里面。你可以在参观当日前往纪念碑信息亭领取当日门票（08:30开始放票），还可以在网上预订。需要注意的是，进入纪念碑之前要经过严格的安检，禁止携带食品、饮料、刀具等进入。

Part2 华盛顿
华盛顿市区
5
• 华盛顿纪念碑 •

旅游资讯

215th Street, NW, Washington, DC 20007

202-4266841

乘地铁蓝线或橙线至 Smithsonian 站下

09:00～16:45（圣诞节关闭）

美国国家植物园（**United States Botanic Garden**）建立于1820年，位于美国国会大厦旁，是美丽而古老的植物园。该植物园的面积特别大，占地1800000平方米（180公顷），由国家花园、巨型国家植物园温室和巴托尔迪公园3部分组成。整个植物园内充满绿色气息，空气十分清新。

Part2 华盛顿
华盛顿市区
6
• 美国国家植物园 •

不要门票也能 High

美国国家植物园内拥有4000多种植物，例如：蕨类、苏铁类植物等。进入园内，你可以呼吸到新鲜的空气，欣赏奇异的植物，因此这里实在不容错过。除了自由参观以外，你还可以参加时长45分钟的导览。你可以扫二维码登录官网查询导览信息。

旅游资讯

100 Maryland Avenue, SW, Washington, DC 20001

乘坐地铁蓝线至 Federal Center SW 站下车后步行前往即可

Part2 华盛顿
华盛顿市区

7 ·中国城·

旅游资讯

7th St., NW, Washington, DC 20001

乘坐地铁红线至 Gallery Pl–Chinatown 站下车后步行前往即可

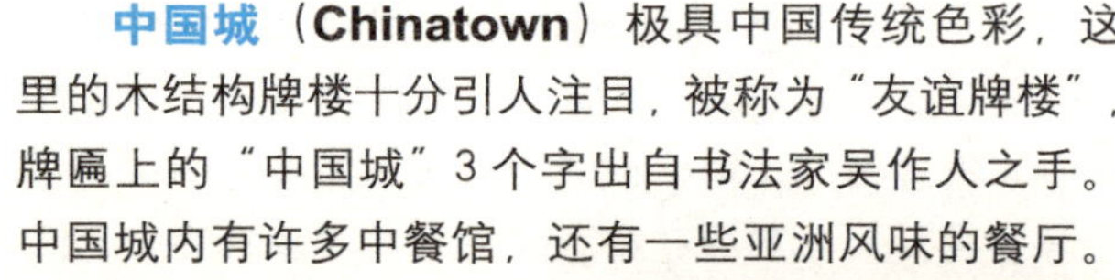

中国城（Chinatown）极具中国传统色彩，这里的木结构牌楼十分引人注目，被称为“友谊牌楼”，牌匾上的“中国城”3个字出自书法家吴作人之手。中国城内有许多中餐馆，还有一些亚洲风味的餐厅。街道两边的店铺都有中文招牌，店铺内的商品很有特色。走在街上，你可以看到很多华人面孔。总之，在中国城逛一逛，可谓大有所获。

不要门票也能 High

华盛顿的中国城历史悠久，不用花钱，只是在中国城的街道逛一逛也不错。亮眼的牌楼、熟悉的语言和家乡味的美食，你会被这一切深深地吸引住。

Part2 华盛顿
华盛顿市区

8 ·罗斯福纪念园·

旅游资讯

1850 West Basin Drive, SW, Washington, DC 20242

乘坐地铁蓝线至 Smithsonian 站下车后步行前往即可

罗斯福纪念园（Franklin Delano Roosevelt Memorial）位于潮汐湖的西岸，这是为了纪念美国第32任总统罗斯福而建的。这里的石墙错落有致，石墙上刻着一些罗斯福总统说过的经典语句。另外，这里还有人工瀑布和一些极具特色的雕塑。

不要门票也能 High

免费参观一下罗斯福纪念园，这是一种很棒的体验。每天 09:30 ~ 22:00，这里都有工作人员提供讲解，并且解答游客的问题。

国家邮政博物馆（Smithsonian's National Postal Museum）位于华盛顿联合车站旁，该馆规模不大，却是美国最大的邮政博物馆。这里是集邮爱好者的朝圣之地，来到这里可以免费索取漂亮的明信片。

Part2 华盛顿

华盛顿市区

9

•国家邮政博物馆•

旅游资讯

2 Massachusetts Avenue, NE, Washington,DC 20002

乘坐地铁红线至 Union Station 下车后步行前往即可

周一至周日 10:00～17:30（圣诞节休息）

@ postalmuseum.si.edu

不要门票也能 High

馆内有个地方的桌面上放着各种精美的邮票，参观者可以选 6 张邮票作为纪念。桌子旁边有一台小电脑，你可以拍照制作独具特色的邮票，然后传到自己的邮箱。

国家档案馆（National Archives）是个免费参观的好地方，馆内保存着美国建国以来超过 30 亿件的重要文献，包括美国建国的 3 份重要文件原稿：《独立宣言》《权利法案》和《1787 年美国宪法》。

Part2 华盛顿

华盛顿市区

10

•国家档案馆•

旅游资讯

700 Pennsylvania Avenue, NW, Washington,DC 20408

乘坐地铁黄线至 Archives-Navy Mem' l-Penn Quarter 站下车后步行前往即可

周一至周日 10:00～17:30，闭馆前 30 分钟停止入馆。感恩节、圣诞节休息

@ www.archives.gov

不要门票也能 High

国家档案馆对游客免费开放，这里有许多珍贵的历史文献，值得花时间参观。通过参观这个档案馆，你可以深入了解美国的历史和文化。

Part2 华盛顿
华盛顿市区
11
·美国艺术博物馆·

美国艺术博物馆（**Smithsonian American Art Museum**）位于美国肖像画廊旁边，这里有许多艺术品。博物馆的外面有个彩色牛仔雕塑，看上去富有浓厚的美国特色。这个博物馆以艺术为主题，展品以绘画和雕塑为主。

旅游资讯

8th and F, NW, Washington, DC

乘坐地铁红线至 Gallery Place-Chinatown 站下车后步行前往即可

11:30～19:00（圣诞节闭馆）

@ americanart.si.edu

不要门票也能 High

美国艺术博物馆内收藏了大量美国工艺品、艺术品，可以免费参观。如果你对美国艺术感兴趣的话，不妨参观一下这个博物馆，一定能让你大饱眼福。

Part2 华盛顿
华盛顿市区
12
·国立非洲艺术博物馆·

国立非洲艺术博物馆（**African Art Museum**）是个艺术的天堂，这里收藏了大量来自 50 多个非洲民族的美术工艺品，包括彩绘面具、象牙雕刻以及狩猎工具等。整个博物馆采用非洲风格来布置，进入该馆，你会感觉自己好像是到了非洲一样。参观这个博物馆，来一次文化盛宴，了解一下非洲文化也挺好的。

旅游资讯

950 Independence Avenue, SW, Washington, DC

乘坐地铁蓝线至 Smithsonian 站下车后步行前往即可

10:00–17:30

@ www.nmafa.si.edu

不要门票也能 High

这个博物馆有着神秘的魅力，馆内的讲解员会讲一些展品的相关故事，你可以仔细地听一下。

美国航空航天博物馆华盛顿分馆（**National Air and Space Museum in Washington,D.C.**）内的藏品丰富，涉及的领域包括宇宙航行学、航空学以及航空史等。馆内有宇航器、飞机、火箭以及导弹等。另外，这里还有飞行设备、模型以及重要航空事件复制品等。这个博物馆成立于 1946 年，于 1976 年作为国家博物馆对公众开放。博物馆的面积很大，占地 3 个街区，由一个小型展览馆和一个中庭交错构成。这里的一些分馆有特别的活动，参加活动可能会收获小礼品。这里有“二战”时期的战机、退役的军用间谍飞机、曾经服役多年的客机、世界上的第一架飞机、苏联制造的第一颗卫星等，值得参观。

不要门票也能 High

这个博物馆共有 24 个展厅，展示着 265 架真实飞机、各国航天航空器复制品等。通过参观这个博物馆，你可以了解整个人类飞行史的发展历程。在博物馆内，你可以近距离接触飞行物。美国一些学校会组织学生来这里参观，老师会讲解一些关于航空航天的知识，作为游客的你也可以听一听。

Part2 华盛顿 华盛顿市区

13 · 美国航空航天博物馆华盛顿分馆 ·

旅游资讯

600 Independence Ave., SW, Washington, DC 20560

202-6332214

乘坐地铁蓝线至 L'Enfant Plaza 站下车后步行前往即可

@ airandspace.si.edu

史密森尼国家自然历史博物馆（**Smithsonian National Museum of Natural History**）是世界上最大的博物馆之一，展品有 1 亿 2 千万件左右，是研究人类和自然的珍贵资料宝库。从恐龙化石到展示印第安文化的物品，从古今动物标本到中国孔子像，博物馆中都有收藏，涵盖范围很广，是一个可以学习到很多文化知识的好去处。而且，这里拥有世界最大的蚊子数据库和蝴蝶展，里面展示有数万种蚊子和蝴蝶标本。

博物馆的布置更是用心，连动物生活栖息地的场景都进行了还原，力图营造一个最逼真的生物链环境。在博物馆中央圆形的大厅里，一只约两层楼高的巨型

Part2 华盛顿 华盛顿市区

14 · 史密森尼国家自然历史博物馆 ·

旅游资讯

10th St. & Constitution Ave., NW, Washington, DC 20560

乘坐地铁蓝线、橙线、灰线到 Federal Triangle 站下南行即可

非洲象扬起长长的鼻子——它是迄今为止人类发现最大的非洲野象。其中，位于二层的宝石和矿物展览区的希望蓝钻石更是闻名于世。

不要门票也能 High

这里的人类起源馆有一个有趣的照相机器叫作“What would you like a early human”，可以帮你看到自己年轻 20 万岁的大概模样，也就是说，能够把你拍摄下来的图像转化成你自己作为一名原始人的模样。

美国印第安人国家博物馆（**National Museum of the American Indian**）内展示了关于北美洲原住民印第安人的生活、语言、历史、文学以及艺术。这个博物馆的建造历时 15 年，于 2004 年 9 月 21 日建成。该馆共有 5 层，陈列着美国印第安人部落的工艺品和日常物品。来这里参观一下，可以更深入地了解印第安人的文化。

Part2 华盛顿

华盛顿市区

15

・美国印第安人国家博物馆・

旅游资讯

4th St & Independence Ave., SW, Washington, DC 20560

乘坐地铁蓝线至 L'Enfant Plaza 站下车后步行前往即可

@ nmai.si.edu

美国国家美术馆（National Gallery of Art）由两座风格完全不同的建筑组成。其中一座建筑在西侧，是古希腊风格的新古典主义建筑，里面收藏着欧洲中世纪至 19 世纪的经典画作与雕塑，包括达·芬奇的作品《吉内夫拉·德本奇像》、梵·高的自画像等；另外一座建筑在东侧，是现代主义的几何建筑，里面收藏着现代艺术作品，包括毕加索、安迪·沃荷的作品等。

不要门票也能 High

独特的建筑以及丰富的馆藏，使整个美术馆独具风情，来这里免费参观是一种很棒的体验。西馆的圆形大厅内有语音导览器，你可以凭有效证件免费租赁。需要注意的是，在美术馆的任何展厅内都不可以接打电话。

Part2 华盛顿
华盛顿市区

16

•美国国家美术馆•

旅游资讯

- 6th St. & Constitution Ave., NW, Washington,DC 20565
- 202-7374215
- 乘坐地铁黄线至 Archives 站下车后步行前往即可
- 周一至周六 10:00 ~ 17:00，周日 11:00 ~ 18:00（圣诞节、元旦休息）
- @ www.nga.gov

美国国会图书馆（Library of Congress）是全世界藏书量最大的图书馆之一，由杰斐逊大厦、亚当斯大厦和麦迪逊纪念大厦构成。馆内收藏着 2000 万册图书以及各种期刊、地图、唱片、手稿等。这个图书馆的内部富丽堂皇，显得过于华丽。来这里免费参观，是一种不错的体验。需要注意的是，这里的参观区对外开放，而阅读区则不对外开放。

Part2 华盛顿
华盛顿市区

17

•美国国会图书馆•

旅游资讯

- 101 Independence Ave., SE, Washington, DC 20540
- 202-7075000
- 乘坐地铁蓝线至 Capitol South 站下车后步行前往即可
- 08:30 ~ 10:00

Part2 华盛顿
华盛顿市区

18 •杰斐逊纪念堂•

杰斐逊纪念堂（Thomas Jefferson Memorial）位于华盛顿潮汐湖边，这是为了纪念美国第三任总统托马斯·杰斐逊而建的。纪念堂四周有54根花岗岩石柱，在纪念堂入口处有8根石柱支撑着门廊，门廊上有庄严的大理石浮雕，浮雕描述的是杰斐逊等受大陆会议委任起草《独立宣言》的情景。纪念堂的内部铺满了粉色和灰色相间的田纳西大理石，正中央耸立着一座近6米高的杰斐逊总统立身铜像，铜像身后的石壁上镌刻着杰斐逊生前的一段话："我已经在上帝圣坛前许下誓言，永远反对笼罩在人类心灵的任何形式的暴政。"

旅游资讯

13 East Basin Drive, SW., Washington,DC 20242

乘坐地铁蓝线至Smithsonian站下车后步行前往即可

@ www.nps.gov/thje

不要门票也能High

每年4月，湖畔的樱花盛开，美得醉人。若赶在4月去参观杰斐逊纪念堂，你就可以欣赏到樱花烂漫的湖光美景。你可以在潮汐湖边拍摄纪念堂的全景，还可以坐在台阶上欣赏潮汐湖。

Part2 华盛顿
华盛顿市区

19 •五角大楼•

五角大楼（The Pentagon）呈正五边形，因此被称为五角大楼，这里是美国国防部的所在地。走廊是五角大楼内最大的看点，走廊两侧墙壁上的相框一点一滴地记载着美军历史上的重大事件。有些墙壁的镜框上没有内容，空白的位置是留着记载未来世界发生的大事件。在"9·11"事件中，五角大楼受到了重创，如今五角大楼的部分被建成纪念馆，一个纪念馆在大楼外面，一个在里面。

旅游资讯

1400 Defense Pentagon, Washington,DC 20301-1400

乘坐地铁蓝线至Pentagon站下车后步行前往即可

周一至周五09:00～15:00，周六、周日及节假日休息

@ pentagontours.osd.mil

不要门票也能High

在五角大楼外部参观无需门票，而参观五角大楼内部至少要提前14天预约。由于五角大楼的停车场不对外开放，所以你最好乘坐地铁前往。在五角大楼内部参观时，你需要关闭手机。

阿灵顿国家公墓（Arlington National Cemetery）位于波托马克河西岸，这里曾经是南北战争名将罗伯特·李将军的庄园，如今是美国军政各界最高荣誉者的墓地。虽然这里是个墓地，但是却不会让人感到害怕。整个公墓的规模很大，半圆形的墓园周围有郁郁葱葱的树木。“阿灵顿之屋”位于公墓中央的山丘上，这座殿堂是希腊文艺复兴式建筑。从阿灵顿之屋走出来，走到前方的山坡下，可以看到平地上安放着 4 块墓碑，肯尼迪总统一家四口安眠于此，墓碑旁的石刻上镌有肯尼迪的名言：不要问国家能为你做什么，而要问你能为国家做什么。另外，有些老兵战死沙场，姓名却无处可寻，因此在阿灵顿国家公墓专门建立起无名士兵墓。如今，无名士兵墓由美国大兵日夜守护，每隔 30 分钟或 1 小时就会换一次岗，每天有许多人会前来围观致敬。

不要门票也能 High

阿灵顿公墓是美国的国家公墓，这里供人们参观和凭吊，十分幽静。一排排样式简单的白色墓碑给人一种神圣的感觉，来到这里，如同走进公园一般，你根本不会感到害怕。

Part2 华盛顿
华盛顿市区
20
·阿灵顿国家公墓·

旅游资讯

Arlington National Cemetery, Arlington, VA 22211

乘坐地铁蓝线至 Arlington Cemetery 站下车后步行前往即可

4～9 月 08:00～19:00；10 月至次年 3 月 08:00～17:00

美国最高法院（Federal Supreme Court of the United States）是美国最高审判机构，从外观上看，建筑十分美观，给人一种神圣感，门前的雕塑柱子代表司法公正和权威。建筑内部很现代，装饰得十分精致。

不要门票也能 High

法院建筑本身就值得参观，就算只是站在外面看一看也不错。若要进入内部参观，需要经过安检。

Part2 华盛顿
华盛顿市区
21
·美国最高法院·

旅游资讯

1 First St., NE, Washington, DC 20543

乘坐 97 路公交车至 NE 1st St. & NE Maryland Ave. 站下车后步行前往即可

202-4793000

Part2 华盛顿
华盛顿市区

22 ·美国联邦调查局总部·

旅游资讯

935 Pennsylvania Avenue, NW, Washington, DC 20535-0001

乘坐地铁红线至 Judiciary Square 站下车后步行前往即可

美国联邦调查局总部（Federal Bureau of Investigation）简称 FBI，这是全世界人民熟知的美国司法调查机构。"FBI"经常出现在电影的台词中，因此，看过好莱坞电影和美剧的人一般都知道这个地方。从外观上来看，美国联邦调查局总部就是一栋普通的大楼。美国联邦调查局总部于 1908 年设立，运用最新谍报工具调查案件，解决了许多悬疑案。

不要门票也能 High

美国联邦调查局总部大楼并不对外开放，因此你只能站在外面看一看。大楼看上去显得陈旧，而那些特工们就在这里办公。当个观光客，在外面拍照留念也挺好的。

Part2 华盛顿
华盛顿市区

23 ·美国国家肖像画廊·

旅游资讯

8th St. NW & F St. NW, Washington, DC 20001

乘坐地铁绿线、红线、黄线到 Gallery Place Chinatown 站下即可

美国国家肖像画廊（National Portrait Gallery）是一个充满艺术气息的地方，这里收藏着许多人物的肖像画，不定期地展出人物摄影作品。画廊内有很多西欧著名的绘画，包括波提切利、达·芬奇、米开朗基罗、塞尚等人的作品。作品包括油画、雕塑、素描、漫画等。除了维多利亚肖像展览室外，其余展览室的展品按照年代划分。画廊内拥有从 15 世纪至今的 1 万件作品，值得参观。

不要门票也能 High

美国国家肖像画廊免费开放，是个参观的好去处，你可以在这里看到许多历史名人的肖像。需要注意的是，如果有专题展览，就需要付费参观。

圣彼得和圣保罗大教堂（**The Cathedral Church of Saint Peter and Saint Paul**）又被称为华盛顿国家大教堂，建筑本身就值得一看，属于巴洛克建筑。该教堂塔楼高 41.9 米，内部设有 9 个祭坛。教堂耸立于华盛顿全市的最高点，气势非凡，显得特别神圣。

Part2 华盛顿
华盛顿市区

24 ·圣彼得和圣保罗大教堂·

不要门票也能 High

站在外面看一看这个教堂，感觉它十分庄严。进入教堂内部参观，你的心灵会得到净化。教堂内部有一些彩色玻璃，上面描述着圣经中的故事，实在不容错过。

旅游资讯

3101 Wisconsin Ave., NW, Washington, DC 20016

乘坐 96 路公交车至 NW Woodley Rd. & NW 35th St. 站下车后步行前往即可

密森尼国家动物园（**Smithsonian National Zoological Park**）又被称为国家动物园（National Zoo），这是美国一个古老的动物园，免费开放。这个动物园建立于 1889 年，有 2 个园区。其中，史密森尼生物保护研究所（Smithsonian Conservation Biology Institute）不对外开放。整个动物园内共有 400 种动物，其中有些是濒危动物。在石溪公园（Zoo\'s Rock Creek Park）园区可以看到大熊猫、大猩猩、亚洲象、昆虫类、两栖动物、爬行动物以及水生动物等。

Part2 华盛顿
华盛顿市区

25 ·密森尼国家动物园·

不要门票也能 High

到这个动物园参观，你可以近距离和小动物接触。值得一提的是，这里还有中国赠送的大熊猫“宝宝”，非常可爱。

旅游资讯

3001 Connecticut Ave., NW, Washington, DC 20008

乘坐地铁红线至 Woodly park/ZOO 站下车后步行前往即可

零元游华盛顿周边

·华盛顿→里士满

里士满（**Richmond**）是美国弗吉尼亚州首府，是一座美丽的古城，同时也是一座现代化城市。这座城市有很多博物馆、古战场遗址。里士满将古典与现代结合起来，是一座魅力十足的城市。里士满市内高楼林立，据悉，财富 500 强中几家公司的总部就设在这里。对美国历史感兴趣的人，可以参观一下里士满的景点。

前往里士满

1. 从联合车站（Union Station ）坐 Megabus 约 2 个多小时可到里士满，票价约 20 美元，Megabus 官网预订：us.megabus.com。

2. 先乘坐地铁红线到华盛顿中国城，然后再乘坐大巴，便宜又快捷。

弗吉尼亚州议会大厦（**Virginia State Capitol**）建于1788年，它是西半球最古老的立法机构。这座建筑由托马斯·杰弗逊设计，他曾为美国第三届总统。建筑有着独特的生命力，具有古典主义风格。在20世纪初的时候，大厦增加了两翼，显得更加独特。如今，这座大厦成为游客参观的好选择。

Part2 华盛顿 华盛顿周边

1 ·弗吉尼亚州议会大厦·

旅游资讯

1000 Bank St.,Richmond,VA 23219

乘坐82路公交车至Broad St & 11th St.下车后步行前往即可

@ virginiacapitol.gov

里士满市政厅（**Richmond City Hall**）如同一件艺术品，兴建于1886年，在1894年完工。建筑形式为哥特式风格，外部采用花岗岩纹理来装饰。市政厅的主要门面朝向北方，很独特。市政厅已被列入国家历史地标，值得参观。即使不进入市政厅内部，站在外面看一看也挺好的。从外观上看，市政厅独具一格。

Part2 华盛顿 华盛顿周边

2 ·里士满市政厅·

旅游资讯

1001 E Broad St.,Richmond,VA 23219

乘坐82路公交车至Broad St. & 11th St.下车后步行前往即可

@ nps.gov

·华盛顿→匹兹堡

匹兹堡（**Pittsburgh**）位于美国宾夕法尼亚州西南部，是宾州仅次于费城的第二大城市，

这里曾是美国著名的钢铁工业城市，有“世界钢都”之称。在1980年之后，匹兹堡的钢铁业务已经淡出，已转型为以医疗、金融及高科技工业为主的都市。如今，匹兹堡市内的最大企业为匹兹堡大学医学中心。

匹兹堡交通便利，公路、铁路和水上运输都十分发达。匹兹堡国际机场位于该市西部，为美国东部著名的大型机场，有18家航空公司聚集于此。匹兹堡还是一个充满学术气息的城市，匹兹堡大学和卡内基梅隆大学是美国著名的高等学府，这两所大学均位于匹兹堡。在美国，匹兹堡是一个治安较好的城市，也是美国比较宜居的城市。这座城市将古典与现代化相结合，是一个值得游览的地方。

前往匹兹堡

从华盛顿到匹兹堡，可以乘坐 Amtrak。在华盛顿的 Union Station（WAS）乘车，到达匹兹堡的 Pittsburgh，PA（PGH），价格根据不同的车厢类型而定。

·匹兹堡大学·

旅游资讯

4200 Fifth Ave.，Pittsburgh，PA 15260

乘坐83路公交车至Allequippa Stat Sutherland Dr.下车后前往即可

@ www.nationalityrooms.pitt.edu（世界教室）

匹兹堡大学（**University of Pittsburgh**）是一个可以免费参观的大学，校园内拥有世界上第二高的校园建筑——学院大教堂（Cathedral of Learning）。学院大教堂从内到外的造型都十分精美，装修别致，风格独特，呈现出一种非常棒的视觉效果。教学大楼就像教堂一样，格外庄严，给人一种神圣之感。你可以在一楼借语音导览器和钥匙，尽情享受免费参观的乐趣。

世界教室（Nationality Rooms）位于匹兹堡大学的最高建筑学院大教堂（Cathedral of Learning）的一至三楼，匹兹堡大学根据不同的国家文化设计了各式各样的教室，例如：中国的教室以圆桌和孔子壁画组成；印度的教室是以盘腿坐的椅子和婆罗神壁画组成。世界教室中还包括希腊的教室、欧洲的教室和中东的教室等，世界各地的教室几乎都在这同一个地方呈现出来了。

Part2 华盛顿

华盛顿周边

2

• 卡内基梅隆大学 •

卡内基梅隆大学（Carnegie Mellon University）始建于1900年，该校以全美第一的计算机科学专业而出名。校园正门有走进天空（Walk Into Sky）的标志性现代雕塑，校园内部有茅以升的雕像。校园中心的“Fence”由学生们随意涂鸦，每天都会有一些变化。校园内的气氛还不错，你可以免费参观一下。

旅游资讯

Forbes Ave., Pittsburgh,PA

乘坐58、67、69路公交车至Forbes Ave. Opp Hamburg Hall站下车后步行前往即可

• 美国钢铁大厦 •

美国钢铁大厦（U.S. Steel Tower）是匹兹堡的城市地标。这幢大厦于1970年建成，由钢铁构成，高约256米。匹兹堡被誉为美国的钢铁之都，美国钢铁大厦以一种独特的姿态屹立于CBD中央，这是值得参观的建筑物。即使站在很远的地方看，你也能感受到美国钢铁大厦散发出的独特魅力。

旅游资讯

600 Grant St., Pittsburgh,PA

乘坐87路公交车至Grant Stat Us Steel Stop A下车后步行前往即可

· 华盛顿→巴尔的摩

巴尔的摩（**Baltimore**）是美国马里兰州最大的城市，是美国大西洋沿岸重要的海港城市。巴尔的摩距离美国首都华盛顿仅有60多公里，它是马里兰州唯一的一个独立市。在1827年的时候，这里就铺设了美国第一条铁路——巴尔的摩—俄亥俄铁路。

在1814年，英国军队兵分海陆两路进攻巴尔的摩。1851年，巴尔的摩市脱离巴尔的摩县，成为独立市。1861年，一队美国士兵在巴尔的摩转火车的时候遭到亲南方的巴尔的摩市民围攻，士兵向市民开枪，这就导致了巴尔的摩暴乱。巴尔的摩暴乱的直接结果就是林肯政府对亲南方的州铁腕镇压。1904年2月7日，巴尔的摩市发生大火，整个城市几乎被烧毁，这次火灾事件导致了国家标准与技术院（NIST）的诞生。1980年，巴尔的摩内港地区建成了一系列的商业观光区，就此，巴尔的摩内港逐渐从工业区和居民区转变为观光旅游区。

前往巴尔的摩

从华盛顿到巴尔的摩，可以乘坐Amtrak。在华盛顿的Washington,DC – Union Station (WAS)乘车，到达巴尔的摩的Baltimore,MD–Penn Station（BAL），运行时间大概为40分钟，价格根据不同的车厢类型而定。

Part2 华盛顿
华盛顿周边

1

·巴尔的摩内港·

巴尔的摩内港（**Baltimore Inner Harbor**）是美国大西洋沿岸重要的海港城市，是世界著名海港之一。如今，这里成为了巴尔的摩的标志景点。来这里随意地走一走，欣赏一下优美的风景也不错。巴尔的摩内港是世界著名海港之一，你可以在这里留下美丽的倩影。

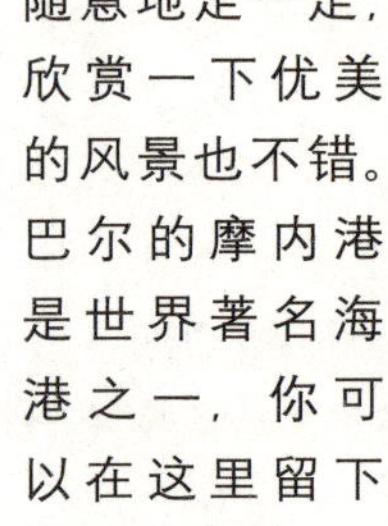

旅游资讯

Patapsco middle of the estuary, Baltimore,MD

约翰·霍普金斯大学（Johns Hopkins University）是一所有名的私立大学，是免费参观的好去处。虽然校园的面积不是很大，但是环境却十分优美。你可以漫步于校园中，感受这所大学独特的魅力。

Part2 华盛顿
华盛顿周边
2
• 约翰·霍普金斯大学 •

旅游资讯

3400 N Charles St.,Baltimore,MD 21287

@ www.jhu.edu

Part2 华盛顿
华盛顿周边
3
• 弗农山历史街区 •

旅游资讯

1221 North Calvert St., Bal-timore,MD 21202

乘坐免费公交Charm City Circulator紫线或巴尔的摩城市轻轨可到

@ www.visitmountvernon.info

弗农山历史街区（Mount Vernon Cultural District）位于巴尔的摩市中心北部，这里有宏伟、精美的建筑，还有餐饮和住宿场所。街区富有历史韵味，老建筑保存得十分完好。整个街区的治安还不错，来这里逛一逛，你可以感受到历史气息。另外，这里还有一个街心花园可供休憩。

Part2 华盛顿
华盛顿周边
4
• 沃尔特斯艺术陈列馆 •

旅游资讯

600 N Charles St.,Baltimore,MD 21201

乘坐103、410路公交车至CHARLES St & MT VERNON PL nb下车后步行前往即可

沃尔特斯艺术陈列馆（Walters Art Museum）是一个充满艺术气息的艺术馆，馆内藏品丰富，这是一个可以免费参观的私人艺术馆。馆藏涉及的范围较广，包括古罗马、中世纪、伊斯兰世界、文艺复兴等多个主题展区，藏有从古埃及到20世纪初期的艺术品约2.5万件。每个展览区的规模都不是很大，却都独具特色，武器陈列就是一大特色。

华盛顿 · 旅游资讯

华盛顿共有 3 座机场，分别是罗纳德 · 里根华盛顿国家机场、杜勒斯国际机场和巴尔的摩华盛顿国际机场。罗纳德 · 里根华盛顿国家机场距离市区较近，其他两个机场距离市区有些远。

华盛顿机场信息

机场名称	地址	电话	网址
罗纳德 · 里根华盛顿国家机场（Ronald Reagan Washington National Airport）	2401 S Smith Blvd., Arlington, Washington,DC	703-4178000	www.mwaa.com
杜勒斯国际机场（Washington Dulles International Airport）	1 Saarinen Cir., Sterling, Washington,DC	703-5722700	www.mwaa.com
巴尔的摩华盛顿国际机场（Baltimore Washington International Airport）	7426 New Ridge Rd., Hanover, Washington,DC	410-8597111	www.bwiairport.com

从机场到市区的交通信息

机场名称	交通信息
罗纳德 · 里根华盛顿国家机场	乘坐地铁蓝线、黄线在 National Airport Metro Station 下即可
杜勒斯国际机场	1. 在机场搭乘公交车至 West Falls Church 站换乘地铁到达市区 2. 乘坐 Washington Flyer Express 巴士到 15th. 和 K Street NW 两街的交叉口，大约 45 分钟的车程，单程为 16 美元，往返为 26 美元 3. 乘坐出租车到华盛顿市区，大约 45 分钟的车程，车费约 45 美元

续表

机场名称	交通信息
巴尔的摩华盛顿国际机场	1. 可以搭乘 Super Shuttle 公司的迷你巴士前往华盛顿市区，车程约 1 小时，车费 30 美元，乘客可指定下车地点 2. 前往 BWI 机场站有免费接驳车，由该站到华盛顿特区的联合车站 3. 搭乘 AMTRAK 或马克公司的火车大概需要 40 分钟就可以到达市区 4. 乘坐出租车前往市区大概需要 40 分钟，车费约 67 美元

华盛顿的铁路线路覆盖面广，包含从华盛顿到美国其他各个城市的线路。华盛顿最大的火车站是联合车站（Union Station），该车站位于国会大厦的东北部，车站设有零钱兑换处、汽车租赁公司、豪华酒店。在纽约和华盛顿之间，每日运行的火车大概有 30 班，普通车的运行时间大概为 3.5 小时，特快车（Metroliner）的运行时间大概为 3 小时。

联合车站信息

50 Massachusetts Ave.,NE,Washington,DC

乘地铁红线到 Union Station 站下

202-2891908

@ www.unionStationdc.com

华盛顿有灰狗巴士以及彼得潘公司的长途巴士。每天往返于纽约和华盛顿之间的长途巴士多达 40 多班。华盛顿的灰狗巴士站（Greyhound Station）位于联合车站的东北部，这个车站有发往全国各地的长途巴士，票价便宜。

灰狗巴士站信息

1005 First St., NE, Washington,DC

乘地铁红线到 Union Station 站下

202-2895141

@ www.greyhound.com

市内交通

尽管华盛顿市内交通系统没有纽约那么发达，但是在华盛顿市内乘坐地铁、公交车、出租车等交通工具还是挺方便的。在华盛顿，交通拥堵的现象较少。华盛顿的地铁、公交车票价都有点儿贵，而巡游观光巴士的票价比较便宜。在华盛顿游玩时，你可以根据个人情况选择适合自己的交通工具出行。

华盛顿市内交通信息		
交通工具	**票价**	**备注**
地铁	根据里程和时间收费，单程票1.45～4.6美元，日票8.3美元，高峰期和非高峰期的票价是不一样的	1. 华盛顿的地铁线路是按照颜色来区分的，有红、黄、蓝、绿、橙5条线路，地铁站或入口用“M”表示 2. 地铁运行时间为周一至周四05:00～24:00，周五05:00至次日03:00，周六07:00至次日03:00，周日07:00～24:00；每日乘车高峰期为周一至周五05:00～9:30和15:00～19:00 3. 你可以在车站领取地铁线路图，地图上面标有一些景点及其最近的地铁站
公交车	1.25美元起	华盛顿的公交被称为Metrobus，由Metrobus公司负责运营
出租车	1区5.5美元 2区6.9美元 3区7.9美元	1. 华盛顿的出租车公司把全市划分为几个区域，在同一个区域内，不分远近，车费价格统一 2. 出租车追加费用：高峰期（07:00～09:30、16:00～18:30）加收1.25美元；携带1个以上的行李箱或纸袋搭车，每件加收2美元；每小时等候费15美元；2人以上搭车，从第2人起每人加收1.5美元 3. 别在路边叫车，用车时需要打电话叫车或到巴士站附近的出租车停靠区（Taxi Zone）乘坐
巡游观光巴士	1美元，从地铁出来换乘只需付50美分，日票3美元	1. 巡游观光巴士共有5条线路，大约每10分钟一趟； 2. 因价格便宜，乘坐巡游观光巴士的人比较多； 3. 巡游观光巴士的运行时间为07:00～19:00，有的线路为10:00～16:00

美食

华盛顿汇集了多种风味的美食，市区内有意大利餐厅和法国餐厅。亚当斯·摩根（Adams Morgan）街区有许多印度、非洲和中东的餐厅。贝斯达拉有一个大规模的餐厅城，那里有德国、墨西哥、西班牙以及拉丁美洲风味的餐厅。华盛顿西北部的中国城，分布着包括中国餐厅在内的亚洲餐厅，有越南菜、印度尼西亚菜和泰国菜等。华盛顿西南河岸边，是海鲜餐厅的集中地。另外，华盛顿还有很多新式快餐厅，环境都很不错，而且价格便宜。

Full Kee

509 H St.,NW,Washington,DC

202-3712233

粥5美元，水饺5美元，炒面10美元

www.fullkeedc.com

Full Kee提供美味的早餐，有多种口味的粥，味道十分鲜美。另外，这里还有好吃的水饺和海鲜炒面等美食。这里是吃早餐的好地方，别错过。

Dancing Crab Restaurant

4611 Wisconsin Ave.,NW, Washington,DC

202-2441882

周一至周六11:00～22:30；周日15:00～22:00

每人20～25美元

www.thedancingcrab.com

Dancing Crab Restaurant是一个海鲜餐厅，经营多种海鲜美食，以螃蟹为主。这里吃螃蟹的方法很独特，要用一根木棒棰敲，敲开之后再吃。另外，这里每个季节都有相应的时令菜肴供应。

Cafe Divan

1834 Wisconsin Ave.,NW, Washington, DC

202-3381747

www.cafedivan.com

Cafe Divan是一家土耳其餐厅，深受当地人欢迎。餐厅位于乔治城街口，很容易找到。在这里用餐，可以点拼盘，拼盘里有油炸肉类、起司等。有的拼盘专门用荷叶包裹起来，吃的时候有一股荷叶的清香。另外，这家餐厅的开胃菜也值得品尝，价格很亲民。

住宿

华盛顿可供住宿的地方较多，包括高档酒店、中档酒店以及经济型旅馆等。一般来说，入住高档酒店，每晚费用在180美元以上；入住中档酒店，每晚费用在100～180美元；入住经济型旅馆（多是青年旅舍、家庭旅馆等），每晚费用在100美元以下。需要注意的是，在华盛顿住宿，每晚都需要交1.5美元的住宿税。

华盛顿高档酒店

名称	地址	电话	网址
罗杰酒店 Hotel Rouge	1315 16th St.,NW, Washington,DC	202-2328000	www.rougehotel.com
摩纳哥酒店 Hotel Monaco	700 F St. NW,Washington,DC	202-6287177	www.monaco-dc.com
万丽酒店 Renaissance	999 9th St., NW, Washington,DC	202-8989000	www.marriott.com
四季酒店 Four Seasons Hotel	2800 Pennsylvania Ave., NW, Washington,DC	202-3420444	www.fourseasons.com

华盛顿中档酒店

名称	地址	电话	网址
亚当斯旅馆 Adam's Inn	1746 Lanier Pl., NW, Washington,DC	202-7453600	www.adamsinn.com
卡洛拉马旅馆 The kalorama Guest House	2700 Cathedral Ave., NW, Washington,DC	202-5888188	www.kaloramaguesthouse.com
Hotel Rouge	1315 16th St., NW, Washington,DC	202-2328000	www.rougehotel.com

华盛顿经济型旅馆

名称	地址	电话	网址
安娜旅馆 Ana	1101 16th St.,Washington,DC	202-8575270	www.fly-ana.com
哈灵顿酒店 Hotel Harrington	436 11th St., NW, Washington,DC	202-6288140	hotel-harrington.com
国际青年旅舍 Hostelling International	1009 11th St., NW, Washington,DC	202-7372333	www.hiwashingtondc.org

购物

华盛顿有一些高级购物中心、时尚购物街区、服饰专卖店等。在华盛顿旅行时，你可以多逛一逛，淘到自己心仪的商品。即使什么都不买，站在漂亮的橱窗外欣赏一下高级时装也是一种享受。

华盛顿购物街

乔治敦街区

华盛顿的乔治敦（Georgetown）街区充满时尚感，这里引领时代潮流。这个街区既有品牌专卖店，也有潮流服饰小店。在这里精心挑选一件自己喜欢的物品，是一种很棒的体验。别轻易错过这个购物街区，否则就要与那些漂亮的衣服擦肩而过了。

Dupont Circle 街区

华盛顿市区东北部的Dupont Circle街区是著名的购物区，这个购物区里的康涅狄格大道（Connecticut Avenue）是购物的好选择，在这里可以买到精致的衣服、鞋子和包包。

威斯康星大道

在华盛顿，购物中心最集中的地方当属威斯康星大道（Wisconsin Avenue），大道附近的Mazza Gallerie、国会山一带的联合车站和位于Pentagon City的Fashion Centre都是华盛顿的知名购物中心。在威斯康星大道，你可以买到高级品牌服装、精致纪念品等。

华盛顿购物中心推荐

乔治公园高级购物中心

3222 M St.,NW,Washington,DC
202-3428190
周一至周六 10:00～20:00
www.shopsatgeorgetownpark.com

乔治公园高级购物中心位于华盛顿市区西北，该购物中心共有4层，里面有100多家商店，时装、小饰品以及皮革制品等汇集于此。这个购物中心有着良好的环境，屋顶是玻璃的，因此里面光线充足。另外，在购物中心的1层有个小型喷泉，值得欣赏。

Mazza Gallerie 购物中心

5300 Wisconsin Ave.,NW, Washington,DC
202-9666114
乘坐地铁红线至 Friendship Heights 站下即可

在华盛顿旅行时，乘坐地铁红线可以到达大型的购物城——Mazza Gallerie 购物中心。该购物中心共有4层，大概有50家店面。高级百货商厦 Neiman Marcus、时装名牌老店 Raleighs 等都值得逛一逛。另外，该购物中心还设有大型电影院，购物之后看场电影也是一种很棒的体验。

Pentagon City

乘坐地铁蓝线、黄线在 Pentagon City 站下即可

Pentagon City 位于波托马克河畔，这是大型的购物区。这里有 Pentagon Row、Fashion Centre、Pentagon Centre 等购物中心，以服装销售为主，兼营各种百货。每个购物中心内几乎都有各国风味的快餐厅以及设备齐全的电影院。

联合车站

50 Massachusetts Ave.,NE, Washington,DC
202-2891908
乘坐地铁红线至 Union Station 站下即可
www.unionStationdc.com

联合车站不仅是一个车站，还是一个大型的购物中心。来这里乘车的人，顺便可以购买一些物美价廉的商品。有些游客专门来这里购物，挑选心仪的商品。车站的1楼有书店和小型杂货店，2楼有餐厅和服装店。

娱乐

华盛顿有许多娱乐场所，有的地方热闹非凡，有的地方十分安静。酒吧内的娱乐气氛浓厚，酒吧和夜总会主要集中在乔治敦（Georgetown）、亚当斯·摩根（Adams Morgan）、达彭特圈（Dupont Circle）以及U街（U Street）。除了娱乐场所之外，华盛顿还有许多特色节日和活动，例如：海滩狂欢节、莎士比亚作品免费欣赏活动、华盛顿古董展览、华盛顿国际马展等。

肯尼迪中心

2700 F St.,NW,Washington,DC

202-4168000

乘坐80路公交车至Kennedy Ctrrdwy & Eisenhower Theat站下即可

@ www.kennedy-center.org

肯尼迪中心（Kennedy Center）位于波托马克河畔，这里是华盛顿歌剧的大本营。经常在这里演出的乐团有华盛顿室友交响乐团和国家交响乐团。这里的黄金舞台是著名表演场地，每天18:00有免费演出。

艾克长官曼波舞馆

1725 Columbia Rd.,NW, Washington,DC

202-3322211

乘坐42、43、H1路公交车至NW Columbia Rd. & NW Ontario Rd.站下即可

@ www.chiefikes.com

艾克长官曼波舞馆（Chief Ike's Mambo Room）位于亚当斯·摩根街区，这是以热带丛林为主题的舞蹈表演场所，面向所有人开放。这里不仅有精彩的民族舞蹈表演，还有一些与民族元素相结合的现代舞蹈表演。在周一至周四，在这里可以欣赏到具有民族特色的街舞表演。这里实在不容错过，如果时间富裕的话，不妨来这里看表演。

国家剧院

1321 Pennsylvania Ave.,NW, Washington,DC

202-6286161

乘坐D3、D6路公交车至NW E St. & 13th St.站下即可

@ www.nationaltheatre.org

国家剧院（National Theatre）是一个古老的剧场，在这里上演的电影、话剧等都是十分经典的。

Part 3 波士顿

无需门票，体验波士顿“心”玩法

Part3 波士顿
波士顿市区

1·波士顿自由之路潇洒行·

作为美国的历史文化中心，“波士顿倾茶事件”和“独立战争第一枪”都与波士顿有关。美国人民争取独立走向自由的这段历史就被镌刻在“自由之路”（The Freedom Trail）。

在1951年，波士顿的一位知名记者威廉·斯科菲尔构想规划出自由之路。他希望通过在自由之路徒步的方式让人们深入了解美国的历史起源，畅游波士顿城市风光。

自由之路由红砖铺成，全程3公里，起点为波士顿公园，终点为邦克山纪念碑。沿途经过了16个历史遗迹，其中包括17、18世纪的房舍、教堂以及美国独立战争遗址。这条自由之路是波士顿历史发展的重要之路，因此很多人都说自由之路是认识波士顿的最好起点。

沿着地面上画有红色标志的路线走完自由之路全程，大概需要花费半天时间。沿途的历史遗迹仿佛能带着你感受那个年代的人迈向自由的艰辛。

自由之路地图详见官网：

波士顿自由之路共有16站：

1. 波士顿公园（Boston Common）
2. 马萨诸塞州州政府（Massachusetts State House）
3. 公园街教堂（Park Street Church）
4. 旧谷仓墓园（Old Granary Burying Ground）
5. 国王教堂及墓地（King's Chapel & Burying Ground）
6. 富兰克林雕像/波士顿第一座拉丁学校遗址（Benjamin Franklin Statue/Site of Boston First Latin School）
7. 老街角书店（Old Corner Bookstore）
8. 旧南方议会厅（Old South Meeting House）
9. 旧州政府建筑（Old State House）
10. 波士顿惨案遗址（Boston Massacre Site）
11. 法尼尔厅（Faneull Hall）
12. 保罗－里维尔之家（Paul Revere House）
13. 旧北教堂（Old North Church）
14. 考普山墓地（Copp's Hill Burying Ground）
15. 宪法号战舰（U.S.Constitution）
16. 邦克丘纪念碑（Bunker Hill Mounment）

波士顿公园

自由之路的起点从波士顿公园（Boston Common）开始，这个号称全美最古老的公园位于波士顿市中心。曾经，这里是人们放牧的地方，如今这里是一个风景优美的景点，园内的诸多景点都很吸引人。

马萨诸塞州州政府

马萨诸塞州州政府（Massachusetts State House）是波士顿著名的地标之一，位于灯塔山（Beacon Hill）之上，在这里可以俯瞰波士顿公园。

公园街教堂

公园街教堂（Park Street Church）位于波士顿公园东边，建于1809年，被后人誉为“基督教建筑的经典之作”。公园街教堂具有“美国式”的红砖砌成的主体结构和“伦敦式”的洁白的高耸塔尖。1832年，美国最著名的歌曲“我美丽的家园”第一次在这里唱起。

旧谷仓墓地

旧谷仓墓地（Granary Burying Ground）是波士顿的历史博物馆。美国独立宣言的三位签署者约翰－汉考克（John Hancock）、萨缪尔－亚当斯（Samuel Adams）以及罗伯特·崔特·潘恩（Robert Treat Paine）都长眠与此。

国王教堂及墓地

国王教堂及墓地（King's Chapel & Burying Ground）是波士顿第一所英国圣公会教堂。因为没有人愿意给这座非清教徒教堂提供土地，所以这座教堂建在墓地上。新教堂建于1750年，在还未完成尖顶部分就出现了财政危机。如今，人们看到的是一座没有尖顶的教堂。

富兰克林雕像／波士顿第一座拉丁学校遗址

富兰克林雕像／波士顿第一座拉丁学校遗址（Benjamin Franklin Statue/Site of Boston First Latin School）是美国第一所公立拉丁学校，建立于1635年。独立宣言的4位签署人——富兰克林、亚当斯、汉考斯和罗伯特曾经都在这所学校里学习过。

老街角书店

老街角书店（Old Corner Bookstore）既是19世纪美国最重要的出版社的根据地，也是朗费罗、爱默生、霍桑等当时著名作家的聚会场所。书店旁边的小广场上有爱尔兰饥荒的纪念雕像。据悉，当年的爱尔兰饥荒导致波士顿人口大量增加，当时的爱尔兰人占到了三分之一。

旧南会议厅

旧南会议厅（The Old South Meeting House）是一个教堂，它的历史可以追溯到1729年，是波士顿第二个历史悠久的教堂。独立战争时期所发生的“波士顿倾茶事件”就是由萨缪尔·亚当斯在此地发起的。1773年12月，5000多人聚集在这个地方，抵抗英国人强征的茶叶税。

旧州府大楼

旧州府大楼（Old State House）是波士顿最早的公共建筑，它的历史可以追溯到1713年。大楼是乔治王朝风格的建筑，在独立革命前是英政府驻美殖民地的总部，象征着英王在美殖民地的最高权威。在1770年，英军和市民在楼外发生流血冲突，五位平民丧生，这就是被视为激发独立革命的导火索之一的“波士顿惨案”。附近以镶嵌在地面上的石头为标志的“波士顿惨案遗址 Boston Massacre Site”是为了纪念1770年3月5日与英国军队冲突时被打死的5位爱国者。

波士顿惨案遗址

波士顿惨案遗址（Boston Massacre Site）位于旧州政府斜对面的圆形广场上，地面铺设了小石子。为了追悼五位英勇的烈士，在阳台的下方用椭圆形的石头围成一圈标示了屠杀的遗址，市政府也立了一块墓碑用来纪念当时这群无辜的殖民地居民。由于道路被扩建，这个遗址已经不存在了，墓碑也不知所踪。

法尼尔大厅

法尼尔大厅（Faneuil Hall）是一幢三层红砖楼，由富商彼得－法尼尔兴建，最初作为市场使用。在独立战争爆发前，波士顿市民常常利用这一建筑物集会，讨论独立与自由等大问题。现在，市民们仍习惯利用二楼大厅举行各类集会。一楼为市场，三楼则是波士顿炮兵团本部所属的博物馆。

保罗·列维尔故居

保罗·列维尔故居（Paul Revere House）这座灰色木楼是波士顿城中留存的最古老的建筑，建于1680年，它是波士顿现存的最后一所17世纪结构的房子。当过银匠、雕刻师、印刷工的爱国者保罗·列维尔于1770年至1800年居住于此。如今，这里仍然完好地保留着保罗·列维尔当年的生活用品。

旧北教堂

旧北教堂（Old North Church）是波士顿历史最悠久的教堂之一，建于1724年，教堂顶部有一个尖塔。教堂前边有保罗·列维尔骑马的雕像。

考普山墓地

考普山墓地（Copp's Hill Burying Ground）是北角区的一座小山丘，制鞋老板 William Copp 将这块地捐赠了出来，于是这个地方就以他的名字来命名。考普山墓地是商人、工匠和艺术家的最后安息之处。这里也埋葬了许多普通的波士顿人。考普山墓地是波士顿北边的最高点，英军曾在邦克山的战役里以此为据点攻占了查尔斯城。

宪法号战舰

宪法号战舰（U.S. ConStitution）是目前世界上正在服役的最古老的军舰。宪法号由乔治·华盛顿亲自取名，顾名思义是为了纪念美国宪法。据说，在1812年，它曾与英国战舰连续交锋44次，没有打过败仗。其实宪法号在1881年就已经退役，后来逐渐作为博物馆存在。如今，宪法号上有60名官兵服役，是一艘名副其实的军舰。除了铁甲号的陈列外，这里还设立了博物馆，陈列有关宪法号的建造过程、航行与维修等资料。

邦克山纪念碑

邦克山纪念碑（Bunker Hill Monument）是自由之路的最后一站。这个纪念碑主要是为了纪念1775年美国独立战争时，第一次与英军交战中不幸阵亡的爱国战士。1775年6月，独立战争开始两个月后，在波士顿郊外爆发了著名的邦克山战役。邦克山是美国独立史上最著名的一个古战场。

2·免费节庆别错过·

波士顿节庆			
节庆名称	时间	举办地	简介
波士顿餐厅周	3月和8月	波士顿市内	餐厅周每次持续两周左右，为人们提供以优惠价格品尝波士顿特色美食的机会
波士顿马拉松	4月第3个周一	波士顿市内	届时，波士顿会举行马拉松比赛，全长26公里。这是全世界最古老的马拉松比赛，也是世界马拉松大满贯的赛事之一
波士顿呼唤音乐节	5月和9月	波士顿市政广场	届时，音乐节会邀请在格莱美等各个音乐奖项中得奖的知名乐队以及歌手，让他们在市政广场的两个舞台轮流表演
波士顿海港节	7月4日左右	波士顿市内	届时，海港节主办方会准备一个很大的蛋糕，与市民一起分享（免费）。另外，还会在露天表演台 Hatch Shell 举行波士顿流行音乐会

续表

节庆名称	时间	举办地	简介
波士顿亚裔电影节	10 月中下旬	波士顿市内	届时，电影节会邀请世界各地的亚裔导演和演员参加，通过展出各种优秀的亚裔电影，展现亚裔电影的潮流和魄力
新年第一夜	12 月 31 日	波士顿市内	新年第一夜是波士顿每年跨年的传统节目，由 50 项活动构成大型的文艺庆典。庆祝新年第一夜的活动充满艺术感，大都会举行游行、冰雕、烟花表演、电影音乐舞蹈等，都极具魅力

Part3 波士顿
波士顿市区

3·从游客中心获取免费信息·

波士顿游客中心		
名称	地址	开放时间
波士顿公园游客中心（Boston Common Visitors Information Center）	139 Tremont St.,Boston, MA,02111	周一至周六 08:30 ~ 17:00，周日 10:00 ~ 18:00
Prudential 游客中心（Prudential Visitor Information）	800 Bolyston Street,Boston, MA 02199	周一至周五 09:00 ~ 17:30，周六、周日 10:00 ~ 18:00

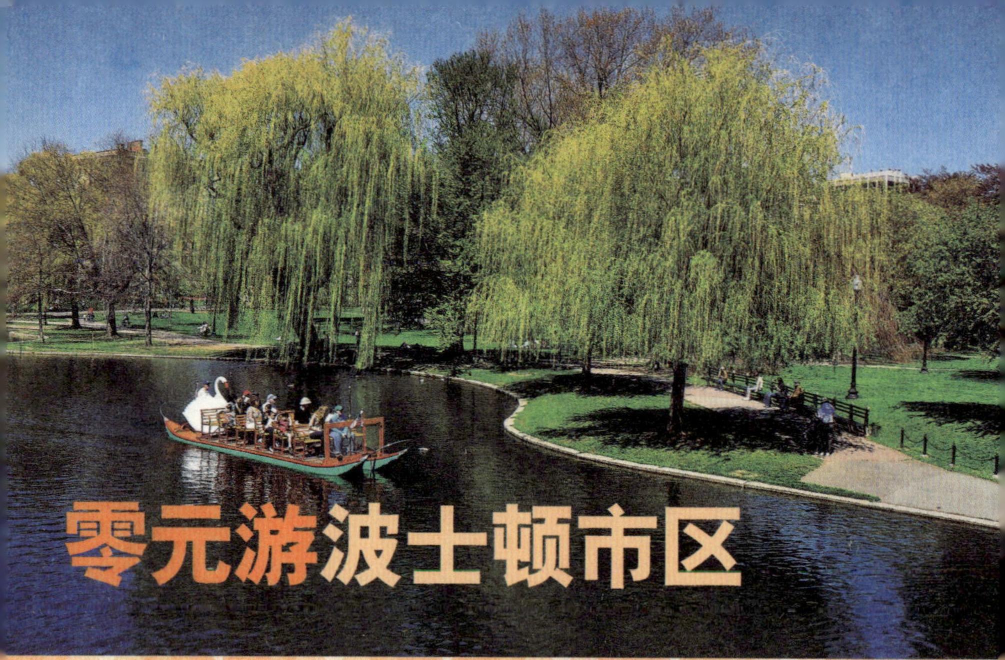

零元游波士顿市区

Part3 波士顿
波士顿市区

1 · 波士顿公园 ·

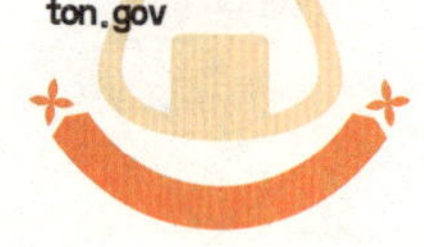

波士顿公园（**Boston Common**）位于波士顿市中心，建于1643年，这是美国历史最悠久的公园之一。如今，这个公园对公众开放。公园的正门口矗立着一座独立战争英雄——华盛顿骑马的雕像。进入公园之后，可以看到游客中心，且可在这里免费领取自由之路的地图。公园内有一片湖区，即青蛙池塘（Frog Pond）。到了夏天，人们可以在这里游泳；到了冬天，人们可以在这里滑冰。在青蛙池塘边的旗杆山（Flagstaff Hill）上，有一块纪念美国内战部队的海陆军人纪念碑。公园的西侧是波士顿公共花园（Boston Public Garden），这里有活灵活现的“给鸭子让路”雕塑。

旅游资讯

- 139 Tremont St., Boston, MA 02116
- 乘坐15、39路公交车至Park Street站下车即可
- 全天开放
- @ www.cityofBoston.gov

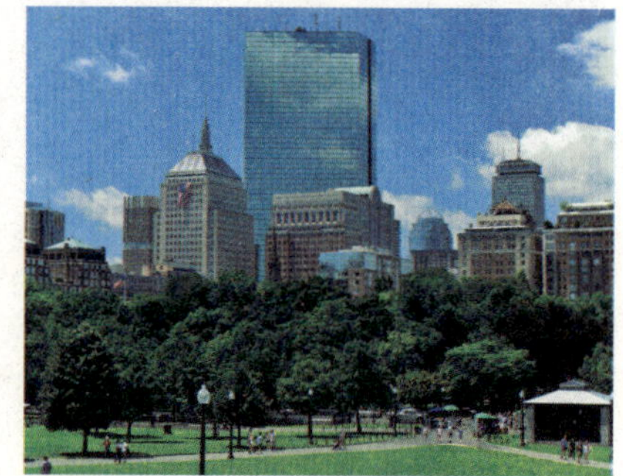

Part3 波士顿
波士顿市区

2 • 波士顿唐人街 •

波士顿唐人街（**Boston Chinatown**）位于波士顿市中心，许多华人居住在这里。唐人街有一些地道的中餐馆，招牌上有中文。小桃园餐厅的海鲜、海皇醉琼楼的牡蛎都是值得品尝的美食。除了中国美食，你还可以在这里吃到其他亚洲国家的菜系。漫步于唐人街，你会有种熟悉的感觉，如同走在国内的街道上，你可以看到许多华人面孔。

旅游资讯

65 Beach St., Boston, MA 02111

乘坐地铁绿线至 Boylston 站下车即可

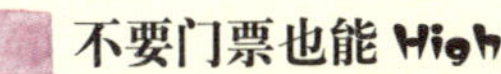

不要门票也能 High

到了唐人街，除了感受一下这里的气氛，你还可以品尝龙虾，这里的龙虾有多种做法。另外，这里的越南米粉、韩式烤肉都值得品尝。即使什么都不买，什么都不吃，在唐人街上走一走，也是一种不错的体验，起码可以缓解思乡之情。

Part3 波士顿
波士顿市区

3 • 邦克山纪念碑 •

邦克山纪念碑（**Bunker Hill Monument**）位于布里德山上，于1843年建成。这是为了纪念1775年6月17日在此山丘发生的邦克山战役而建的。纪念碑有着纪念意义，来看一看也挺好的。你可以免费登顶，站在顶部俯瞰波士顿的美丽风光。

旅游资讯

Monument Sq., Charlestown, MA 02129

乘坐93路公交车至121 Bunker Hill St. opp Lexington St. 下车即可

周一至周日 09:00～17:00（3月14日～11月30日）

不要门票也能 High

来参观这座纪念碑，你可以一步一步地登上294级阶梯，透过楼顶的窗口俯瞰波士顿景色。从楼顶上下来之后，你可以看到阶梯出口处的盖印区，不妨拿着本子盖一个邦克山的印章留作纪念。

波士顿公共图书馆（Boston Public Library）是美国最大的城市公共图书馆，建立于1888年，这里的藏书量超过1500万册，是一座文化宝库。这里的藏品包括最早的莎士比亚戏剧印刷本、亨德尔和海顿的曲谱手稿等。该图书馆分为新馆和旧馆，新馆内部的栏杆、雕饰、浮雕以及巨大的穹顶天窗都值得参观；旧馆兼具文艺复兴风格和学院派风格，3楼有7个展馆，不定期地会举办绘画、雕塑、图书珍本等文化艺术展览。

旅游资讯

700 Boylston St., Boston, MA 02116

乘坐9、10路公交车至Copley站下车即可

周一至周四09:00～21:00，周五、周六09:00～17:00，周日13:00～17:00

@ www.bpl.org

不要门票也能 High

来到这个图书馆，你可以免费获取阅读资源，学习知识。这座图书馆体现出了波士顿的城市风貌，散发出文艺气息，实在不容错过。

波士顿公共花园（Boston Public Garden）位于波士顿市中心，为整座城市增添了绿色的气息。园内风光旖旎，花团锦簇。在春季，园内的郁金香绽放，异常美丽。园内有个天鹅湖，在夏季，人们可以乘坐天鹅船游览风景。这里还有一座蓝色的铁桥，偶尔有人在这里弹唱。这个花园四季景色不同，是城市中的一个世外桃源，别轻易错过。

旅游资讯

4 Charles St., Boston, MA 02116

乘坐43、55路公交车至Charles St. @ Beacon St. 下车即可

全天开放

不要门票也能 High

进入公园内，除了欣赏风景以外，你还可以在湖上泛舟，在蓝色的铁桥上拍照留念。另外，你还可以去喂天鹅和鸭子。

纽伯里街（**Newbury St.**）是波士顿的购物街，这里有一些专卖店、奢侈品店以及餐厅。街道两边的建筑历史悠久，古色古香。说纽伯里街是个购物的天堂，恰如其分，这里有咖啡馆、餐馆、服装店等，冰激凌、美酒、时尚服装都很吸引人。在这样具有小资情调的步行街逛一逛，你一定能大有所获。

不要门票也能 High

在购物街的老房子里购买世界名牌，是一种独特的体验。走累了，可以进入咖啡店喝杯咖啡，放松一下；肚子饿了，可以走进餐厅饱餐一顿；看到喜欢的衣服，可以买下来；看到赏心悦目的建筑物，可以用相机拍下来。如果你在晚上来这里，还可以看到彩灯。总之，纽伯里街是个不容错过的购物之地。

旅游资讯

Newbury St.，Boston，MA 02228

乘坐 39、55 路公交车至 Dalton St. @ Boylston St. 下车即可

马萨诸塞州议会大厦（**Massachusetts State House**）位于波士顿的灯塔山上，是一座古典建筑，有着金色圆顶、白立柱和红砖墙。大厦前方有很多雕像，包括约瑟夫·胡可（Joseph Hooker）的骑马雕像。大厦内部富丽堂皇，旗厅内收集了许多内战时期的战旗；楼梯厅内有关于保罗·里维尔飞骑报信和“波士顿倾茶”的壁画；众议院大厅内悬挂着著名的木制鱼。另外，在地下档案馆和博物馆里还有一些珍贵的历史文件。

不要门票也能 High

马萨诸塞州议会大厦可以免费参观，来到这里，你可以了解一下美国的司法组成，还可以欣赏到许多艺术品。

旅游资讯

24 Beacon St.，Boston，MA 01233

乘坐地铁绿线至 Park St. 下车后步行前往即可

周一至周五 10:00 ~ 15:30（游客参观）

@ www.sec.State.ma.us

Part3 波士顿
波士顿市区

8 •宪法号博物馆•

旅游资讯

Charlestown Navy Yard, Boston, MA 02129

乘坐93路公交车至First Ave. @ Fifth St. 下车即可

@ www.ussconSt.itutionmuseum.org

宪法号博物馆（U.S. Constitution Museum）设在一艘古船（即宪法号护卫舰）内，馆内展示了有关海域的宪法和相关海事事件。宪法号护卫舰由美国首任总统华盛顿命名，这是世界上最古老的在役舰。如果你对航海感兴趣的话，不妨来这里参观一下。

不要门票也能 High

宪法号博物馆可以免费参观，但是建议你捐款，金额不限。你既可以站在船上看风景，还可以进入博物馆看一看。

Part3 波士顿
波士顿市区

9 •约翰·汉考克大厦•

旅游资讯

200 Clarendon St.,Boston,MA 02228

乘坐39、55路公交车至Saint James Ave. & Clarendon St. 下车即可

约翰·汉考克大厦（John Hancock Tower）是波士顿最高的建筑，高241米，共有63层，由华裔建筑师贝聿铭设计。大楼的外墙为浅蓝色的镜面玻璃，站在远处看，墙面就像一面巨大的镜子。大楼四周的景物倒映在玻璃幕墙上，十分有意思。可以说，这座高耸的大厦就是波士顿的明信片。

不要门票也能 High

夜晚，灯光闪烁，这座大厦显得更加耀眼。因此，如果你白天没时间的话，晚上来这里参观也不错。

法纳尔大厅（**Faneuil Hall**）位于波士顿自由之路上，兴建于1742年，这里见证了无数爱国志士的会议和演讲，被称为“自由的摇篮”，在美国历史上有着重要的作用。走进大厅，你可以看到墙上写着：“这里见证了波士顿建市的重要时刻”。法纳尔大厅的1楼有一家礼品店，在这里可以买到小型建筑模型。法纳尔大厅的3楼是波士顿炮兵团本部所属的博物馆，内部装饰很有特色。

旅游资讯

1 Faneuil Hall Sq.，Boston，MA 02109

乘坐15、39、57路公交车至Congress St.@ North St.下车后步行前往即可

周一至周六10:00～21:00，周日12:00～18:00

不要门票也能 High

傍晚，华灯初上，法纳尔大厅看上去更加好看。如果你在此时来参观法纳尔大厅，可以拍摄到它迷人的外观。

昆西市场（**Quincy Market**）是波士顿著名的购物之地，这里独特的罗马式建筑风格充满魅力。市场由巨大的传统新英格兰花岗岩建成，建筑外形呈长方形。在市场的中轴线处有一长廊，长廊上有很多座椅。市场前后门上面有着经典罗马雕刻，大门与现代美式风格的矩形玻璃相互衬托，将古典美与现代美合二为一。市场的中间是美食街，街道两侧是商铺。

旅游资讯

4 S Market St.，Boston，MA 02109

乘坐地铁蓝线至State St.下车后步行前往即可

周一至周六10:00～21:00，周日12:00～18:00

www.faneuilhallmarketplace.com

不要门票也能 High

到昆西市场逛一逛，你可以淘到心仪的宝贝。市场旁边的两座建筑被称为南市和北市，荟萃了一些小商店，你可以在这里买到精美的波士顿小纪念品。时间充裕的话，还可以在美食街走一圈，品尝当地特色食品。

零元游波士顿周边

1 ·哈佛大学·

旅游资讯

Harvard University, Cambridge,MA 02138

乘坐86路公交车至Quincy St. @ Kirkland St. 下即可

全天开放

@ www.harvaRd.edu

哈佛大学（**Harvard University**）位于波士顿剑桥镇，这是美国历史悠久的高等学府之一。哈佛大学的建筑古色古香，红砖外墙给人一种沧桑感。从哈佛大学建校至今，培养出了8位美国总统和数十位诺贝尔奖获得者。另外，中国现代著名作家林语堂也毕业于哈佛大学。哈佛大学在世界上富有影响力，被很多人所熟知。哈佛大学的校园内充满文化气息，吸引着许多游客前来参观。

不要门票也能 High

哈佛大学被公认为是当今世界最顶尖的高等教育机构之一，免费参观这里是人生难得的一种体验。你可以进入校园内仔细地参观一番，感受一下校园的文化气息。哈佛大学的游客中心每天都会组织游客参观校园，你可以在向导的带领下看一看哈佛大学的校园环境。

麻省理工学院（**Massachusetts Institute of Technology**）简称 MIT，位于剑桥镇查尔斯河岸，是一所研究型私立大学。这所大学被誉为"世界理工大学之最"，到 2015 年为止，先后有 84 位诺贝尔奖获得者曾在此工作与学习。这所大学的校园具有现代感，让人耳目一新。在校园内，随处可见出自世界一流设计大师的建筑作品。

Part3 波士顿
波士顿周边
2
·麻省理工学院·

旅游资讯

77 Massachusetts Ave.,Cambridge,MA 02139

乘坐地铁红线至 MIT 站下车即可

@ web.mit.edu

不要门票也能 High

周一至周五 11:00 和 15:00，这所大学内有免费导游带领各方游客游览校园内最受欢迎的几处场馆。寒假或校园关闭期间不提供游览服务。来这所大学参观，如果想在校园内待上一整天的话，建议自带食物，你可以坐在校园的长椅上享用美食。

瓦尔登湖（**Walden Pond**）空气清新，是一个免费游玩的好去处。这个湖原本只是一个普通的湖，却因美国先验派哲学家亨利·大卫·梭罗而出名。梭罗出生于波士顿的小镇康克德，毕业于著名的哈佛大学，他想寻找一种理想的生活模式，所以在瓦尔登湖畔建造了一个小木屋，并且住了两年多。后来，梭罗根据自身的体验写了《瓦尔登湖》一书。如今，瓦尔登湖成为了一个旅游胜地，世界各地的游客都前来游玩。

Part3 波士顿
波士顿周边
3
·瓦尔登湖·

旅游资讯

915 Walden St., MA

在波士顿的 North Station 乘坐通勤火车 Commuter Rail 到 Concord，然后步行 30 分钟左右即可

Part3 波士顿
波士顿周边

4

•波特兰灯塔•

旅游资讯

1000 Shore Rd., Cape Elizabeth, ME 04107

建议驾车前往

每日 10:00 ~ 16:00

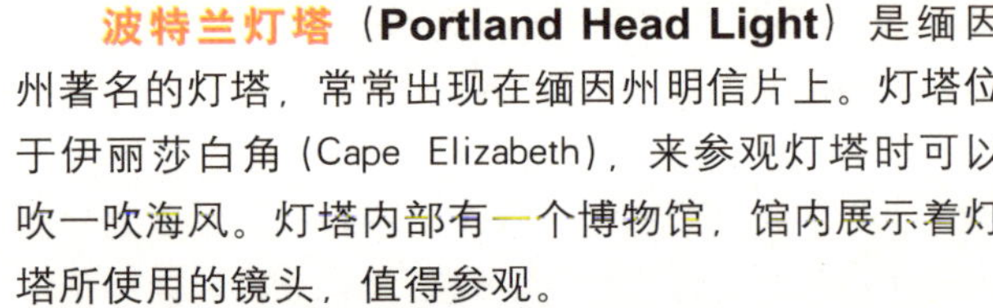

波特兰灯塔（**Portland Head Light**）是缅因州著名的灯塔，常常出现在缅因州明信片上。灯塔位于伊丽莎白角（Cape Elizabeth），来参观灯塔时可以吹一吹海风。灯塔内部有一个博物馆，馆内展示着灯塔所使用的镜头，值得参观。

Part3 波士顿
波士顿周边

5

•白山国家森林•

旅游资讯

71 White Mountain Dr., Campton, NH 03223

建议自驾前往

@ www.visitwhitemountains.com

白山国家森林（**White Mountain National Forest**）位于新英格兰地区，是一处免费参观的好地方。到了秋天，景区内最美的景观就是白山上漫山遍野的红叶，绚丽多姿。华盛顿山（Mt. Washington）是一处宝地，夏天适合登山；秋天适合赏枫；冬天适合滑雪。在白山国家森林，你还可以乘坐世界上最古老的登山小火车——Mount Washington Cog Railway。这种小火车的外观颜色鲜艳，车厢的设计独具特色。

Part3 波士顿
波士顿周边

6 布朗大学

旅游资讯

Brown University, Providence, RI 02912

乘坐35、40、49路公交车至Tunnel FS Thayer站下车后步行前往即可

布朗大学 (Brown University) 位于罗德岛州，是美国一所古老的高校。这所学校虽然不是很大，却很有特色，小巧玲珑。非常有意思的是，整个校园没有校门，校园的建筑零零散散地分布于马路上。棕熊雕塑是校园的吉祥物，你可以过去与它合影。校园应用数学部的办公楼像一座小城堡，值得参观。校园内的环境十分宁静，学习氛围浓厚。

Nickerson州立公园（**Nickerson State Park**）是一片面积很大的绿洲，这个公园是免费开放的。来到这里，你可以在池中泛舟，还可以沿着园中的小路散步。公园内有独木舟、皮划艇和帆船出租，公园的门口还有自行车出租。园内景色优美，有绿地和池塘，漫步于园中，就会感觉很舒服。

旅游资讯

3488 Main St., Brewster, MA 02631

建议自驾前往

波士顿·旅游资讯

交通

飞机

洛根国际机场（Logan International Airport）是波士顿的主要机场，位于市中心东边的罗得岛上。该机场有 A、B、C、E 四个航站楼，航站楼之间有免费的洛根穿梭巴士和 11 路公交车。

1 Harborside Dr.，Boston，MA

800—2356426

从洛根国际机场到市区的交通

交通方式	交通概况
机场巴士	机场巴士主要来往于机场及波士顿市主要旅馆之间，你可以在机场的行李提取处乘坐，巴士运行时间为 07:00 ~ 23:00，每 30 分钟发一班车
水上巴士	水上巴士主要航行于机场与市区之间，乘坐穿梭于各车站间写有“Water Shuttle”的免费巴士，即可到达水上巴士乘坐处。乘坐水上巴士到达商业区约需 7 分钟
地铁	可以先在机场乘坐免费的洛根巴士到达地铁站，然后再乘坐地铁蓝线到达市区，需要 10 ~ 20 分钟
出租车	可以在机场行李提取处乘坐出租车。一般情况下，19 公里以内打表，超过 19 公里为固定价格

其他对外交通

名称	地址	交通概况
火车	波士顿南站：Summer St. 波士顿后港火车站：Dartmouth St.,Boston,MA	波士顿有两个火车站，分别为波士顿南站（Boston South Station）和波士顿后湾火车站（Boston Back Bay Station），从这两个火车站乘坐美国国铁列车可以到达普罗维顿斯、纽黑文、纽约市、蒙特利尔等城市
长途巴士	2 S Sta.,Boston,MA	波士顿主要的长途巴士站为波士顿南站巴士站，这里有灰狗巴士、Plymouth 等巴士。售票处位于站内的 3 楼

波士顿市内有地铁、公交车、出租车等交通工具，在当地旅行游玩时，乘坐其中的任何一种都十分方便。

波士顿市内交通信息		
名称	费用	交通概况
地铁	2 美元	1. 地铁入口处用“T”表示； 2. 地铁分为 4 条线路，分别用红、绿、蓝、橙四色表示，车牌的标志和车厢外壳也配合同样的颜色。绿线又分为 B、C、D、E 四条线路
公交车	3.5 ~ 5 美元	波士顿市内的公交车由 MBTA 运行，线路覆盖市区和郊区。乘坐公交车，方便又划算
出租车	起步价 2.6 美元	在波士顿乘坐出租车很方便，由于出租车很多，所以不用担心打不到车

美食

波士顿汇集了多种美食，有法国风味、印第安风味等。波士顿的海鲜不容错过，新英格兰蛤肉杂烩（浓奶汤）、鱼饼及清煮龙虾等味道都很棒。波士顿的大部分菜肴都很实惠，味道都不错，波士顿烤豆、印第安布丁、波士顿奶油馅饼等深受当地人及各方游客的喜爱。在波士顿喝咖啡绝对是一种享受，只要不离开座位，就可以免费续杯。友谊、丹尼等咖啡连锁店 24 小时营业，除了咖啡之外，这些咖啡店还为顾客提供美味的食物。

波士顿美食餐厅推荐

206 S Market St.,Boston,MA

617-7422094

乘坐 4、15、39 路公交车至 Congress St. @ North St. 下车即可

Salty Dog Seafood Grille & Bar 位于昆西市场，在这里，你可以品尝到新鲜的海鲜，味道特别好。餐厅的主要部分位于地下，春天、夏天会在地面上摆很多桌子。

Mike's Pastry

300 Hanover St.,Boston,MA
617-7423050
@ www.cafedivan.com

Mike's Pastry 是一家有名的甜点店，人气很旺。这里制作甜点用料很好，甜点的味道香甜浓郁。这里的草莓芝士蛋糕非常好吃，建议品尝。

Modern Pastry

257 Hanover St.,Boston,MA
617-5233783
@ www.modernpastry.com

Modern Pastry 的店面不是很大，生意却特别好。这里有美味的意大利甜点“Cannoli”，其外皮用油炸的小饼卷成筒状，然后往里面放奶油馅，吃起来回味无穷。

The Daily Catch North End

323 Hanover St.,Boston,MA
617-5238567
@ www.dailycatch.com

The Daily Catch North End 面积不大，里面只能坐得下十几个人，然而每天来这里吃饭的人特别多。这里的炸小乌贼、黑意面都是不容错过的美食。炸小乌贼的面衣很薄，乌贼绵软，吃的时候挤点儿柠檬汁，味道特别棒。黑意面味道微苦，有淡淡的海腥味，吃的时候，你可以搭配酱汁。需要注意的是，来这里用餐要准备零钱，因为这里只收现金。

Peach Farm

4 Tyler St.,Boston,MA
617-4821116
乘坐501、504、505路公交车至Surface Artery @ Beach St.下车即可
@ www.peachfarmBoston.com

Peach Farm 位于唐人街，十分有名。这里的海鲜味道很新鲜，价格亲民，分量很大。建议你和朋友一起来吃海鲜，两人点一份即可。这里的蟹肉竹荪汤、贵妃蚌、姜葱龙虾、蒸龙利等都是值得品尝的美食。

波士顿其他餐馆推荐		
名称	地址	电话
Lumière	1293 Washington St.,Newton,MA	617-2449199
Victoria Seafood Restaurant	1029 Commonwealth Ave., Boston,MA	617-7835111
Sapporo Japanese Korean Restaurant	81 Union St.,Newton,MA	617-9648044
Deuxave	371 Commonwealth Ave., Boston,MA	617-5175915

住宿

波士顿有多种类型的住宿地，包括汽车旅馆、宾馆、酒店、旅舍等。相对来说，波士顿的住宿费用比美国其他大城市要低一些，但这里的住宿设施还不错。来到波士顿，如果你想节约旅行开支的话，那么可以选择入住青年旅舍、汽车旅馆，这样的住宿地经济实惠。需要注意的是，入住青年旅舍和汽车旅馆，需要提前预订。

波士顿高档酒店			
名称	地址	电话	网址
欧尼帕克豪斯酒店 Omni Parker House Hotel	60 School St., Boston,MA	617-2278600	www.omnihotels.com
波士顿凯悦酒店 Hyatt Regency Boston	1 Ave. De Lafayette, Boston, MA	617-9121234	www.regencyBoston.hyatt.com
莱诺克斯酒店 The Lenox Hotel	61 Exeter St.,Boston, MA	617-5365300	www.lenoxhotel.com
自由酒店 The Liberty Hotel	215 Charles St., Boston, MA	617-2244000	www.libertyhotel.com
波士顿长码头万豪酒店 Boston Marriott Long Wharf	296 State St.,Boston, MA	617-2270800	www.marriott.com

波士顿中档酒店			
名称	地址	电话	网址
南波士顿万怡酒店 Courtyard Boston-South Boston	63 Boston St.,Boston,MA	617-4368200	www.whizzroom.com

续表

名称	地址	电话	网址
市中心酒店 The Midtown Hotel	220 Huntington Ave., Boston, MA	617-2621000	www.midtownhotel.com
波士顿快捷假日酒店 Holiday Inn Express Boston	69 Boston St.,Boston, MA	617-2883030	www.ihg .com
波士顿华美达酒店 Ramada Boston	800 William T Morrissey Blvd,Boston,MA	617-2879100	www.ramada .com

波士顿经济型旅馆			
名称	地址	电话	网址
波士顿国际青年旅舍 Hostelling International Boston	19 Stuart St.,Boston, MA	617-5369455	www.bostonhostel.org
鹰头狮公寓 The Gryphon House	9 Bay State Rd., Boston, MA	617-3759003	www.innboston.com
贝肯山住宿加早餐酒店 Beacon Hill Bed and Breakfast	27 Brimmer St., Boston, MA	617-5237376	www.beaconhillbandb.com
民宿 Bed and Breakfast	28 Constitution Rd.,Boston, MA	617-2419640	www.bedandbreakfastafloat.com
亚当斯民宿 Adams Bed & Breakfast	14 Edgerly Rd., Boston, MA	617-5364181	www.adamsBoston.com

购物

波士顿著名的购物之地有科普利市场、闹市街口、范纳伊尔堂市场、纽伯里大街、昆西市场等。你可以在J·C·彭尼和蒙哥马利·沃德这两家连锁店购买休闲服饰。另外，波士顿还有许多书店，包括巴恩斯和诺贝尔书店等，在这些书店可以买到打折的书。

昆西市场

4 S Market St.,Boston,MA

617-5231300

乘坐地铁绿线或蓝线至 Government Center 下即可

@ www.faneuilhallmarketplace.com

昆西市场（Quincy Market）与法纳尔大厅相连，是波士顿市区著名的购物地之一。这个市场内有一些商店、快餐摊位，还有一条小吃街，你可以在这里品尝到各国风味小吃。市场四周有精致的售货车，商品琳琅满目。如果你在周末来这里的话，还有机会看到街头艺术表演。

Copley Place

100 Huntington Ave.,Boston,MA

617-2626600

乘坐地铁橘线至 Back Bay 站下即可

@ www.simon.com

Copley Place 是一座规模宏大的室内购物城，位于 Copley Square 附近，建于 1980 年。这里有多家商店，物品种类丰富，时尚服装、日常用品都可以在这里买到。另外，这里还有美食餐厅。

KustaKix

595 Commonwealth Ave.,Boston,MA

617-8728555

KustaKix 是位于波士顿大学（Boston University）内部的一个购物中心，这里有新英格兰地区最大的书店。

娱乐

在波士顿，你可以在喜剧俱乐部欣赏到古典戏剧，还可以在交响乐厅欣赏波士顿交响乐团、波士顿流行乐团的音乐演出。兰丝唐街、剧院区、后湾区、剑桥市等地是波士顿比较热闹的地方。

Part 4 迈阿密

无需门票，体验迈阿密"心"玩法

Part4 迈阿密
迈阿密市区

1 · 不容错过的免费节庆 ·

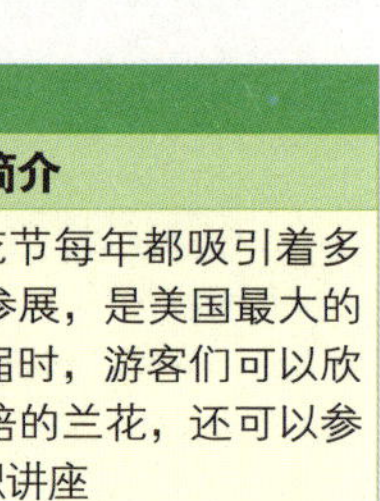

迈阿密节庆			
节庆名称	时间	举办地	简介
Redland 国际兰花节	5 月 16 日至 18 日	迈阿密的水果和香料公园（Fruit & Spice Park）	Redland 国际兰花节每年都吸引着多家海内外的厂商参展，是美国最大的兰花花卉盛事。届时，游客们可以欣赏到世界各地栽培的兰花，还可以参加相关的兰花知识讲座
迈阿密市中心河畔盛会	11 月	迈阿密（交通：可乘坐 Metromover 至 Bayfront Park 站下车）	届时，会有让人回味无穷的饕餮大餐、精彩纷呈的现场表演以及丰富有趣的互动节目

2· 通过迈阿密会议及旅游局获取免费信息·

迈阿密会议及旅游局信息				
英文名称	地址	电话	开放时间	网址
GMCVB: Greater Miami Convention & Visitor Bureau	701 Brickell Ave., Suite 2700, Miami, FL 33131	0305-5393000 或 0800-9338448	周一至周五 08:30 ~ 17:00; 周六、日不营业	www.gmcvb.com

3· 免费获取旅游地图·

迈阿密的部分城际高速公路服务区提供免费的旅游地图，在自驾的途中，你可以免费领取一份。

4· 享受免费的无线网络服务·

在迈阿密海滩市 (City of Miami Beach)，95% 的户外以及 70% 的室内场所提供免费的无线网络服务，为广大市民和游客提供了便利。具体的免费 Wi-Fi 地址可以登录 www.wifreespot.com 查询。

零元游迈阿密市区

Part4 迈阿密

迈阿密市区

1 迈阿密海滩

旅游资讯

Miami Beach, Miami, FL

乘坐103、112、113、119路公交车至Collins Ave.站下车后步行前往海滩即可

迈阿密海滩（**Miami Beach**）是迈阿密有名的休闲娱乐胜地，它包含了南海滩（South Beach）、中央海滩（Central Beach）、北海滩（North Beach）等。其中南海滩具有浓厚的迈阿密风情，拥有多家酒吧、餐厅、精品店以及旅馆，有着湛蓝的海水、银色的沙滩，许多经典影视作品都曾在此取景，在南海滩附近还有一些商业街，如：Ocean Drive、Lincoln Road、Espa ola Way等，可以一睹南海滩特有的风情；中央海滩位于整个海滩的中部，这里的沙子相比南沙滩要粗一些，而且有些海草，但在中央海滩晒太阳或者进行水上活动，还是不错的选择；如果你喜欢清静，不妨到北海滩，北海滩的游客要少一些，北海滩附近的North Beach Bandshell是迈阿密有名的音乐街，有兴趣的话可以去逛一逛。

迈阿密南海滩（South Beach）拥有湛蓝的海水、洁白的沙滩和彩色的躺椅。海滩附近有餐厅、酒吧和商铺，夜晚这里热闹非凡。海滩附近的商业街上有一些品牌商店以及古巴纪念品小店。来到南海滩，你可以在清澈的海水中游泳、潜水、冲浪。傍晚，你可以欣赏到壮美的日落景象。

小哈瓦那（**Little Havana**）是古巴移民的故乡，在这里可以听到萨尔萨音乐，还可以买到古巴的特产。小哈瓦那还有一个古巴纪念林荫大道，被称为西南第13大街，这里有为纪念古巴英雄而建造的纪念馆。在小哈瓦那，就连麦当劳的外观也是西班牙式建筑。小哈瓦那最热闹的地方是第8大街，沿街而走，你可以看到许多特色商铺、小市场、酒吧和餐厅。想要切身感受一下拉丁美洲风情，那就千万不要错过小哈瓦那。

Little Havana, Miami,FL 33135

乘坐207路公交车至Beacom Bd. @ SW 4 St.下即可

周一至周五08:00～18:00，周六、周日08:00～16:00

海湾公园（**Bayfront Park**）是迈阿密市区的沿海公园，距离美国航空球馆很近。园内绿植环绕，有许多雕塑作品，体育、演出、节日庆典等各项活动都会在这里举办。公园临海，海边有一些长椅。邻水而坐，一边欣赏风景，一边品尝美酒，绝对是一种享受。坐在海边的长椅上观赏海景，晒晒太阳，十分惬意。

Part4 迈阿密
迈阿密市区
3
·海湾公园·

不要门票也能High

海湾公园并不是一个普通的休闲公园，在这里有很多种玩法。在这里，你可以欣赏西班牙语乐队的演出，与歌手互动；在这里，你可以购物，买一些大众品牌商品；在这里，若恰巧赶上当地的节日庆典，你还可以加入其中，与当地人一起欢庆，体验南美风情；在这里，时常有体育比赛，如果感兴趣的话，不妨坐下来观看一场精彩的比赛。

301 North Biscayne Blvd., Miami,FL 33132

乘坐3路公交车至Biscayne Blvd. @ NE 2 St.下即可

Part4 迈阿密
迈阿密市区

04 ·珊瑚山墙区·

旅游资讯

Coral Gables, Miami, FL

乘坐56路公交车至Anastasia Ave. @ Columbus Blvd. 站下即可

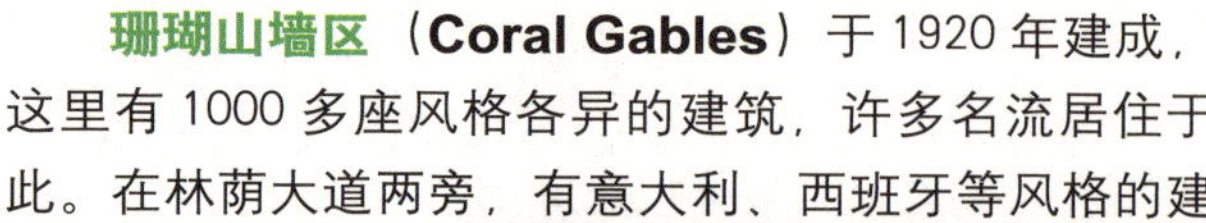

珊瑚山墙区（**Coral Gables**）于1920年建成，这里有1000多座风格各异的建筑，许多名流居住于此。在林荫大道两旁，有意大利、西班牙等风格的建筑，充满异国情调。整个区域内有许多豪华酒店，此外，商店林立，如服饰店、珠宝店以及手工艺品店等，都可以在这里找到。

不要门票也能 High

即使什么都不买，在这片区域逛一逛也挺好的。你可以参观一下那些有特色的建筑物，还可以欣赏精彩的街头表演。

Part4 迈阿密
迈阿密市区

05 ·自由塔·

旅游资讯

600 Biscayne Blvd., Miami, FL 33132

乘坐3路公交车至NE 6 St. @ Biscayne Blvd. 站下即可

周二至周六12:00～17:00（大楼二层艺术展览厅）

自由塔（**Freedom Tower**）是迈阿密达德学院（Miami Dade College）校园的一部分，是一座西班牙文艺复兴式的建筑。自由塔是迈阿密中心城区最高的摩天大楼，大楼的底层是大型购物中心，上面的楼层多为办公场所。到了晚上，自由塔会打出变幻的彩色灯光，十分耀眼，整个建筑变得更加有魅力。

不要门票也能 High

除了站在自由塔外面参观建筑之外，你还可以进入内部体验一番。在里面看一场电影、享用一顿美食或者欣赏精彩的表演，都是非常棒的体验。另外，如果你在周末来自由塔，还可以买到精致的手工艺品。

装饰艺术区（**Art Deco District**）是著名的艺术区，位于迈阿密海滩南端的南海滩附近。这里有许多颜色鲜艳、造型奇特的建筑，是世界上最大的装饰艺术建筑群。多栋新奇古怪的建筑各成一派，汇聚在一起又显得和谐美好。在这片色彩丰富的艺术区内，有许多餐厅、咖啡馆、酒吧和商店。晚上，在霓虹灯的映照下，艺术区更加迷人，适合拍照。

Part4 迈阿密
迈阿密市区
6
·装饰艺术区·

旅游资讯

1001 Ocean Dr., Miami,FL 33139

乘坐103、123路公交车至Washington Ave. @ 11 St. 下即可

不要门票也能 High

来到装饰艺术区，你可以参观色彩艳丽的建筑，驻足于美好的艺术氛围之中。每年1月，这里会举办装饰艺术周，如果恰巧赶上了，你可以一饱眼福。

迈阿密设计区（**Miami Design District**）位于迈阿密北部，是集艺术、购物、餐饮为一体的时尚潮流之地。在这里，有许多家设计公司、艺术画廊和艺术研究所。各类艺术活动和展览经常在这里举办，包括迈阿密艺术周。有几十家奢侈品品牌在这里开设旗舰店，包括爱马仕、汤姆·福特、路易·威登、普拉达、卡地亚、迪奥等。设计区内有餐厅、酒吧和咖啡馆，足以满足你的味蕾。

Part4 迈阿密
迈阿密市区
7
·迈阿密设计区·

旅游资讯

3841 NE 2nd Ave., #400, Miami,FL 33137

乘坐9、10路公交车至NE 2 Ave. @ NE 39 St. 站下即可

周一至周六11:00～19:00，周日12:00～18:00

@ www.miamidesignDistrict.net

不要门票也能 High

迈阿密设计区的许多画廊都是可以免费参观的，因此你可以大饱眼福。这里的店铺外观装饰都颇具艺术感，适合拍照。

Part4 迈阿密
迈阿密市区

8 ·第八街·

第八街(Calle Ocho)是迈阿密一条东西向主街，整条街道充满复古的古巴异域风情。街道两侧有特色古巴餐厅、纪念品店以及雪茄店等。第八街是一个购物、娱乐的好去处，这里有西班牙风格的建筑，街角浪漫的咖啡店以及外观精致的水果店等，这些建筑勾勒出一幅迷人的画卷。第八街是小哈瓦那区最热闹的一条街，是迈阿密古巴文化的中心，实在不容错过。

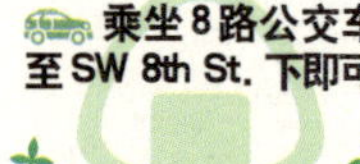

旅游资讯

Eighth St., Miami,FL

乘坐8路公交车至SW 8th St.下即可

不要门票也能 High

每个月的最后一个星期五是 Calle Ocho 节，如果你对这个节日感兴趣的话，不妨在某个星期五前往第八街。

Part4 迈阿密
迈阿密市区

9 ·佛罗里达国际大学·

佛罗里达国际大学（Florida International University）是迈阿密的一所公立大学，校园景色优美。该所大学的博物馆和图书馆都值得参观。校园内还有咖啡馆和游泳池，该校的学生在学习之余可以通过游泳来放松自己，放假时可以去咖啡馆喝杯咖啡。校园整体感觉还不错，充满学术氛围。

旅游资讯

11200 SW 8th St.,Miami,FL 33199

乘坐8、11路公交车至SW 107 Ave. @ # 1225站下即可

迈阿密港口（**Port of Miami**）是一个非常大的港口，从迈阿密出发的游轮都停靠在这里。这里的大型游轮十分壮观，各个游轮都有专门的行李接收点。港口停靠的豪华游轮开往加勒比海、南美等地。如果你想去加勒比海的话，不妨在这里乘坐游轮。如果不想出海远行的话，在港口欣赏风景也不错。港口的夜景美得醉人，不妨用你的手机将美好的画面拍摄下来，日后随时都可以拿出来看一看。

Part4 迈阿密

迈阿密市区

10

· 迈阿密港口 ·

旅游资讯

1015 N America Way，Miami，FL 33132

乘坐 243 路公交车至 N America Way @ Port Admin Bldg 站下即可

林肯公园（**Lincoln Park**）是一个小型城市公园，位于环境优美的椰林区，可谓闹中取静。公园内绿植环绕，绿荫下的座椅可供游人们休息。园内有很大的投影墙，随时展示着艺术设计作品。公园具有海滩风情，充满活力。无论是白天还是黑夜，这个公园都有精彩的活动进行着，激情澎湃的音乐活动最吸引人。园内白色的小路蜿蜒起伏，路旁的白色矮墙可以作为椅子供人们休息。

Part4 迈阿密

迈阿密市区

11

· 林肯公园 ·

旅游资讯

2954 Jackson Ave.，Miami，FL 33133

乘坐 249 路公交车至 SW 27 Ave. @ Shipping Ave. 站下车后向西北方向步行约 10 分钟即可

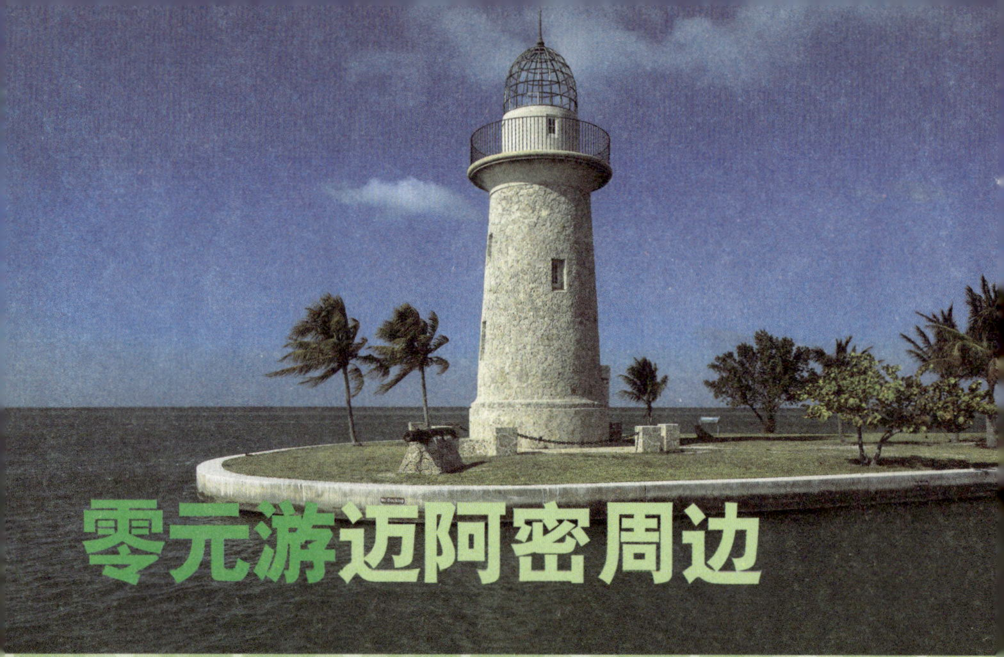

零元游迈阿密周边

克兰登公园（**Crandon Park**）位于比斯坎岛，园内设有高尔夫球场、网球场等娱乐设施。公园内部动植物丰富，生长着大面积的椰子树，这些椰子树可以为游客遮阳。另外，园内还有一条自行车道，当地人喜欢骑着自行车观赏公园风光。如果你是和家人、朋友一起到该公园游览的，那么不妨一起骑自行车看风景，相当惬意。

克兰登海滩（Crandon Park Beach）是位于克兰登公园内的一处美丽海滩，海边设有野餐烧烤场地、吊床、沙滩排球场地等，适合全家人前来度假休闲。吃烧烤、打排球或者躺在吊床上休息，这些都是非常棒的体验。

旅游资讯

6747 Crandon Blvd.,Key Biscayne, FL 33149

从迈阿密市区乘坐102路公交车至Crandon Blvd. @ Intl Tennis Center站下即可

Part4 迈阿密 迈阿密周边

2 南岬公园

南岬公园（**South Pointe Park**）是迈阿密海滩最南端的海边公园，适合休闲放松，在这里欣赏海景是很棒的体验。宽敞的栈道临海而建，许多当地人经常来这里散步、慢跑、骑自行车。热带植物、海鸟等勾勒出一幅美丽的画卷。园内 有步行道，可供散步。另外，树荫下有许多座椅，坐下来欣赏四周美景，十分惬意。

不要门票也能 High

南岬公园风景优美，视野开阔，在这里可以望到迈阿密市区繁华的楼群。来这里免费地逛一逛，看一看与众不同的景观，你的身心都能得到放松。

旅游资讯

South Pointe Park, Miami Beach, FL

乘坐113、123路公交车至South Pointe Dr. @ Washington Ave.站下即可

日出至22:00

Part4 迈阿密 迈阿密周边

3 比斯坎国家公园

比斯坎国家公园（**Biscayne National Park**）算是一个海洋公园，它不仅有广阔的水域，还是美国最大的珊瑚礁生长地区。种种得天独厚的条件，使这里成为潜水者的天堂。比斯坎国家公园另一个特别的地方是海岸边的红树林，那一片火红的景色非常壮观。另外，你还可以在这里看到众多的海鸟。

不要门票也能 High

这里的水非常浅，浅到一般的大船没办法开动，只有游艇或平底船能航行。另外，你可以乘坐玻璃底的船到海湾旅游。

旅游资讯

9700 SW 328th St., Hamestead, FL

暂无公交车通达，需自驾前往

·棕榈滩·

旅游资讯

Palm Beach, FL

棕榈滩（**Palm beach**）是佛罗里达州东南部的旅游城镇，位于大西洋和沃思湖之间的狭长坝滩上。1894 年建设了通往西棕榈滩的铁路，随之又兴建了众多饭店、宾馆，各种设施逐步完善和发展。随后，这里成为了富翁与名流们冬季避寒的好地方，许多社会名流的宅第都坐落在这个岛上。

在棕榈滩岛的光环笼罩下，位于其西边的西棕榈滩市也逐渐成为备受瞩目的旅游热点。位于西棕榈滩以西 15 英里处的惠灵顿被誉为除阿根廷以外“世界上最好的马球运动胜地”，这里有 15 个顶级的私人马球场和 6000 匹骏马。旅游旺季的时候，美国 1/4 的财富在这里流动，这里就是美国富人的天堂。

Part4 迈阿密
迈阿密周边
5

·塔拉哈西·

旅游资讯

400 S Monroe St., Tallahassee（议会大厦）

塔拉哈西（**Tallahassee**）是佛罗里达州的首府，这是 16 世纪以后在印第安人村落基础上兴建的一座城市。杜瓦尔大街上的商业会所是塔拉哈西最古老的建筑，建于 1830 年，有“圆柱大厦”的美誉。城区的古议会大厦建造宏伟，大厦有一个白色圆顶和遮阳顶棚，你可以进到最高法院的房间以及参议院的房间进行参观。另外，你还可以在古议会大厦后面的新议会大厦顶层俯瞰这座城市。

·劳德代尔堡·

旅游资讯

Fort Lauderdale, FL

劳德代尔堡（**Fort Lauderdale**）就在迈阿密的北面，被称为“世界游艇之都”，这里有着绵密的运河系统。市区大道两旁是高大的棕榈树和色彩鲜艳的花草，许多建筑是西班牙风格。港湾码头上停泊着大大小小的游艇、帆船、快艇。这些错综复杂的内陆水道长达 480 公里，因此劳德代尔堡又被称为“美国威尼斯”。

劳德代尔堡市内有许多酒吧、俱乐部，娱乐气氛浓厚。城市中的拉斯·奥拉斯·布尔瓦是值得一逛的地方。在这里，你可以看到很多小吃摊和杂货摊，可以品尝美味，还能淘宝。另外，你还能到这条街上的

博物馆去逛一逛。市内的公园有世界最大的蝴蝶养殖基地——蝴蝶世界，这里的蝴蝶有 150 多个品种，你可以看到新出生的蝴蝶从它们的茧里钻出来，颤抖着学飞。

劳德代尔堡沙滩上有各种各样的娱乐活动，如果只是想放松一下，劳德代尔堡的日光浴值得体验。另外，冬天的时候，这里有一年一度的南佛州乡村音乐节，届时会有乡村音乐、美国土著音乐、乡村摇滚等表演。

· 迈阿密→基韦斯特

基韦斯特（**Key West**）是佛罗里达群岛最南端的一个城市，这里是作家海明威的故乡，优美的风景与浓厚的历史沉淀，使这里成为著名的旅游胜地。岛上有明媚的阳光，秀丽的南国风情让人沉醉。

在基韦斯特城内，街上有各类纪念品商店、旅馆和咖啡屋，其中生意最红火的是一家饭店。这家饭店被称为美国最南端的小楼，有多达 17 位美国总统曾光顾这里。虽然饭店只有 13 间客房，但是价格高达 129 ～ 200 美元／晚，到了旺季，房价会更贵。

前往基韦斯特

从迈阿密前往基韦斯特，建议自驾前往。全程约 259 公里，自驾时间约为 3.5 小时。在自驾途中，你可以欣赏到各种各样的风景。

马洛利广场（**Mallory Square**）又被称为“日落广场”，这是一个免费游览的景点。在这个广场上，你可以欣赏到迷人的日落风景，还有机会看到艺人精彩的表演。另外，这里还有一个海边酒吧，进去品尝一杯美酒也不错。坐在海边的水泥台，看远处的风光，十分惬意。广场周边有许多小吃，你可以品尝一下。到了傍晚，各种小贩就开始摆摊，还有许多游客会来到广场等待看日落。

Part4 迈阿密
迈阿密周边

2 · 海明威故居 ·

旅游资讯

907 Whitehead St, Key West, FL 33040

建议自驾前往

海明威故居（Museo de Ernest Hemingway）就位于小城的白头街。街对面是一个高高的灯塔，塔上的灯光不仅指引着海上的船只，还指引海明威这位经常喝醉的大作家找到自己的家。海明威曾在这里饲养了大约 50 只猫，尽管他离开了这里，现在仍有数十只猫占领着这里。目前，故居还保留着海明威居住时的样子，里面有一些书籍和杂志。花园的凉亭内还保存着海明威出海时的渔船，值得一览。据说，海明威故居院墙的砖是从巴尔的摩运来铺街道的，由于海明威不想被人窥视，所以便用砖堆砌成现在的墙，取代了原来的篱笆。就算不进去，只是站在外面看一看，也挺好的。

Part4 迈阿密
迈阿密周边

3 · 美国大陆最南端的标记点 ·

旅游资讯

Whitehead St., Key West, FL 33040

建议自驾前往

沿着海明威故居门前的 Whitehead St. 向南走到头，就能看到**美国大陆最南端的标记点**（US Continental Southernmost Point），这是一个彩绘的圆桶形水泥浮标，实际上它并不是美国的最南端，但这里离古巴只有 90 英里（约 144 公里，比距离美国大陆还近）。

迈阿密·旅游资讯

交通

飞机

迈阿密国际机场设施先进，布局有序，乘客从机场到达市区乘坐的交通工具都从 1 楼出发，电话：305–8760000。从机场到达市区，可以乘坐机场巴士，约 20 分钟车程即可，车费 10 美元。另外，还可以乘坐出租车到达，费用为 20 美元左右，大概需要 15 分钟。另外，这里的机场巴士还可以到达迈阿密海滩。

铁路

迈阿密国家铁路客运公司的 Amtrak Station 火车站位于市区北部，这里每天有多班列车到达美国其他各个地方，从纽约到迈阿密的银星号列车每天一趟，还经过奥兰多，电话：800–8351222。

长途汽车

灰狗长途汽车在迈阿密设置了 2 个车站，分别是机场车站（305–8711810）、商业区车站（305–3746160）。这些车站每天都有车前往美国各地，从迈阿密到奥兰多只需要 4 小时。

公交

迈阿密市内的公交行驶路线和发车的数量很多，能贯穿全市，票价 1.25 美元，是一种非常便利的交通工具。

地铁和轻轨

迈阿密的地铁主要有 2 条线，一条主线用绿色标识，一条支线用橙色标识。地铁的票价是 1.25 美元，如果换乘轻轨，则要多加 0.25 美元，在市政府中心站可以换乘。而乘坐轻轨只需要 0.25 美元，换乘地铁加收 1 美元。

水上巴士

水上巴士是连接迈阿密市区与迈阿密海滩之间的交通工具，单程票价 4 美元，往返 7 美元，运营时间为 11:00～18:00，电话：954-467667。

美食

迈阿密有多国口味的美食，当地各种新鲜的海产料理让人垂涎欲滴。在迈阿密海滩，各式餐馆林立，为各方游客提供多种美食选择；在小哈瓦那区（Little Havana），可以品尝到加勒比海风味以及南美洲风味的餐饮。

特色美食餐厅推荐

Joe's Stone Crab

11 Washington Ave., Miami Beach, FL 33139

305-6730365

乘坐 150 路公交车至 Washington Ave. and South Pointe Dr. 站下车即可

Joe's Stone Crab 是迈阿密的百年海鲜老店，于1913年开始营业。这里的招牌美食就是螃蟹，味道非常棒，吸引着许多人前来品尝。在这里用餐，由于人太多了，所以一般都需要排队。餐厅内的气氛十分活跃，你可以一边吃饭一边听音乐。除了螃蟹之外，这里的三文鱼、罗非鱼等海鲜都值得品尝。

Versailles Restaurant

3555 SW 8th St., West Flagler, Miami, FL 33135

0305-4440240

乘坐 8 路公交车至 SW 8 St. @ SW 34 Ave. 站下车即可

Versailles Restaurant 位于迈阿密的小哈瓦那，于 1971 年开始营业，主要提供正宗的古巴风味菜肴。餐厅内的装饰也是古巴风格的。这里的羊腿、馅饼以及酸橘汁腌鱼味道都很棒，价格也十分合理，值得品尝。

Bubba Gump Shrimp Co

401 Biscayne Blvd., Miami,FL 33132

305-3798866

乘坐 3 路公交车至 Biscayne Blvd. @ NE 4 St. 下车即可

Bubba Gump Shrimp Co 是迈阿密的一家海鲜餐厅，人气较高。这里的炸鱼、薯条、虾都特别好吃，不容错过。另外，这里还提供美式简餐，分量大，味道鲜美。餐厅提供周到的服务，服务人员热情友好，有 4 种美味的酱料供客人选择。如果你是一个美食爱好者，可以来这里大块朵硕。

Hakkasan Miami

Fontainebleau Resort,4441 Collins Ave.,Miami Beach,FL 33140

乘坐 112、119 路公交车至 COLLINS Ave. @ #4441 站下车即可

Hakkasan Miami 位于迈阿密南海滩的枫丹白露酒店内，是全球连锁的中餐厅。餐厅提供美味的中式菜肴，包括虾饺、素鸡、豆豉鱼、烤鸭等。如果喜欢吃甜食，你可以品尝这里的奶油芒果。餐后吃甜点，十分爽口。

Azucar Ice Cream Company

1503 SW 8th St.,Miami,FL 33135

305-3810369

乘坐 8 路公交车至 SW 8 St.@ SW 15 Ave. 站下车即可

Azucar Ice Cream Company 是迈阿密的一家冰激凌店，提供多种口味的冰激凌，口感绵软，香甜解暑。这里的冰激凌大概有 100 多种口味，因此你可以根据个人喜好进行选择。在这里，你可以一次品尝多种口味的冰激凌，这是一种非常棒的美食体验。

住宿

迈阿密市内的住宿多种多样，有中高档酒店，也有经济型的旅舍。

迈阿密经济型酒店			
名称	地址	电话	价格
青年旅舍	1550 Collins Ave.,Miami,FL	305-5310361	床位 23 美元起
国际青年旅舍	239 9th St.,Miami,FL	305-5340268	床位 15 美元起
海下湾国际酒店	2301 Normandy,Miami,FL	305-8667661	40 美元起

购物

除了在海滩游玩之外，在迈阿密购物也是一种乐趣。每年都会有许多游客来到迈阿密度假，旅游业的发展使得这里百货公司林立。

在迈阿密，你不仅可以买到紧跟时尚潮流步伐的时装，还可以买到最能代表迈阿密特点的商品——泳衣。在巴尔港购物区的玛丽皇后二号(Queen Mary II,9700 Collins Ave.)可以购买高档女装。古董与收藏品市场(Antiques and Collectibles Market)在5～10月之间开放，从古老的六十年代服装到富有吸引力的古董，这里应有尽有。

迈阿密购物场所推荐

海豚购物商场

11401 NW 12th St.,Miami,FL 33172

305-3657446

@www.shopdolphinmall.com

海豚购物商场（Dolphin Mall）是一家综合性购物商场，里面有多种店铺，既有精品店，也有各种清仓的打折店。这里还有一家专门销售古巴服饰的商铺，名为"瓜亚维拉世界"（Guayabera World）。

椰子林

3015 Grand Ave.,Coconut Grove,FL 33133

305-4440777

@www.cocowalk.net

椰子林（CocoWalk）内有高档精品店、连锁店以及露天咖啡座等。购物村里有30多家商店，是挑选商品的好地方。另外，这里还有一个瀑布购物中心（Falls Shopping Center），这是一个环境优美的露天购物商场。

小哈瓦那

Little Havana,Miami,FL 33135

乘坐207路公交车至Beacom Blvd. @ SW 4 St.站下车即可

周一周五08:00～18:00，周六日08:00～16:00

小哈瓦那（Little Havana）是迈阿密南美人的聚集区，这里有多家餐厅、酒吧和商铺，你可以买到特色的纪念品、艺术品、书籍音像制品、古巴雪茄等。小哈瓦那有着浓郁的古巴风情，这里的建筑物和街道都有着古巴元素。另外，小哈瓦那还展示出独特的南美文化，每逢南美节日，这里便十分热闹。

娱乐

在迈阿密游玩期间，你可以体验不同的娱乐方式，例如：乘坐加勒比海邮轮，体验热带风情；乘坐比斯坎湾观光邮轮，来一次愉快的体验。通过这些娱乐方式，你可以尽情体验休闲的乐趣，欣赏至美海景。

加勒比海邮轮

1015 N America Way, Miami,FL 33132

305-3717678

乘坐3、93、95、103、119路公交车至Biscayne Blvd NE 4 St下车即可

www.miamidade.gov

若要深入体验热带风情，你可以来一场浪漫的加勒比海邮轮（Caribbean Cruises）之旅。迈阿密港口每天都有出发至巴哈马（Bahama）、东、西加勒比海（Eastern/Western Caribbean）、墨西哥（Mexico）、西礁岛（Key West）以及南美（South America）的邮轮，行程从3天至十几天不等。常见的游轮公司有：Azamara、Carnival、Celebrity、Crystal、Costa、Norwegian、Royal Caribbean、Oceania等。

比斯坎湾观光邮轮

401 Biscayne Blvd.,Miami, FL 33132(Bayside Market Place)

305-3795119

www.truStedtours.com

在迈阿密，你还可以乘坐比斯坎湾观光邮轮（Biscayne Bay Sightseeing Cruise）来一次愉快的体验。你可以坐在舒适的邮轮上，欣赏银沙碧浪的迈阿密海滩、风光迤逦的渔人岛以及高耸入云的沿海建筑。如果在晚上乘坐，还可以欣赏美丽的迈阿密夜景，一览海滨城市繁华的一面。

Part 5 亚特兰大

无需门票，体验亚特兰大"心"玩法

Part5 亚特兰大
亚特兰大市区

1·从游客中心获取免费信息·

亚特兰大游客中心		
名称	**地址**	**开放时间**
亚特兰大地下城 ACVB 游客中心	65 Upper Alabama,Atlanta, GA 30303	周一至周六 10:30 ~ 18:00，周日正午至 18:00
亚特兰大机场 ACVB 游客中心	北航站楼的行李领取处	周一至周五 09:00 ~ 21:00，周六 09:00 ~ 18:00，周日正午至 18:00

2·不容错过的免费节庆·

亚特兰大节庆			
节庆名称	时间	举办地	简介
茱萸节	4月中旬	皮德蒙特公园	这一节日表达了亚特兰大人民对春天到来的喜悦之情。届时，人们会在皮德蒙特公园进行庆祝
英曼公园节	4月的最后一个周末	亚特兰大市内	这是一个非常棒的游览项目。届时，除了艺术品和工艺品外，还有一个游行。在游行队伍中，既有打扮成小丑的各种宠物，也有卡祖笛乐队
亚特兰大爵士音乐节	5月	亚特兰大市内	届时，亚特兰大会举行为期1个月的活动
全国黑人艺术节	7月	亚特兰大市内	届时，全国的艺术家云集亚特兰大，展出戏剧、文学和电影等

零元游亚特兰大市区

1 •亚特兰大地下城•

亚特兰大地下城（**Underground Atlanta**）浓缩了早期亚特兰大的历史。其实，这座地下城的前身是1869年修建的3层高的火车站，不仅在南北战争时为运输军队和物资发挥了重要作用，也直接孕育了亚特兰大这座城市。尽管现在的地下城保留了当年标志铁路起点的零英里标志以及3层车站建筑的第一层，但实质上已经被改造成一个零售和休闲中心，目前是人们休闲、购物的好去处。

旅游资讯

Peachtree City Alabama Ave., Atlanta,GA

404-5232311

不要门票也能 High

亚特兰大地下城还有一著名的活动，可以与纽约时代广场相媲美，那就是除夕夜倒计时的盛会。当倒计时开始，一个乔治亚州盛产的大桃子，缓缓由铁塔上方往下降，而人群也在烟火声中庆祝新年。此外还可跨进CNN的新闻节目制作部，通过这个新闻编辑室，全球观众24小时都可以看到新闻节目。

奥林匹克广场（**Centennial Olympic Park**）是一个免费游览的好去处，该广场是为了1996年夏季奥运会所建的，如今广场内还有当时运动员领奖的雕塑。在这样一个巨大的空间内，有很多小路都铺着雕刻有慈善人士名字的砖。广场环境还不错，十分干净，漫步于此，你可以充分放松自己。

265 Park Ave., W NW, Atlanta, GA 30313

乘坐公交车413、420、432路至Centennial Olympic Park Dr. @ John Portman Blvd.站下车后步行前往即可

Piedmont 公园（**Piedmont Park**）是一个免费的休闲之地，不容错过。这个公园是城市里的街心花园，面积很大，氛围宁静。在周末的时候，这里会有各种集会。在这里，你有机会看到艺术品拍卖会。如果是春天来到这个公园，你可以放风筝，还可以与家人或好友野餐。这个公园是城市中的一个世外桃源，来到这里，你可以充分放松下来，感受大自然的美好。

Atlanta, GA 30309

建议自驾前往

@ www.piedmontpark.org

Part5 亚特兰大
亚特兰大市区

4 •可口可乐博物馆•

可口可乐博物馆（**Coca-Cola Museum**）又称"可口可乐世界"，位于亚特兰大市的彭伯顿广场，这个博物馆描绘了可口可乐的现在以及可口可乐公司对未来的憧憬。博物馆中展出了1000多种可口可乐手工艺术精品，非常值得参观。除了参观以外，你还可以免费品尝各种口味的碳酸饮料。

旅游资讯

121 Baker St. NW, Atlanta, GA 30313

乘坐公交车413、416、420路至Williams St. @ Baker St. 下车后步行前往即可

Part5 亚特兰大
亚特兰大市区

5 •玛格丽特·米歇尔故居•

玛格丽特·米歇尔故居（**Margaret Mitchell House**）是一个不容错过的景点。玛格丽特·米歇尔是历史名著《飘》的作者，现在的玛格丽特·米歇尔故居重建于1996年。在玛格丽特·米歇尔故居内，除了一套非常小的玛格丽特居室展示外，还有一个参观访问中心以及一个展现电影《乱世佳人》的博物馆。简单的小楼朴实无华，米歇尔就是在这里创作出《飘》。购买亚特兰大历史中心门票时，会免费搭配上这个故居，因此就不用单独买这个故居的门票了，直接进去参观即可。

旅游资讯

979 Crescent Avenue NE, Atlanta, GA 30309

乘坐公交车110路至Peachtree St. @ Peachtree Pl 下车后步行前往即可

零元游亚特兰大周边

· 亚特兰大—纳什维尔

纳什维尔（**Nashville**）是美国田纳西州首府，还是美国乡村音乐的发源地。这里有许多公园、运动场等，在这里，有网球、游泳、滑冰等多种娱乐可供选择。

前往纳什维尔

在亚特兰大的 MARTA Civic Center Station 乘坐 Megabus（15:10 有一班）大约 5 小时可到。也可以选择自驾，从亚特兰大到纳什维尔的距离约为 398 公里，自驾时间约为 4 小时。

范德堡大学（**Vanderbilt University**）是一所研究型私立大学，校园内种植着许多树。如今，整个校园就像一个植物园一样，迷人的风景让人流连忘返。这样一个美丽的校园，给学生们提供了舒适的学习环境。

旅游资讯

2201 West End Ave.,Nashville,TN 37235

乘坐公交车 7、25、35、87 路至 21ST Ave. S & Edgehill Ave. SB 站下车后步行前往即可

乡村音乐名人堂（**Country Music Hall of Fame and Museum**）建于 1967 年，这是纳什维尔主要的景点之一。除了展示乡村音乐的历史之外，这里不定时的还有现场演出，值得欣赏。你可以在这里面玩各种先进的音乐机器，这是非常有趣的体验。

旅游资讯

222 5th Ave. S,Nashville,TN 37203

乘坐公交车 1、34、61 路至 5th Ave. & Demonbreun St.SB 站下车后步行前往即可

蝙蝠侠大楼（**The Batman Building**）是纳什维尔全市最高的建筑，由于楼顶有两座塔尖，所以被称作蝙蝠侠大楼。夜晚，在灯光的照耀下，这座大楼十分显眼。

旅游资讯

333 Commerce St. Nashville,TN 37201

乘坐公交车 33、38、84 路至 3rd Ave.N & Commerce St.NB 下车后步行前往即可

莱曼礼堂（Ryman Auditorium）曾是乡村音乐重要的演出地点，现在也时常有演出。如果喜欢音乐，不妨来这里参观一下，感受一下这里的艺术氛围。

旅游资讯

116 5th Ave.N, Nashville, TN 37219

乘坐公交车 37 路至 Commerce St & 5th Ave. N 站下车后步行前往即可

Part5 亚特兰大
亚特兰大周边
5
·纳什维尔帕特农神庙·

纳什维尔帕特农神庙（The Parthenon）是世界上最大的帕特农神庙复制品，里面展示着当地的艺术作品。这个神庙是根据希腊的原型 1:1 复制的，但是看上去有独特的韵味。

旅游资讯

2500 West End Ave., Nashville, TN 37203

建议自驾前往

参观外部免费（进去内部需要门票）

周二至周六 09:00～16:30，周日 12:30～16:30

·亚特兰大→夏洛特

夏洛特（Charlotte）是美国东南部北卡罗来纳州的最大城市，这里风景宜人，整个城市的绿化做得很好。这里的矮楼和街道都很有特色，值得参观。在这里，有很多美食选择，还有机会看到精彩的演出。

前往夏洛特

在亚特兰大的 MARTA Civic Center Station 乘坐 Megabus（18:00 有一班）大约 5.5 小时可到 Charlotte Transportation Center。选择自驾用时约为 3.5 小时，距离约为 393 公里。自驾的同时，还可以欣赏沿途的风光，也不失为一种很棒的体验。

1 ·自由公园·

自由公园（**Freedom Park**）是夏洛特城市中央的公园，这是一个风景优美的地方，有宽阔的草地、湖泊。虽然这个公园的面积不是很大，却是当地市民休闲的好去处。来到这里，你可以坐在长凳上欣赏四周美景。另外，公园旁边皇后大道（Queen Road）的富人住宅区值得参观。

旅游资讯

Koch St., Pretoria,0002

建议自驾前往

2 ·美国白水中心·

美国白水中心（**US National Whitewater Center**）是一个以水上运动为主题的公园，这里的娱乐设施多，是户外爱好者的天堂。游客能在这里玩皮划艇、独木舟，还可以骑自行车、攀岩。

旅游资讯

5000 Whitewater Center Pkwy, Charlotte,NC 28214

建议自驾前往

3 ·时代华纳中心球馆·

时代华纳中心球馆（**Time Warner Cable Arena**）是黄蜂队的主场，位于夏洛特市中心。球馆很大，可以容纳将近2万人。在享受悠闲生活的同时，你也可以来这个球馆看一场刺激的球赛。

旅游资讯

333 E Trade St., Charlotte,NC 28202

乘坐公交车3、4、17、23路至Davidson St. & 5th St.下车后步行前往即可

亚特兰大·旅游资讯

交通

飞机

亚特兰大的哈慈菲尔德·杰克逊机场是世界上最大的机场之一，也是客流量最多的机场之一，电话 800—8970910。

从机场到市区的交通		
交通方式	费用	备注
机场巴士	单程费用是 17 美元左右	乘坐机场巴士可以到达市内以及周边各地，在行李托运处西侧就可以搭乘
地铁	费用约 1.25 美元	可以在行李托运处西侧的地铁 S7 Airport 车站乘车
出租车	到市中心的费用约 30 美元，每增加 1 个人就加收 2 美元	在行李托运处的出口可以搭乘出租车

铁路

亚特兰大的火车站位于市中心北面约 4.5 公里处，从 N5 Arte Center 车站乘坐 23 路巴士可以到达，其中库雷森特号列车每天往返于纽约、华盛顿以及新奥尔良之间，电话：800—8277245。

长途汽车

亚特兰大的灰狗巴士站位于地铁南北线 S1 Garntl 车站的西侧，在候车大厅可以看见大站牌，每天都有汽车前往美国各地，电话：404—5841728。

地铁

亚特兰大的地铁有东西线与南北线，两条线在 Five Points 车站交汇。站内采用自动检票机，非常方便。

巴士的很多线路都从地铁站发车，因此转车很方便，乘车时要自备零钱，定期车票在站牌右侧的自动售票机上购买，转车证明可以向司机索取。

亚特兰大市内的出租车非常方便，在各个酒店外面就可搭乘。如果乘坐出租车前往机场，可以打电话预约或直接在酒店门口搭乘。

美食

亚特兰大的餐饮非常国际化，不仅有很多世界级的牛排餐馆和海鲜餐馆，还有世界上各个国家的精美小吃。

亚特兰大盛产蜜桃，不仅有桃树大街、桃树广场和桃树广场饭店，从沙拉、果汁甚至菜式中都能见到蜜桃的影子。因此，你一定要品尝这些奇特的菜式，一饱口福。

美食地推荐

Han IL Kwan

5458 Buford Hwy, NE, Atlanta, GA 30340

10:00 至次日 01:00

Han IL Kwan 是一家比较正宗的韩国料理店，提供韩式豆腐汤、韩国烤肉、韩式大石锅拌饭等美食，如果你是一个美食爱好者，可以来这里用餐。

Chattahoochee Coffee Company

6640 Akers Mill Road Southeast, Atlanta, GA 30339

770-9550788

周一至周六 07:00～22:00，周日 09:00～21:00

www.chattahoocheecoffee.com

Chattahoochee Coffee Company 位于风景优美的Chattahoochee河旁，在这里喝咖啡绝对是一种享受。你可以坐在户外，一边喝咖啡一边看风景。

住宿

亚特兰大是1996年奥运会召开的地方，因此这里的住宿条件非常齐全，从高档酒店到经济实惠的旅馆，应有尽有。

亚特兰大中高档酒店			
名称	地址	电话	价格
万豪庭酒店	175 Piedmont Rd.,Atlanta	404–659272	90 ~ 200 美元
威斯汀桃树广场酒店	210 Peachtree St.,Atlanta	404–6591400	250 美元起
亚特兰大旅行客栈	311 Courtland St.,Atlanta	404–6594545	100 ~ 180 美元
亚特兰大费尔非尔德酒店	175 Piedmont Rd.,Atlanta	404–6597777	100 ~ 140 美元

购物

亚特兰大被誉为美国东南部的购物中心，在这里，从高端流行商品到纪念品，应有尽有。亚特兰大地铁站是城市的中心，地面和地下两层的地铁站是巨大的购物场所，附近的巴克海特更是“淘宝达人”必去的地方，这里有很多非常特别的商店、服装专卖店、古董店等。莱诺克斯广场是亚特兰大市历史悠久同时也是最大的购物卖场，你可以在这里面选购商品。

亚特兰大购物地推荐

莱诺克斯广场

3393 Peachtree Rd., Atlanta, GA 30326

404-2336767

莱诺克斯广场（Lenox Square）是一个购物的好去处，这里聚集着多种知名品牌，环境良好。在购物之余，你还可以品尝美味的咖啡和各种小吃。

Atlantic Station

Atlantic Station, Atlanta, GA 1380

Atlantic Station是亚特兰大市区附近的时尚购物小区。有意思的是，这个购物小区是由老火车站改造的，集购物、餐饮、影院于一体。

Part6 芝加哥
芝加哥市区

1 · 免费节庆别错过 ·

芝加哥节庆			
节庆名称	时间	举办地	简介
芝加哥蓝调音乐节	6 月	芝加哥市内	芝加哥蓝调音乐节会持续 4 天。届时，格兰特公园和千禧公园内会有许多精彩的表演
格兰特公园夏日音乐节	6 月至 8 月	芝加哥市内	届时，音乐节会邀请许多知名音乐人和本地交响乐团，千禧公园的普利兹克露天音乐厅 (Jay Pritzker Pavilion) 会进行户外古典音乐表演，这个免费户外古典音乐的演出周期会持续 10 周
芝加哥美食节	每年 7 月独立日前后的周末	格兰特公园	芝加哥美食节持续 5 天左右。届时，整个格兰特公园将会变成美食街区，空气中弥漫着各种诱人的食物香味。在美食节，摆出的食物价格都不便宜，然而，多样化的美食选择和热闹的音乐使美食街成为芝加哥一道亮丽的风景线
水上航空秀	每年 8 月第三个周末	北大街海滩（North Ave.nue Beach）	届时，芝加哥会举行为期 2 天的水上航空表演，美国空军飞行队会表演气势恢宏的特技飞行

续表

节庆名称	时间	举办地	简介
66 号公路国际节	9 月最后一个周末	芝加哥市内	届时，会有古董车展、五六十年代的怀旧音乐、经典美食、耀眼明星以及研讨会
芝加哥湖滨节	10 月 8 日	芝加哥市内	芝加哥湖滨节为期一周。届时，成千上万的市民涌上河边，观看芝加哥七个赛艇俱乐部的节日竞赛和运河上的彩船巡游
老城区艺术节	10 月	芝加哥市内	老城区艺术节是美国最知名的艺术节之一，同时还是美国历史最悠久的艺术节之一

Part6 芝加哥 芝加哥市区

2·在游客中心获取免费信息·

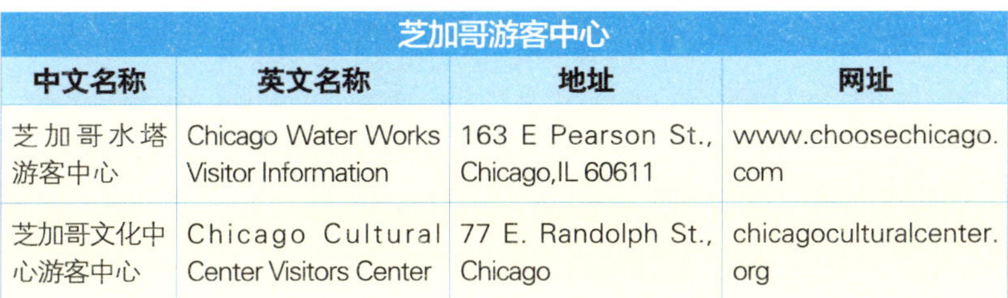

芝加哥游客中心			
中文名称	英文名称	地址	网址
芝加哥水塔游客中心	Chicago Water Works Visitor Information	163 E Pearson St., Chicago,IL 60611	www.choosechicago.com
芝加哥文化中心游客中心	Chicago Cultural Center Visitors Center	77 E. Randolph St., Chicago	chicagoculturalcenter.org

Part6 芝加哥 芝加哥市区

3·使用免费网络·

芝加哥的两大机场都提供收费的 Wi-Fi 服务，免费 Wi-Fi 服务仅可用于访问被限定的 30 家网站（由 Boingo 公司提供）。在芝加哥市内，大部分咖啡店、麦当劳以及部分大型购物中心都提供免费 Wi-Fi。在芝加哥并不是所有酒店都提供免费网络服务，如果你有需要，可以提前与酒店确认是否有此项服务。

零元游芝加哥市区

Part6 芝加哥
芝加哥市区

1 ·海军码头·

海军码头（**Navy Pier**）是欣赏密歇根湖及芝加哥市景的最佳去处。岸边有剧院、商店、露天咖啡厅，还有游乐场中的摩天轮等各种建筑。晚上登上摩天轮可以欣赏密歇根湖的景色，别有一番韵味。夏季常常有许多免费的活动及音乐会，尤其是在展览馆内，常年活动不断。

旅游资讯

600 E Grand Ave., Chicago, IL 60611

312-2802600

乘坐公交 29、56、65、66、120、121、124 路可到

10:30 ~ 19:00

不要门票也能 High

在海军码头北侧的芝加哥河，停泊着一艘桅杆高耸的仿古海盗船，夏日会驶向湖中，供游客欣赏湖光水色，也可从湖面饱览全城风姿。河中鲈鱼资源很丰富，都是金黄色的。河边可以垂钓，但必须取得有关部门发放的许可证，否则就属违法。

海军码头边上有芝加哥儿童博物馆，它是为 8 岁以下的儿童设计的博物馆。在这里，孩子们可以修建堡垒、利用 3 层高的绳索攀爬帆船，还能利用水坝和水闸修建水渠。博物馆周二至周日 10:00 ~ 17:00 开放，联系电话是 312-5271000。

芝加哥大学（**The University of Chicago**）在美国的私立大学中非常出名，不仅有着杰出的学术，还有着众多的获奖人士。校园内的瑞根斯坦图书馆拥有数百万的藏书，还收藏稀有的书籍与手稿；斯迈特艺术馆收藏了 8000 多件藏品，其中包括古代与早期绘画大师的作品、亚洲的油画、书法和陶器；东方学院博物馆有众多引人瞩目的收藏品，包括亚述宫殿的重建品以及 5 米高的古埃及法老图坦卡蒙雕像。

Part6 芝加哥

芝加哥市区

2

·芝加哥大学·

旅游资讯

5801 S Ellis Ave.,Chicago,IL 60637

乘坐公交车 171、172 路至 5800 S Ellis 站下车后步行前往即可

不要门票也能 High

美国总统奥巴马曾是芝加哥大学法学院的教授，他的名字一直都很响亮。20 世纪 90 年代，统计学分析方法风行芝大法学院，但是，奥巴马教授却是个例外，在课堂上，他对学生直呼其名，还“嘲笑”学生的浪漫情调。这一秒，他还满脸严肃地讲解一个案例，下一秒却开始分析好莱坞经典黑帮电影《教父》。学生们当然喜欢这样的老师，这些学生也就成为奥巴马的第一批粉丝。

千禧公园（**Millennium Park**）是芝加哥的一座大型城市公园，公园内有后现代建筑风格，包括露天音乐厅、云门和皇冠喷泉等。进入公园，首先映入眼帘的是著名的云门雕塑，雕塑由不锈钢拼贴而成，外形十分别致，就像一颗巨大的豆子，因此被当地人称为“银豆”。云门的前方是芝加哥露天音乐厅，芝加哥各种音乐节都会在这里举办。云门的西南侧是皇冠喷泉，在广场的两侧安置着 LED 屏幕，屏幕里循环播放 1000 张芝加哥市民的笑脸照片。云门的南侧有一座白色步道天桥，一眼望不到尽头，除了头尾之外，桥身没有一根桥墩，它宛如一束白光划过千禧公园。另外，千禧公园内还有一处植物园，里面有几百种植物。

Part6 芝加哥

芝加哥市区

3

·千禧公园·

旅游资讯

201 E. Randolph St., between Michigan Ave & Columbus Ave., Chicago, IL 60602

乘坐地铁绿线至 Madison/Wabash 站下车后步行前往即可

周一至周日 06:00～23:00

Part6 芝加哥
芝加哥市区

4 ·密歇根大街·

旅游资讯

625 N Michigan Ave., Chicago, IL 60610

乘坐公交车2、3、26、66路至Michigan & Hubbard站下即可

密歇根大街（The Magnificent Mile）位于芝加哥的繁华区域，整条街道跨越芝加哥河，途经芝加哥水塔、芝加哥艺术学院等建筑。密歇根大街最早形成的部分是现在接近格兰特公园的一段，因密歇根湖而得名。密歇根大街经常会举办大型活动，场面十分壮观。在春天，芝加哥的郁金香展览会在这里举办；在夏天，这里会举办免费的户外活动。这条大街还是购物者的天堂，既有大型时装商店，也有新潮零售店。在这条大街逛一逛，你有机会看展览，还可以淘宝。

Part6 芝加哥
芝加哥市区

5 ·芝加哥中国城·

旅游资讯

318 West Cermak Ave., Chicago, IL 60616

乘坐地铁红线至Cermak-Chinatown站下车后步行前往即可

芝加哥中国城（Chinatown）位于芝加哥北面的盔甲广场社区，这是一个免费游览的好选择。在永活街社区的北面有一个很大的中国城广场——美国中西部最大的中国市场。市场入口处建有一座中国式大牌楼，色彩鲜艳，十分醒目。牌楼正面刻有孙中山手书的“天下为公”，背面刻有“礼义廉耻”。在这个中国城，可以看到十二生肖动物雕塑。中国城里的中餐馆是解馋的好地方，除了老四川饭馆，你还可以去采蝶轩或强记粥铺品尝美食。

Part6 芝加哥
芝加哥市区

6 ·旧水塔·

旅游资讯

806 N Michigan Ave., Chicago, IL 60611

乘坐地铁红线至Chicago-Red站下车后向东步行5分钟即可

旧水塔（Old Watertower）位于密歇根大街北侧，建于1869年，建筑材料为大型的石灰石，水塔颇具13世纪欧洲哥特式建筑的风格，看上去像个小城堡。如今，该水塔不再被用于泵水和送水，而是成了芝加哥的地标建筑之一。在高楼大厦的衬托下，水塔显得很小，但它却是芝加哥大火中所留存不多的建筑之一。

白金汉喷泉（**Buckingham Fountain**）位于格兰特公园内，全称为克拉伦斯·白金汉纪念温泉，这是世界上最大的照明喷泉。该喷泉以粉红色大理石筑成基座，四周几百道水花射向中央。喷泉中央主体的三圈水池象征着格兰特公园旁的密歇根湖，水池四周的海马雕塑象征着临湖的伊利诺伊州、印第安纳州、威斯康星州以及密歇根州。如今，这里是婚礼外景的拍摄地。

不要门票也能 High

每年的 4 ～ 10 月是喷泉开放的时间。在此期间，世界各地的游客来到格兰特公园，一般都会来欣赏这美丽的喷泉。从 09:00 起，每小时都会有喷泉表演。观赏白金汉喷泉的最佳时机是傍晚，从黄昏开始，会有灯光音乐的喷泉秀表演（最后一次喷泉秀表演时间为 22:35）。夜幕下的喷泉就像烟花一样，蔚为壮观。

Part6 芝加哥
芝加哥市区

7 ·白金汉喷泉·

旅游资讯

301 S Columbus Dr.,Chicago,IL 60605

乘坐地铁紫线至 Harold Washington Library 站下车，然后向东步行 10 分钟进入格兰特公园

4 月至 10 月中旬 08:00 ～ 23:00（会因天气情况而变动）

马利纳城（**Marina City**）是两座 60 层楼高、呈玉米外形的孪生楼，于 1964 年建成。在这两座大楼内有体育馆、游泳池、剧院、滑冰场、保龄球馆、饭店以及商店等。有意思的是，建筑底下 18 层全是停车场。马利纳城经常在美剧、电影中出现，造型奇特，和周围的高楼大厦相比，其辨识度极高。就算只是站在外面欣赏一下建筑，也是非常难得的体验。

Part6 芝加哥
芝加哥市区

8 ·马利纳城·

旅游资讯

300 N State St.,Chicago,IL 60610

乘坐地铁绿线至 State/lake 站下车即可

Part6 芝加哥
芝加哥市区

9 ·芝加哥论坛报大厦·

芝加哥论坛报大厦（Tribune Tower）位于密歇根大道，是芝加哥的城市标识，大厦整体风格为新哥特式风格。如今，这栋大厦是美国权威报纸《芝加哥论坛报》的总部。大厦的墙体独具特色，石墙上镶嵌着来自世界各地的130多块建筑碎片，包括金字塔的石块、中国万里长城的城砖、美国白宫的砖块以及纽约世贸中心“9·11”事件的残骸等。

旅游资讯

435 North Michigan Ave.#6, Chicago,IL 60611

乘坐地铁红线至Grand-Red站下车后向东步行10分钟即可

不要门票也能High

如果只是站在外面参观芝加哥论坛报大厦，则无需门票。站在外面参观大厦宏伟的外观，你不仅可以拿起相机拍照，还可以仔细地找一找中国万里长城的城砖。

Part6 芝加哥
芝加哥市区

10 ·联合中心·

联合中心（United Center）是位于芝加哥的室内运动中心，因联合航空公司而得名。比尔·沃茨和杰里·雷斯多夫提出了建造这座体育馆的构思。这里是NBA芝加哥公牛队的主场，提到NBA芝加哥公牛队，你一定会想到“飞人”迈克尔·乔丹，他是NBA历史上最伟大的球员之一。即使不看比赛，到联合中心参观一下，也是一种很棒的体验，你可以在这里寻找球星的踪影。

旅游资讯

1901 W Madison St.,Chicago,IL 60612

乘坐公交车19、20路至Madison & United Center站下车后步行前往即可

不要门票也能High

联合中心免费开放，如果你只是简单地参观一下，就不需要买票。当然，如果你想看一场比赛的话，自然要买票。登录www.ticketmaster.com就可以订票看比赛。联合中心随相关演出赛事时间而开放，前往之前可进入官网（www.unitedcenter.com）查询。

西北大学（**NorthWestern University**）创立于1851年，是美国著名的高等学府。该大学共设有11间图书馆，总藏书超过460万本，共收藏逾4万本杂志与期刊，学生可以在图书馆内查阅资料。校园整体环境优雅，充满学术氛围。走在校园内，随处可见坐在椅子上读书的学生。

633 Clark St.，Evanston，IL 60208

乘坐地铁紫线至Foster/Noyes/Central-Purple站下车后步行前往即可

巴哈伊教灵曦堂（**The Baha'i House of Worship**）位于芝加哥北郊密歇根湖畔的伊利诺伊州威尔梅特市，这是一座美轮美奂的宗教建筑，是巴哈伊教信徒的聚会场所。建筑本身和基督教的教堂很像，值得参观。目前，世界上共有7座巴哈伊灵曦堂，除了这座以外，另外6座分别在乌干达、澳大利亚、德国、巴拿马、萨摩亚、印度。所有灵曦堂都是九边形的殿宇，上有雄伟的穹顶，外围有花园环绕。

Part6 芝加哥
芝加哥市区
12
•巴哈伊教灵曦堂•

旅游资讯

100 Linden Ave.，Wilmette，IL 60091

乘坐地铁紫线至Linden站下车后步行前往即可

06:00～22:00（礼堂及花园开放时间）

Part6 芝加哥
芝加哥市区

13 ·加菲尔植物园·

旅游资讯

Garfield Park Conservatory，300 North Central Park Ave.，Chicago，IL

乘坐地铁绿线至Coneservatory站下车即可

周四至下周二09:00～17:00，周三09:00～20:00

加菲尔植物园（**Garfield Park Conservatory**）位于芝加哥的郊外，建于1907年，是一个值得观赏的植物园。园内展示着许多风格独特的建筑以及种类繁多的植物。在园中漫步，你会陶醉其中。植物园内部还有“园”，包括玫瑰园、英国园以及盆景园等，这些园中园小巧而雅致，均值得观赏。

Part6 芝加哥
芝加哥市区

14 ·橡树街海滩·

旅游资讯

1000 N Lake Shore Dr.，Chicago，IL 60611

乘坐地铁红线至Clark/Division站下车后步行前往即可

橡树街海滩（**Oak St.reet Beach**）毗邻橡树街和密歇根湖，这里是欣赏北密歇根大街的最佳地点。海滩距离市区很近，因此来这里玩的游客很多。这里的环境还不错，是免费游玩的好地方。这里有露天餐厅，一边品尝美食一边看风景，十分惬意。夏天，你可以坐在沙滩上看小朋友嬉戏玩耍，还有机会看到排球比赛。

不要门票也能 High

免费来这个海滩游玩，是一种很棒的体验。你可以先乘车到密歇根大道，然后步行前往海滩。另外，你还可以在海军码头租赁一辆自行车，直接骑车到海滩。

零元游芝加哥周边

·芝加哥→底特律

底特律（**Detroit**）是美国中部的一个城市，由于受到五大湖的影响，这里的气候为典型的美国中西部温带气候，冬季寒冷，夏季温暖。底特律曾是全球知名的汽车城，汽车制造业为城市工业的核心部门。底特律市内有福特、通用、克莱斯勒和阿美利加 4 家美国最大的汽车制造公司。在底特律旅行，最值得参观的景点就是亨利福特博物馆。

前往底特律

从芝加哥前往底特律，可以在芝加哥联合车站乘坐 Amtrack，票价为 84 美元。每日共有 3 次车，发车时间分别为 07:20、12:50 和 18:00。

01 ·底特律文艺复兴中心·

旅游资讯

Detroit, MI 48243

乘坐地铁至 Renaissance Center People Mover Station 下可到

底特律文艺复兴中心（**Renaissance Center**）是底特律市风景较好的地方，由 5 栋大楼组成漂亮的楼宇群。如今，底特律文艺复兴中心是世界 500 强企业通用的新总部。来到这里，你可以感受底特律这座城市独有的魅力。

02 ·底特律美术馆·

旅游资讯

5200 Woodward Ave., Detroit, MI 48202

乘坐公交车 450、460 路至 Woodward @ Detroit Inst of Arts 下车后步行前往即可

底特律美术馆（**Detroit Institute of Arts**）是一个艺术宝库，这里藏有许多名人的真迹。馆内有不同年代、不同地方的艺术品，如荷兰后裔比利时人的绘画作品。但美术馆的绘画作品主要来自 17 世纪。此外，在这里还可以看到世界上最为先进的绘画工具。

麦基诺岛（**Mackinac Island**）位于密歇根湖之中，景色优美，被誉为北美五大湖之瑰宝。岛上风光宜人，有着茂密的植被。小岛曾被英国人占领，因此这里保存有完整的殖民时代建筑。宜人的气候、优美的环境，使这个小岛成为一个休闲之地。来到这个小岛，除了欣赏风光之外，你还可以品尝这里的特产——麦基诺岛软糖。需要注意的是，这个小岛犹如世外桃源，交通不是很方便，你需要乘坐私人飞机或渡轮才能到达。

Part6 芝加哥

芝加哥周边

3

·麦基诺岛·

旅游资讯

Mackinac Island Michigan 49757, USA

亨利福特博物馆（**The Henry Ford**）陈列着交通运输业的相关展品。这里有福特汽车公司历史上的各代汽车，还有很多改变世界的伟大发明。赛车、集成房屋、微处理器、发电机、滑翔机以及蒸汽机等均可以在这里看到。

Part6 芝加哥

芝加哥周边

4

·亨利福特博物馆·

旅游资讯

20900 Oakwood, Dearborn, MI 48124

乘坐公交车至Greenfield Village下车即可

芝加哥·旅游资讯

交通

飞机

芝加哥有 2 个机场，分别是奥黑尔国际机场与米德韦机场，从中国飞往芝加哥的班机一般都降落在奥黑尔国际机场。

奥黑尔国际机场是世界上通航地最多的机场之一，有航班通往欧、亚、非、澳以及中东等地，中国的东方航空公司每周有 4 班以上的飞机降落到奥黑尔国际机场（电话：773-6863700）。

从奥黑尔国际机场前往市区非常方便，你可以在地铁站乘坐地铁蓝线到达市中心，也可以乘坐机场巴士到达市中心或者指定的地点，只需要 1 小时左右，票价一般 26 美元。乘坐出租车到市区只要半小时左右，但是费用稍微贵一点，需要 50 美元左右。

铁路

芝加哥是美国最大的铁路枢纽，同时是美国中北部 30 多条铁路线的集结点，城市铁路线总长 1.24 万多公里，居世界各大城市之首。联合火车站位于市中心西面的 Canal 街和 Adams 街之间，有到美国各大城市的列车，电话 800-8727245。

长途汽车

灰狗长途汽车站在市中心西南部的 W.Harrison 街，车站 24 小时开放，通往全美各地的汽车每天都有，电话 312-4085883。

高架铁和地铁

它们共同组成了芝加哥的交通系统，目前有 7 条线路，用 7 种颜色代替，分别是蓝、红、棕、绿、橙、黄、紫线，其中蓝、红号线是地铁，其他的都是高架铁，票价一律 3 美元。

公交

芝加哥有 170 多条公交线路，其中有多条通往芝加哥的郊区，票价一律是 2 美元。

观光巴士

芝加哥的观光巴士有两种，分别是 Chicago Trolley 和 Double-Decker，这两种巴士都运行于市内主要景点，并且有导游讲说，票价 20 美元左右。

密歇根游船

芝加哥有多家游船公司开通了沿密歇根湖巡游的船，基本上是从密歇根大道旁的码头出发，也有从海军码头出发的。坐在船上，能看到众多的摩天大厦。行程约1.5小时，费用25美元左右。

出租车

在市中心的酒店可以乘坐出租车。出租车起步价2.25美元，另外每增加一名乘客多加1美元。

美食

芝加哥的美食很多，不仅有当地特色美食，还有其他国家的菜系。无论是雪花牛肉，还是烧腊，都是难得吃到的特色食物。芝加哥有几家中餐馆，提供的中国食物味道还不错，小笼包、春卷等都值得品尝。

芝加哥美食餐厅推荐

Gyu-Kaku Chicago

210 East Ohio St.,Chicago,IL 60611

312-2668929

周一至周四 11:30～23:00，周五至周六 11:30～24:00，周日 11:30～22:00

@www.gyu-kaku.com

Gyu-Kaku Chicago是一个很棒的用餐之地，这里的石锅饭、雪花牛肉、三文鱼片味道都不错。另外，这里的玉米吃起来也很香，价格划算。这样一个菜品丰富、价格合理的餐厅吸引着许多人前来用餐，你也可以来这里享用美食。

芝士蛋糕餐厅

875 North Michigan Ave.,Chicago,IL 60611

312-3371101

周一至周四 11:00～23:30，周五 11:00至次日 00:30，周六 10:30至次日 00:30，周日 10:00～23:00

芝士蛋糕餐厅（The Cheesecake Factory）提供美味的菜肴和特别奢华的奶酪蛋糕，还有好吃的蜜汁鸡排芦笋土豆泥。你可以在这里用餐，也可以排队买外卖蛋糕。

住宿

芝加哥的酒店环境良好，客房价格合理。来这个城市游玩，不用担心住宿特别贵的问题，很多客房的价位都是可以接受的。你可以货比三家，从地理位置、价格等多个方面进行对比，提前在网上预订一家适合自己的住宿地。

芝加哥酒店推荐			
名称	地址	电话	价格
Harrison Hotel	65 E Harrison,Chicago,IL	312–4278000	250 美元
The Drake	140 E Walton Pl.,Chicago,IL	312–7872200	150 ~ 190 美元
Club Quarters Central Loop	720 S Michigan Ave.,Chicago,IL	312–9224400	150 美元起
Club Quarters Central Loop	111 West Adams St.,Chicago,IL	312–2146400	80 美元起
Cass Hotel	640 N Wabash Ave.,Chicago,IL	312–7878544	65 美元起
Chicago International Hoste	6318 N Winthrop,Chicago,IL	312–2621011	床位 35 美元起

购物

芝加哥有一些购物之地值得逛一逛，这里的密歇根大道是芝加哥最核心的购物地点，有大量的零售商、专卖店以及奢侈品专卖店，从时尚服饰到家具、家电，应有尽有。橡树街也是芝加哥一处不错的购物地点，这里有多家精品店、沙龙，是巴黎、伦敦和米兰的最新潮流的风向标。在这里，你可以看到很多世界知名的品牌。此外，高地公园是芝加哥老牌的富人区，有大量犹太居民和欧洲裔居民住在这里，这里也有一些不错的小店。

芝加哥购物地推荐

密西根大道

Michigan Ave., Chicago, IL

@michiganavemag.com

密歇根大道（Michigan Avenue）是芝加哥有名的大道，宽阔、豪华，是购物者的天堂。在这里，你可以找到各式优雅的商店，那些赏心悦目的橱窗陈列品一定能吸引你的眼球。世界名牌、平民品牌均可以在这里找到，你可以精心挑选自己喜欢的衣服。除了购物之外，你还可以在这里的高级餐厅品尝美食。

娱乐

芝加哥的夜间娱乐活动非常丰富，每晚都能观看舞蹈、歌剧以及各种音乐的现场表演。蓝调音乐在芝加哥非常流行，芝加哥的一些蓝调音乐酒吧着实吸引了众多为“纯正”音乐而来的游客，其中最火爆的酒吧当属“Buddy Guy 传奇”（700 S Wabash Ave.,Chicago,IL 60605）。

芝加哥是一座富有体育精神的城市，在篮球、棒球、冰球、橄榄球等球赛中，均有芝加哥球队跻身顶级联赛。到芝加哥游玩，若恰逢赛季进行中，你可以买一张球票到现场观看比赛，感受这座城市的体育激情。

芝加哥抒情歌剧院

Civic Opera Building, 20 N Upper Wacker Dr., Chicago, IL 60606

312-3322244

@www.lyricopera.org

芝加哥抒情歌剧院（Lyric Opera of Chicago）是美国最著名的歌剧院之一，是北美第二大歌剧院。许多著名歌唱家都在芝加哥抒情歌剧院举行了美国首演，例如：玛丽亚·卡拉斯（Maria Callas）。除了经典歌剧之外，这里还有现代作品出演，例如：《了不起的盖茨比》《华尔街之景》《华尔街之景》。若恰逢这里有演出，你可以坐下来欣赏。

专题 66 号公路沿线

66 号公路，初次听到它的名字，很多人会以为它只是一条普通的公路而已。对于美国而言，66 号公路不仅是美国东西交通的大动脉，它还在美国人开拓西部历史中起到了重要的作用。只有踏上这条路，才能感受到它的独特魅力。

66 号公路被美国人称为“母亲之路”或“寻梦之路”，它东起芝加哥的亚当街，西至加州洛杉矶的圣莫尼卡太平洋海岸。66 号公路是美国历史上最著名的州际公路，穿越美国 8 个州，途经伊利诺伊州、密苏里州、堪萨斯州、俄克拉荷马州、德克萨斯州、新墨西哥州、亚利桑那州以及加利福尼亚州。

在 19 世纪末，66 号公路只是一条可以走马车的土路。在 1926 年，政府投资将断断续续的道路连接起来，这项修建工程为大萧条时期的美国提供了上万个就业岗位，为许多工人提供了维持生计的工作。在美国历史上，中西部经历过一场干旱，大面积的土地变成了寸草不生的荒地，66 号公路成为许多农民的救命稻草。发生干旱时，很多人带着家当，沿着 66 号公路逃亡至西部去开拓新的生活。对于美国人来说，66 号公路是当年追寻美梦的康庄大道，它是美国人的寻梦之路，也是美国人的母亲之路。

如今，有很多人踏上 66 号公路，感受自驾的乐趣。66 号公路沿途风光无限好，有许多地方都是可以免费游览的，实在不容错过。驾车行驶于 66 号公路，人的心灵都可以被净化。

你可以驾车行驶于 66 号公路，欣赏沿途的风景，参观免费景点。需要注意的是，目前，66 号公路已经不完整了，其中的很多路段都已经废弃，因此中途你可以换条路走，把破旧不堪的路绕过去。

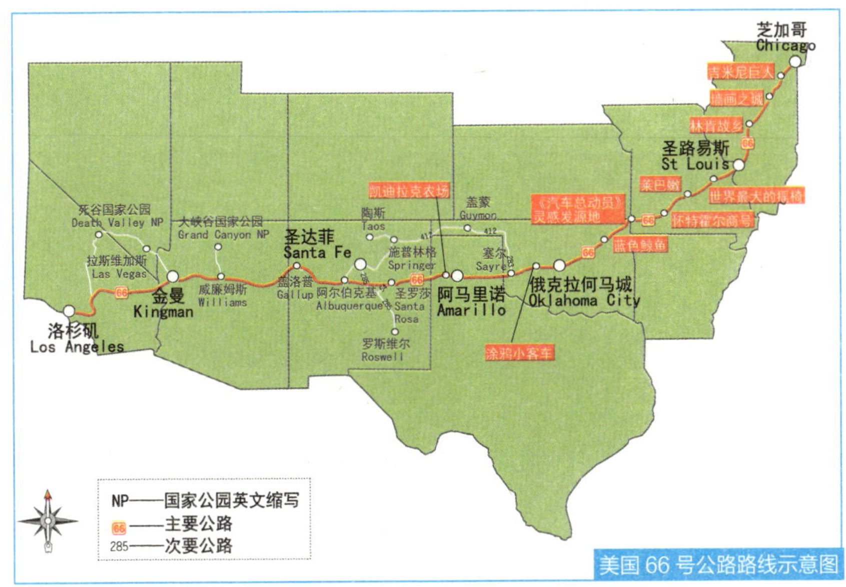

美国 66 号公路路线示意图

乔利埃特（**Joliet**）是一座安静的小镇。许多游客来到小镇时，都会前往游客中心（博物馆内），这是 66 号公路上面的第一个游客中心。在游客中心，你可以买到有关 66 号公路的各种纪念品，可以寄明信片，还能受到工作人员的特别照顾——赠送地图，并为你介绍一些有意思的路段。

旅游资讯

204 North Ottawa St., Joliet, IL 60432（博物馆）

Part6 芝加哥
专题

2 ·威尔明顿·

旅游资讯

810 East Baltimore St., Wilmington, IL 60481（吉米尼巨人像）

威尔明顿（**Wilmington**）是 66 公路上一个很小的小镇，却因巨人雕像而闻名。早在 20 世纪 60 年代，当地的商人为招揽生意，开始制造巨人雕像，通过巨人手中拿的东西来区别经营的种类。然而，随着公路的衰败，巨人像越来越少，直到今天只剩下一个名叫吉米尼的巨人像，吉米尼是个宇航员，手里拿着一个火箭，上面写着“launching pad”（火箭发射台）。launching pad 其实是 1960 年开设的一个餐厅，巨人也是用来招揽生意的，如今餐厅已经关门。巨人像的对面有个加油站可以做补给，在镇子里逛一逛，你会发现很多关于 66 号公路的元素。

Part6 芝加哥
专题

3 ·布雷德伍德·

旅游资讯

222 North Front St., Braidwood, IL 60408（波尔卡点汽车餐馆）

布雷德伍德（**Braidwood**）最著名的景点当属波尔卡点汽车餐馆（THE Polk–a–Dot DRIVE IN），这是 66 号公路上必经的餐馆，在远处就能看见它那淡蓝色旋转的盾形路牌。这个餐馆早在 1956 年就已经开张，它一直是人们的加油站，也充当着收容所。在餐馆的外面，梦露、猫王、蓝调兄弟等塑像耸立于屋檐下；在餐馆内部，可以发现老式电话、糖果、照片。在这里，连卫生间都有主题，女士的主题是猫王，男士的主题是梦露。

4

· 德怀特 ·

德怀特（**Dwight**）最著名的是1940年的德士古（Texaco）加油站，如今这个加油站已经关门，但仍保持着完好的风貌：木制的房屋、生锈的广告牌、破旧的红色油箱与油表……透过窗户还可以看到老爷车等老古董，如果工作人员在的话，你可以进去参观，工作人员会为你详细地讲解，还会与你合影。在加油站门口的地图上，你可以用彩色图钉来表示曾到此一游。

旅游资讯

West Waupansie St.,Dwight,IL 60420

5

· 奥德尔 ·

来到**奥德尔**（**Odell**），你一定会被一个红色的飞马标志所吸引。飞马所在的破旧木屋曾是美国老牌石油公司Exxon Mobil（埃克森美孚）的商店，如今这里充满着斑驳感，透过窗户，你可以看到几辆复古的雪弗兰汽车停在里面。

旅游资讯

South West St.,Odell,IL 60460

6

· 彭蒂亚克 ·

彭蒂亚克（**Pontiac**）是墙画之城。来到彭蒂亚克，随处可见描述着与66号公路有关的故事墙画，最醒目的是66号公路博物馆的路标墙画（Wishing Well Motel）。看到墙画，你也许会联想到彭蒂亚克著名的人物鲍勃（鲍勃·奥德麦尔），他是美国最后一个嬉皮士，是66号公路上的传奇人物。

在大学时，鲍勃就为美国的城市画鸟瞰图，后来自己买了一辆黄色雪佛兰双层校车，沿着66号公路开始旅行作画。鲍勃是个环保主义者，他平时都吃素食，乐于救助流浪者和保护野生动物，始终致力于66号公路的保护和推动工作，非常受人尊敬。然而，

旅游资讯

110 West Howardx St.,Pontiac,IL 61764（博物馆，游客中心也在这里）

由于鲍勃吸大麻，所以他最终在这条路上去世了，他的雪佛兰校车摆放在博物馆的后门，后来被稍微改造过，有房车的味道，很温馨。车内有书、日用品、调料等等，只要是空着的地方都贴满了海报、照片和徽章，一切物品都保留着鲍勃在世时的样子。

在博物馆的楼上，放着一辆鲍勃用于旅行的大众小客车，车里面堆满了世界各地的人送给他的礼物。鲍勃十分钟爱这辆车，他在春田（斯普林菲尔德）病重的时候还想着它，于是鲍勃的一个“粉丝”日夜兼程帮他把这辆车从亚利桑那州南部拖回来，鲍勃见到了爱车以后露出了灿烂的微笑，甚至挣扎着起来拥抱它。在《汽车总动员》里，Fillmore（阿飞）就是以这辆车为原型塑造的。

漫步在彭蒂亚克市内，你有机会看到以鲍勃为主题的墙画以及充满 66 号公路元素的车模。另外，市内还有很多复古店，里面的纪念品非常便宜。许多老店的明信片都是鲍勃画的，值得欣赏。

斯普林菲尔德（**Springfield**）也叫春田，是美国总统林肯的故乡。在没有成为总统之前，林肯一直居住在这里，死后也葬在这里。在斯普林菲尔德，你可以找到许多关于林肯的印迹，林肯故居国家历史遗址（Lincoln Home National Historic Site）、林肯总统博物馆（Abraham Lincoln Presidential Museum）以及林肯墓（Lincol′s Tomb）都值得参观。

斯普林菲尔德的 Shea's Museum 收集了 66 号公路上各个年代不同样式的加油机，是不容错过的一站。另外，这里还是玉米热狗的诞生地，你可以去 Cozy Dog Drive In 尝尝玉米热狗的美味。餐厅是鲍勃父母创建的，玉米热狗是鲍勃和他父亲发明的。

2075 North Peoria Road, Springfield, IL 62702 (Shea's Museum)

圣路易斯（**St. Louis**）最著名的景观要属拱门（Gateway Arch），那是一座雄伟壮观的不锈钢抛物线形建筑物。你可以乘坐斗式电梯向上，一直到达拱门的最顶部，之后一览圣路易斯的全景。拱门的边上就是圣路易斯森林公园（St. Louis Forest Park），其面积比纽约中央公园还大，里面有历史博物馆、艺术博物馆、动物园等，包罗万象，值得一游。

圣路易斯森林公园（St. Louis Forest Park）是一座集环保和旅游于一体的多元化森林公园。公园位于圣路易斯城西，园内包括科学中心（Science Center）、珠宝盒（Jewel Box）、杰弗逊纪念馆（Jefferson Memorial）、谬尼歌剧院（Muny Opera）、圣路易斯动物园（St. Louis Zoo）等。公园面积很大，公园内充满绿色气息，环境十分优美，是一个不容错过的公园。

旅游资讯

100 Washington Ave.,St.Louis,MO 63102

古巴（**Cuba**）这个小城因为世界上最大的摇椅而著名，同时它还是个墙画之城。古巴的房子是经过精心设计的，造型与色调协调搭配。在墙上，你可以看到许多墙画，其中最醒目的是阿梅利亚·埃尔哈——第一位独自飞越大西洋的女飞行员，她是美国著名的女性飞行员和女权运动者，最终在尝试全球首次环球飞行时失踪于太平洋。

世界上最大的摇椅在小镇前方 6 公里处，2009 年被吉尼斯收录为世界上最大的摇椅。摇椅旁边是个交易商店（66 OUTPOST），据说椅子是商店老板为招揽生意而制作的，跟巨人的作用差不多。在前往摇椅的途中，你还会经过梅勒梅克山公墓（Meramec Hills Memorial Lawn），那里竖着巨大的白色镂空十字架。

从古巴前往罗拉（Rolla）的途中，你会经过一个骡子交易中心（Mule Trading Post）。如今，交易中心已经废弃，也没有骡子的踪影了，但那里的片状木头人、鹿雕塑、雪佛兰肌肉车、狼牌邮箱等都值得参观。

旅游资讯

5957 Highway Zz,Cuba,MO 65453（摇椅）

Part6 芝加哥
专题
10 ·莱巴嫩·

在**莱巴嫩**（**Lebanon**），最著名的景点当属汽车旅馆（Munger Moss Motel），这家旅馆早在1945年就已经开始经营。现在的店主都已经是花甲老人了，店里摆满了有关66号公路的纪念品和收藏的老汽车模型。夜晚，旅馆的霓虹灯是一大亮点。

旅游资讯

1336 Highway 66, Lebanon, MO 65536

从莱巴嫩到**霍尔镇**（**Hall-town**），中途会经过密苏里的春田市（Springfield），66号公路就是在这里被美国官方命名的。霍尔镇因怀特霍尔商号（Whitehall Mercantile）而著名，这个商号早在1900年就已经成立，里面收藏了许多老物件，如今房屋已经很老旧了，店里的老人却仍风趣健谈，店内的收藏品琳琅满目，每一件物品都带着岁月的痕迹，都有着一段故事。

Part6 芝加哥
专题
11 ·霍尔镇·

旅游资讯

West Main St., Halltown, MO 65664（怀特霍尔商号）

Part6 芝加哥
专题
12 ·卡特维尔·

卡特维尔（**Carterville**）拥有66号公路最破旧的路牌，还有废弃的汽车坟场，大部分废弃的汽车都是《汽车总动员》里的原型。卡特维尔镇本身也很破旧，随处可见废弃的物品，在这里居住的人很少，你可以在这里感受到历史的沧桑感。

加利纳（**Galena**）是《汽车总动员》里那些汽车角色的灵感发源地。在这里，你可以找到拖车板牙、消防车小红的原型，虽然有些破旧不堪，却是灵魂所在。镇上还有个博物馆（Galena Mining & Historical Museum），外面停着一辆坦克和两节火车，里面展示着各种矿石、工具和老式生活用品，年老的管理员会让你深入了解这个镇，甚至会向你展示 4 辆保存相当完好的老爷车。

Part6 芝加哥 专题

13 ·加利纳·

旅游资讯

319 West 7th St., Galena, KS 66739（博物馆）

Part6 芝加哥 专题

14 ·巴克斯特斯普林斯—科默斯·

旅游资讯

740 East Ave., Baxter Springs, KS 66713（博物馆）

巴克斯特斯普林斯（**Baxter Springs**）也叫巴克斯特泉水，这里有个文化遗产博物馆（Baxter Springs Heritage Center & Museum），馆外停着一辆坦克和一节红色的火车车头。在馆内，你可以看到很多关于美国内战和世界大战的展品。从巴克斯特斯普林斯再往前走，你会经过**科默斯**（**Commerce**），这个小镇有一家叫“DK”的甜点店。在甜点店内，你不仅可以吃到 66 号公路路标状的精致曲奇，还能见识到仍在使用的老式收银机。

去**卡图萨**（**Catoosa**）可以看一看巨大的蓝色鲸鱼（Blue Whale），那是一位动物学家送给他妻子的礼物，他的妻子喜欢研究鲸鱼。蓝色鲸鱼坐落在一个小湖泊中，是一座形似鲸鱼的奇特建筑，如今是孩子们的乐园。卡图萨边上就是 66 号公路之父 Cyrus Avery 创立美国 66 号高速公路联合会（US Highway 66 Association）的地方——塔尔萨（Tulsa），在塔尔萨住宿十分方便。

Part6 芝加哥 专题

15 ·卡图萨·

旅游资讯

2680 Oklahoma 66, Catoosa, OK 74015（鲸鱼）

Part6 芝加哥 专题

16

·斯特劳德·

斯特劳德（**Stroud**）有家1939年开业的Rock Cafe，咖啡馆是用修造66号公路剩下的石块建造的，店内的一块烧烤板在70多年间烤过500万个汉堡。咖啡店的老板是《汽车总动员》里莎莉律师的原型，你可以寻找机会与老板聊一聊，她可以向你讲述咖啡馆的历史。

旅游资讯

114 West Main St.,Stroud,OK 74079（咖啡馆）

Part6 芝加哥 专题

17

·俄克拉荷马城·

俄克拉荷马城（**Oklahoma City**）原为印第安人的聚居地，后来因为西进运动被迫迁徙。如今，俄克拉荷马城是NBA雷霆队的主场。

俄克拉荷马城国家纪念馆和博物馆（Oklahoma City National Memorial & Museum）是为了悼念1995年俄克拉荷马城爆炸事件联邦大厦前的受害者而设立的。那黑色的巨石门像爆炸般沉重，时间仿佛定格在了爆炸的那一瞬间。坐在池水的一侧，你会看到对面那些为遇难者留下的椅子。

旅游资讯

620 North Harvey Ave.,Oklahoma City,OK 73102（俄克拉荷马城纪念公园与博物馆）

405-2353313

Part6 芝加哥 专题

18

·阿马里诺·

阿马里诺（**Amarillo**）的大牛排馆（The Big Texan Steak Ranch）十分有名，它曾被评为全美十大牛排馆之一。在这里吃饭，只要你能挑战1小时内吃掉一个72盎司（约2千克）的大牛排以及沙拉、土豆等4份配菜，就可以免单。自1960年开业以来，来这个牛排馆挑战吃大牛排的人大概有10万人，但是挑战成功的不足1万人。最厉害的一个挑战者是体重只有90斤的17岁女孩。在牛排馆的旁边有宾馆，宾馆内的房间具有西部牛仔风格。

旅游资讯

7701 InterState 40,Amarillo,TX 79118（大牛排馆）

凯迪拉克农场（**Cadillac Ranch**）是美国另类文化的象征。农场的标志是10辆倒插在土里的凯迪拉克汽车，这些汽车曾是“蚂蚁农场”艺术团为表达对美国汽车的崇敬而收购的，他们将车半埋在农场的土里，并在露出的车体上做了涂鸦。如今，你也可以随意在上面写字、涂鸦。

InterState 40 Frontage Road，Amarillo，TX 79124（农场）

Part6 芝加哥 专题

20

•阿德里安•

阿德里安（**Adrian**），那里有个著名的中间点咖啡馆（MidPoint Cafe），这家咖啡馆是66号公路正中间的标志。咖啡馆里有著名的难看酥皮派，味道十分香甜。咖啡馆旁边小店的老板是《汽车总动员》里Flo的原型，店外的红色皮卡可以任由别人涂鸦、签名。

旅游资讯

305 W historic route 66，Adrian，TX 79001（咖啡馆）

图克姆卡里（**Tucumcari**）是著名电影《黄昏双镖客》的拍摄地，如今，在这里仍可以找到两个牛仔互相拔枪对射的情景，城里有很多经典有趣的墙画。小城里的Tee Pee是个纪念品店，其建筑是经典的印第安帐篷风格，任何一种可以想象到的纪念品种类都能在这里找到。在Tee Pee的不远处有个蓝燕旅馆（Blue Swallow Motel），这个旅馆十分经典，车库里都是墙画，如果时间不赶的话可以住一晚。在旅馆的斜对面，你会看到一家中餐馆，你可以和老板娘无障碍交流。

旅游资讯

924 Highway 66，Tucumcari，NM 88401（Tee Pee）；815 East Tucumcari Boulevard，Tucumcari，NM 88401（蓝燕旅馆）

Part6 芝加哥 专题

22 · 圣达菲 ·

旅游资讯

710 Camino Lejo, Santa Fe, NM 87505（印第安文化艺术博物馆）

圣达菲（**Santa Fe**）是美国最老、海拔最高的首府，有着四百多年的历史，在美国建国前就已经存在。圣达菲最早是印第安人的居住地，之后先后成为西班牙新墨西哥王国的首都、纽渥墨西哥省的首府、新墨西哥的首府，如今它是新墨西哥州首府，因此它被称为“一座统治者的宫殿”。

如今的圣达菲融合了印第安、西班牙、英国、墨西哥及美国白人的混搭文化，其房屋多是黄泥土墙，没有高层，可调温、抗震。小城周边被群山环绕，环境非常好。城内有 8 个博物馆，历史文物很多。沿着城内的峡谷街（Canyon Road）走，你会发现各种别致的画廊、商店等。

Part6 芝加哥 专题

23 · 阿尔伯克基 ·

旅游资讯

30 Tramway Road NorthEast, Albuquerque, NM 87122（缆车乘坐点，Sandia Peak Tramway）；202 San Felipe St., NorthWest, Albuquerque, NM 87104（响尾蛇博物馆）

在**阿尔伯克基**（**Albuquerque**），最值得参观的是桑迪亚山脉（Sandia Mountain），山脉位于城区东北部，有着世界最长（4 公里）的空中缆车，整个山脉的景色美不胜收。傍晚，你可以在山顶上看日落。如今，阿尔伯克基依然保留着许多印第安及西班牙的历史遗产。在它西边的老城区，你会看到教堂、博物馆、特色商店、印第安村庄文化中心等。

Part6 芝加哥 专题

24

·盖洛普·

盖洛普（**Gallup**）是全世界印第安人的首都。如果你看过尼古拉斯·凯奇主演的电影《风语者》，你就会知道纳瓦霍族，这个族的语言结构复杂，二战时被作为密码在战场上使用，电影《风语者》就是讲述纳瓦霍族语言的重要性，凯奇在里面就是保护纳瓦霍族译电员。

小城内的牧场酒店（El Rancho Hotel）十分著名，从1937年成立至今，该酒店一直是西部明星的奢华居所，酒店内的墙上挂满了好莱坞明星的照片。酒店内还有从1937年保留至今的套餐，值得品尝。

旅游资讯

1000 East 66, Gallup, NM 87301（牧场酒店）

Part6 芝加哥 专题

25

·石化森林国家公园·

石化森林国家公园（**Petrified Forest National Park**）早在1906年便成为了美国国家保护区，也是当时美国的第二个保护区。到了1962年，它便正式升格为国家公园。这个公园由南北两大部分组成，园内有一条通道将两者连接在一起。公园北区主要是颜色多变的“彩色沙漠”，红色山丘式的沙漠连绵在山谷里，因风的作用不停地变化与移动，十分壮观。在南入口处，彩虹森林博物馆展示有各种石化木。

旅游资讯

Petrified Forest National Park, AZ 86028（游客中心）

Part6 芝加哥 专题

26

·霍尔布鲁克·

在**霍尔布鲁克**（**Holbrook**），你会被路边各种大大小小的恐龙模型所震撼，它就像是以恐龙为主题的公园，其实这些恐龙模型是商店用来做广告的。小镇上最著名的要属1950年的威格湾旅馆（Wigwam Motel），这个旅馆是《汽车总动员》里闪电麦昆的女友莎莉所经营的圆锥形汽车旅馆的原型，它同时也是66号公路上的重要地标之一。这种旅馆曾经有7家，现在只剩下3家，这家的编号是6。旅馆的每一个房间都是独立的印第安圆锥形帐篷，帐篷外面还有各式各样的复古车，文化味道十足。

旅游资讯

811 West Hopi Drive, Holbrook, AZ 86025（威格湾旅馆）

Part6 芝加哥 专题

27 ·温斯洛·

从霍尔布鲁克到**温斯洛**（**Winslow**）的途中会经过杰克兔交易站（Jack Rabbitt Trading PoSt.），这个交易站在鼎盛时期标志牌立到千里之外，如今依然存在。温斯洛是老鹰乐队成名曲“Take it easy”的灵感发源地，这里有个巨大的66号公路路牌。

旅游资讯

3386 Highway 66, Joseph City, AZ 86032（杰克兔交易站）；303 East 2nd St., Winslow, AZ 86047（La Posada Hotel）

Part6 芝加哥 专题

28 ·威廉姆斯·

威廉姆斯（**Williams**）是66号公路上保持原始风采较好的小镇，它是通向大峡谷的门户之一，小镇不大，但却有着不寻常的历史。小镇之所以叫威廉姆斯，还要源于早期赫赫有名的猎人和向导——威廉·舍莱·威廉姆斯，如今他拿枪的塑像依旧在静静地守护着这个小镇。在镇上，可以看到酒吧、餐馆、纪念品店以及马车，纪念品店里摆放的大多都是与66号公路有关的纪念品。

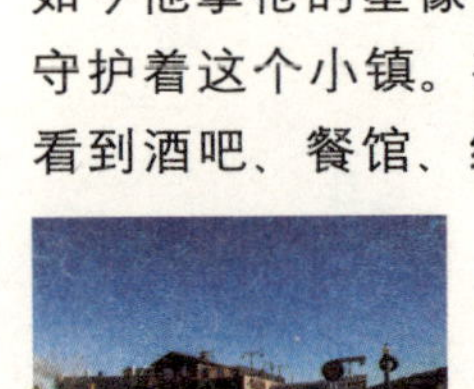

旅游资讯

137 West Railroad Ave., Williams, AZ 86046（The Red Garter）

Part6 芝加哥 专题

29 ·塞利格曼·

塞利格曼（**Seligman**）是个值得停留的小镇，虽然很小，只有一条街，但街边商店的装饰把66号公路文化展现得淋漓尽致。商店的门前摆满了各种复古的老爷车，屋顶上面放满了牛仔、嬉皮士等模特，然后还有各种墙画、标贴，随便走进一家小店，都能感受到浓烈的复古气息。

旅游资讯

301 Arizona 66, Seligman, AZ 86337（一个有趣的冰激凌店）

Part6 芝加哥 专题

30 ·金曼·

金曼（**Kingman**）曾经是66号公路上的一座小镇，如今这里充满现代化气息。在这里，人少、清静，十分适合漫步。如果你对汽车感兴趣的话，那么一定要去金曼汽车广场（Kingman Auto Plaza Inc）看一看，里面有各式各样的老式汽车，你可以打开任何一辆车的车门，进去坐一坐。

旅游资讯

11255 E Hwy 66, Hackberry, AZ 86401（Hackberry General Store）；3931 East Andy Devine Ave., Kingman, AZ 86401（金曼汽车广场）

Part6 芝加哥 专题

31 ·奥特曼·

奥特曼（**Oatman**）又名野驴镇，野驴是这里的特色，你会发现镇子上有许多野驴，它们不怕人，甚至会把头伸进你的车内。这个镇本身是很破旧的，虽然曾被探险者挖出大量金子而兴盛一时，之后却逐渐没落。镇上有个奥特曼旅店（Oatman Hotel），这个旅店建于1902年，是小镇的地标。

旅游资讯

181 Main St., Oatman, AZ 86433

Part6 芝加哥 专题

32 ·奥罗格兰德·

在**奥罗格兰德**（**Oro Grande**），瓶子老人（埃尔默）和他的瓶子树农场（Elmer's Bottle Tree Ranch）十分有名。瓶子老人的爱好是回收破烂，从他的父辈到他这里，他们都攒瓶子。攒到一万多个的时候，瓶子老人设计了200多棵铁竿子，然后把瓶子都挂在了上面，成就了著名的“瓶子森林”。当然树上挂的不只是瓶子，还有他回收回来的鹿角、木马、打字机、猎枪等稀奇古怪的东西，瓶子老人这样做只是出于个人爱好，并不是为了挣钱。

旅游资讯

National Trails Highway, Oro Grande, CA 92368（瓶子树农场）

Part 7 休斯敦

无需门票，体验休斯敦“心”玩法

Part7 休斯敦
休斯敦市区

1·免费节庆别错过·

休斯敦节庆			
节庆名称	时间	举办地	简介
休斯敦马拉松赛	每年1月	休斯敦市内	这是全美五大马拉松赛事之一，详情可以登录 www.chevronhoustonmarathon.com 查询
野花节	4月至5月	休斯敦	届时，德克萨斯州的州花 篮礼帽花（Blue Bonnet）会大面积盛开，290号公路和36号公路之间是一片紫色的浪漫海洋。当地的人民会带上相机去野外踏青
热气球比赛	每年8月或9月	休斯敦太空中心	届时，在休斯敦太空中心会举办热气球比赛（Ballunar Liftoff Festival），世界各地的热气球爱好者会来参与这场盛会

2·在游客中心获取免费信息·

休斯敦游客中心			
中文名称	英文名称	地址	电话
休斯敦游客中心	Houston Visitors Center	901 Bagby ,first floor,Houston,TX 77002	713-4375556

3·精彩万分的圣安东尼奥嘉年华·

圣安东尼奥是休斯敦周边的城市，这里的嘉年华活动不容错过。每年4月，这里会举办嘉年华节日活动。嘉年华起源于为了嘉奖在阿拉莫独立战争中取得胜利的英雄而举办的一个为期11天的活动，如今已经演化成纪念和庆祝圣安东尼奥悠久历史文化的传统节日活动。届时，嘉年华活动会吸引许多人参加，举办100多项有趣的娱乐活动。活动内容包括：观看嘉年华王权加冕礼、挑选下一年度王后的古老传统等活动。

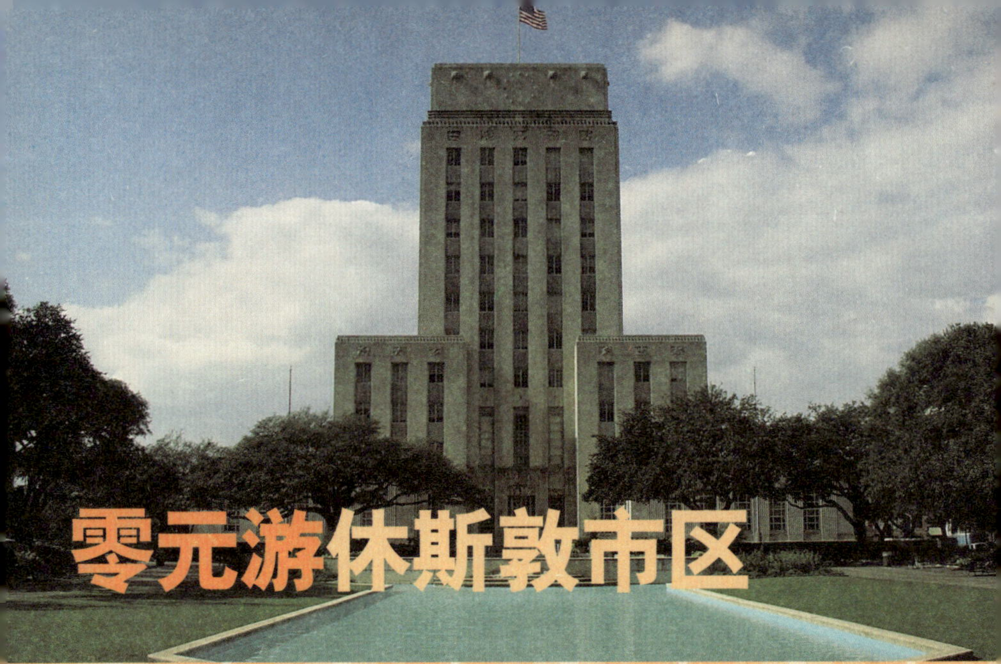

零元游休斯敦市区

莱斯大学（**Rice University**）位于休斯敦，是一所私立大学。麻雀虽小，五脏俱全。这所大学有着优秀的应用科学和工程学研究生项目，被称为“南方哈佛”。校园内部的建筑物具有历史感，值得参观。另外，校园内还有绿色的草坪，你可以坐在草坪上感受美国大学的独特氛围。

暮光之城（Twilight Epiphany）又被称为 James Turrell Sky Space，位于莱斯大学内。无论是在黎明或在傍晚，它总是在灯光的照耀下显得更加迷人。你可以免费来这里看日出，看日落需要提前在网站上预约（免费的）。

Part7 休斯敦
休斯敦市区

1 ·莱斯大学·

旅游资讯

6100 Main St., Houston, TX 77251

建议自驾前往

周一、周三至周日每日日出前 1 小时至 22:00，周二不开门（暮光之城）

@ www.rice.edu

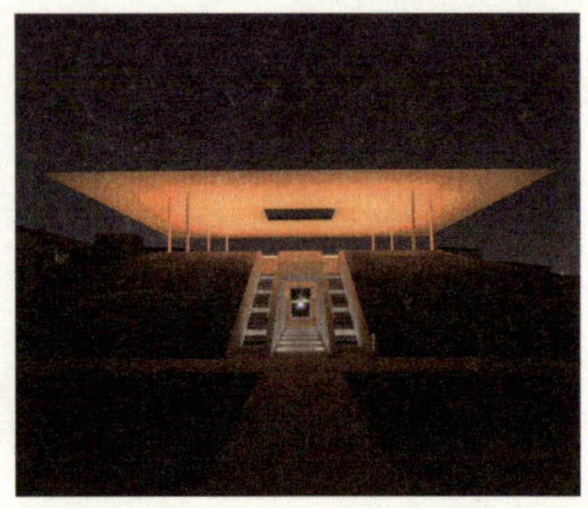

赫曼公园（**Hermann Park**）位于休斯敦市中心附近，园内绿树成荫，空气十分清新。在公园的中间有山姆·休斯敦铜像，这个城市就是以他的名字命名的，他曾是德克萨斯共和国的总统。这个公园既是休斯敦当地人休闲的好去处，也是一个值得游览的免费景点。

Part7 休斯敦
休斯敦市区

2 ·赫曼公园·

旅游资讯

6001 Fannin St., Houston, TX 77030

建议自驾前往

@ www.hermannpark.org

休斯敦丰田中心球馆（**Toyota Center**）是一个知名的比赛场馆。来这里看一场球赛，比在电视上看更加刺激。通过在这里看NBA球赛，你会在不知不觉中融入美国独特的文化氛围之中，被美国的篮球魅力深深地吸引住。即使不看球赛，来这个场馆随便看一看也挺好的。

Part7 休斯敦
休斯敦市区

3 ·休斯敦丰田中心球馆·

旅游资讯

1510 Polk St., Houston, TX 77002

乘坐公交车至Bell St. @ La Branch St.下车后步行前往即可

Part7 休斯敦
休斯敦市区

4 •乔治·布什公园•

16756 Westheimer Pkwy, Houston, TX 77082

需自驾前往

乔治·布什公园（**George Bush Park)** 是一个幽静的公园，园内种植着高大的棕榈树。公园有着宽阔的草坪，适合野餐。另外，园内还有自行车道、游乐场以及专门为宠物准备的活动区域。当地人会来这个公园露营、钓鱼。这个公园是一个理想的休闲之地，来到这里的人都能收获很多乐趣。

•凯马木板人行区•

旅游资讯

215 Kipp Ave., Kemah, TX 77565

需自驾前往

凯马木板人行区（**Kemah Boardwalk**）就是一个大型的游乐场，是小朋友喜欢的地方。这里的娱乐设施很多，有水上餐厅、游戏区等。在这里，可以品尝美食、购物，还可以乘坐摩天轮、挑战子弹头过山车。在天气晴朗的时候，带着家人来这里玩是非常棒的体验。

零元游休斯敦周边

· 休斯敦→达拉斯

达拉斯市（**Dallas**）位于美国德克萨斯州境内，是小型世界级城市，主要经济支柱为石油工业、电信业、计算机技术、银行业和航空运输业。该市以文化活动著称，经常有歌剧演出、芭蕾舞演出等。

前往达拉斯

从休斯敦前往达拉斯，可以乘坐 Megabus。从休斯敦的 Preston St. @ Artesian Pl 乘坐 Megabus，经过约 4.5 小时就能到达拉斯。

Part7 休斯敦
休斯敦周边

1

•达拉斯艺术博物馆•

达拉斯艺术博物馆（Dallas Museum of Art）拥有现代化的外观，建筑本身是达拉斯的地标之一。博物馆内部收藏着大量绘画作品，对于绘画爱好者而言，这里实在不容错过。

旅游资讯

1717 N Harwood St.,Dallas,TX 75201

214-9221200

乘坐公交车208、210路至Ross @ St. Paul – S – NS下车后步行前往即可

Part7 休斯敦
休斯敦周边

2

•美国航空中心体育馆•

美国航空中心体育馆（American Airlines Center）是NBA球队达拉斯小牛队的主场，这里的场地布置得很好，环境十分干净。达拉斯冰球比赛会在这里举行，届时，人山人海，十分热闹。有的音乐会也在这里举行，因此这里还是一个音乐圣地。

旅游资讯

2500 Victory Ave.,Dallas,TX 75219

214-2223687

乘坐公交车49路至Victory @ Olive – S – MB下车后步行前往即可

Part7 休斯敦
休斯敦周边

3

•肯尼迪纪念广场•

肯尼迪纪念广场（John F. Kennedy Memorial Plaza）是一个具有纪念意义的景点。1963年11月22日，美国总统肯尼迪前往达拉斯竞选，在大街游行时，遇刺殒命。这里的纪念碑是方形的，上下悬空。纪念碑内部地面有一块黑色大理石，上面用镀金雕刻着肯尼迪的名字。

旅游资讯

646 Main St., Dallas, TX 75202

214-7476660

乘坐公交车206、278、722路至Market @ Main – N – NS下车后步行前往即可

美国南卫理公会大学（**Southern Methodist University**）是全开放式的学校，游客能随意进出。这所学校历史悠久，校园风景十分优美。学校建于富人区中间，来这里读书的大多是有钱人家的孩子。校园内散发着艺术气息，你不妨来此感受一下这所学校独特的氛围。

旅游资讯

6425 Boaz Lane, Dallas TX 75205

214-7682000

乘坐公交车768路至Bishop @ Binkley – S – NS下车即可

Part7 休斯敦
休斯敦周边
05
白岩湖公园

白岩湖公园（**White Rock Lake Park**）位于达拉斯市中心，湖周边是当地市民休闲的好去处，绿树成荫。这里的公共服务设施一应俱全，包括儿童乐园、健身器械、活动广场、休息亭以及水上钓鱼台等。

旅游资讯

8300 Garland Rd., Dallas, TX 75218

· 休斯敦→圣安东尼奥

圣安东尼奥（**San Antonio**）位于美国德克萨斯州中南部。曾经，这里是美洲印第安人聚居地。在1691年，西班牙探险者和传教士来到这里定居。在18世纪中期，这里发展成为德克萨斯州最大的西班牙人定居点。在19世纪中期，德克萨斯与墨西哥军队间爆发了一系列战斗，德克萨斯军队战败。在1845年，美墨战争爆发，美国吞并德克萨斯。美国内战后，这个地方成为美国著名牲畜交易中心和边界城市。在1877年，铁路线贯通圣安东尼奥，使其逐渐融入美国。在20世纪后期，这个城市的人口急剧增长。

如今，圣安东尼奥是一个旅游度假的好去处。这里有丰富的历史建筑遗址，整个城市充满异国情调。在这个城市，充满西班牙文化色彩的遗址以及墨西哥的民族色彩十分引人注目，加之美国印第安人的传统文化，使这个城市充满魅力。

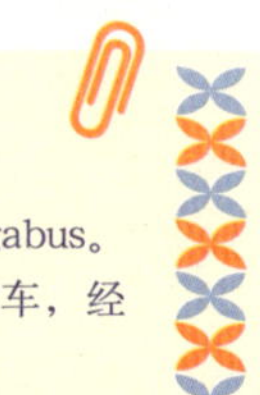

前往圣安东尼奥

从休斯敦前往圣安东尼奥，可以乘坐 Megabus。上午在休斯敦的 Preston St @ Artesian 乘车，经过约 4 小时就可以到达圣安东尼奥。

Part7 休斯敦
休斯敦周边
1
•圣安东尼奥河畔步道•

旅游资讯

110 Broadway St. #500, San Antonio, TX 78205

圣安东尼奥河畔步道（**The San Antonio River Walk**）是个独具风情的散步地点。步道上丽影穿梭，河道里黑鸭嬉戏。圣安东尼奥河的两侧有商店、餐馆、咖啡馆等，你可以坐在咖啡馆里边喝咖啡边赏美景。

阿拉莫博物馆（**The Alamo**）中的展示品有着悠久的历史，许多展品是美国独立战争期间的物品。馆内有身着特殊服饰的工作人员对展品进行讲解，你可以与这些工作人员合影。如果想要深入了解美国历史，来参观这个博物馆是个不错的选择。

Part7 休斯敦
休斯敦周边
2
•阿拉莫博物馆•

旅游资讯

300 Alamo Plaza San Antonio, Texas

乘坐 305 路公交车至 Ave. E. & Travis 下车后步行前往即可

Part7 休斯敦
休斯敦周边
3
•自然桥岩洞•

旅游资讯

26495 Natural Bridge Caverns Rd., San Antonio, TX 78266

自然桥岩洞（**Natural Bridge Caverns**）是一个很漂亮的地下岩洞。岩洞入口处有一条长石灰板岩，连接两边高地，形成了自然天桥，自然桥由此得名。这个自然景观保存完好，实在不容错过。

·休斯敦→奥斯汀

奥斯汀 (Austin) 是美国适合居住、休闲的城市。奥斯汀被很多知名杂志评为全美最健康城市，因此它是一个适宜旅游的地方。奥斯汀的高科技行业飞速发展，它是一个集教育、科技等为一体的多元化城市。

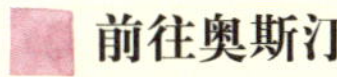

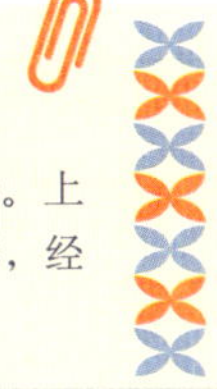

前往奥斯汀

从休斯敦前往奥斯汀，可以乘坐 Megabus。上午在休斯敦的 Preston St. @ Artesian Pl 乘车，经过约 4 小时就可以到达奥斯汀。

德州大学奥斯汀分校（**The University of Texas at Austin**）是个可以免费参观的地方，校内设有生物博物馆、艺术博物馆等，还有大面积的绿色草坪和一个大型橄榄球场。在这里上学的学生洋溢着青春的气息，为整个学校增添了活力。

旅游资讯

The University of Texas at Austin, Austin, TX 78712

乘坐 103、110、127 路公交车至 400 23RD/San Jacinto 下车后步行前往即可

欧亨利博物馆（**O. Henry Museum**）建于 1886 年，在 1973 年被列入国家历史遗迹名录。博物馆古色古香，充满艺术气息。欧亨利和他的家人曾经在这里居住过，这里有欧亨利生前使用的家具以及书籍、手稿等。这个博物馆是免费开放的，游客能随意进出这里。

旅游资讯

409 E 5th St., Austin, TX 78701

512-4721903

乘坐公交车 4 路至 Red River/5th 下车后步行前往即可

@ austintexas.gov

· 休斯敦→新奥尔良

新奥尔良（**New Orleans**）是美国路易斯安那州南部的一座海港城市，“新奥尔良”得名于路易十五的摄政王奥尔良公爵。新奥尔良是美国大陆极具特色的城市，有着独一无二的城市风貌。新奥尔良人将自己深爱的城市称作“诺拉”。新奥尔良是一座水中之城，整个城市位于海平面以下十米左右，城市北面是庞恰特雷恩湖，城中运河渠道众多，地形犹如一只碗，四周以高高的河堤保护起来。

说起新奥尔良，很多人都会想到这里的美食。新奥尔良克里欧烹饪风格受法国、西班牙、加勒比和非洲的传统影响，食物的味道很诱人。新奥尔良的麻辣小龙虾是绝对不容错过的美食，能把人辣得流眼泪。另外，新奥尔良的烤翅是世界有名的美食，值得品尝。

前往新奥尔良

从休斯敦前往新奥尔良，可以乘坐 Megabus。上午在休斯敦的 Preston St. @ Artesian PI 乘车，经过约 6 小时 40 分钟就可以到达新奥尔良。

新奥尔良法国居民区（**The French Quarter of New Orleans**）是新奥尔良著名的旅游景点，这里到处都是历史遗迹。它最初是法国军队建于 1718 年的阵地，后来变成法国人的定居点。现在，这里是个以商业和娱乐为中心的区域，这片区域街道狭窄，商店却很多。漫步于街上，感觉好像是在欧洲。在新奥尔良风味的餐厅和酒吧里有现场音乐演奏，十分精彩。

波旁大街（Bourbon Street）是新奥尔良最有名的街道，位于法国居民区的中央。这里有过往的怀旧电车和用马拉的棚车，街道旁边有很多音乐和艺术商店。有街头艺人在这里表演，有人吹爵士乐、有人打鼓。另外，还有人在这里画街景和人物头像，十分热闹。

黄家街（**Royal Street**）上有世界一流的各式古董店，和波旁大街相比，该街更靠近密西西比河，极富欧洲风情。此外，法国居民区有一些宁静典雅的小街，和波旁街的喧闹恶俗形成鲜明对照。20 世纪的油画、印第安头饰、维多利亚式家具、巫道的器具、旧中国的灯笼等构成了肃穆的街景。

靠近新奥尔良的密西西比河附近有大片的沼泽地——**新奥尔良沼泽地**（**New Orleans Everglades**），庆幸的是这里有如网一样的水路。据说，这是居住在那里的居民开辟的线路，后来成为海盗们藏身的地方。如今，这片沼泽地是研究生态学的重要基地，被植物学者、动物学者、鸟类学者所关注。

不要门票也能 High

新奥尔良市内有多家船运公司，经营沼泽地带的观光汽艇，汽艇登船处较为偏僻，不过这些公司会派专车接送游客往来于酒店和码头。游客若想参加，需要预约。

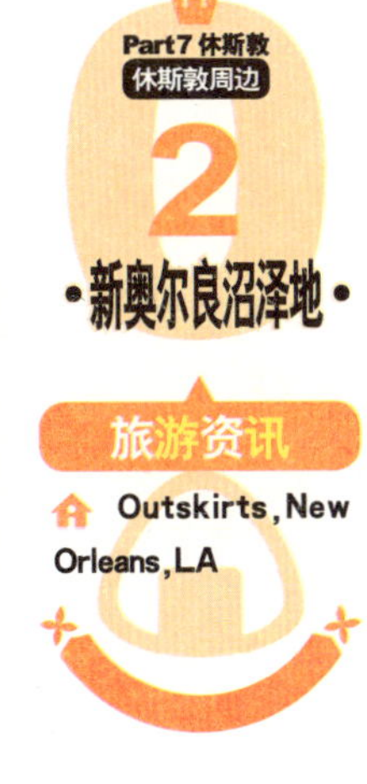

休斯敦·旅游资讯

交通

飞机

休斯敦共有 2 个机场，其中市中心以北 27 公里处的乔治 · 布什洲际机场是休斯敦最大的机场，航线覆盖全球各大城市。该机场有 A、B、C、D、E 五个航站楼，之间有内部小火车穿梭。目前国内直飞该机场的只有中国国际航空公司的波音 777 飞机，从北京首都国际机场出发。

休斯敦机场信息			
名称	地址	电话	机场到市区
休斯敦－威廉•佩特斯•霍比机场（Houston － William P Hobby Airport）	7800 Airport Boulevard, Houston,TX 77061	713-6403000	距离市中心约 11 公里，打车约 29 美元
乔治 • 布什洲际机场（George Bush Intercon-tinental Airport）	2800 N Terminal Rd. Houston,TX 77032	281-2303100	没有铁路交通，可以乘坐 Shared Van 或 SuperShuttle 巴士，快速且便宜

火车

休斯敦火车站就是一个火车站点，往返于洛杉矶与新奥尔良的火车会经过这里。

902 Washington Avenue, Houston, TX 77002

市内交通

休斯敦市内有多种便利的交通方式，包括地铁、公交车、出租车、市中心免费绿色巴士等。其中，市中心免费绿色巴士是可以免费乘坐的，既实惠，又便利。

休斯敦市内交通		
交通方式	票价	运营时间
地铁	1.25 美元，凭票可转乘同方向的公交车 ,3 小时内有效	在高峰期每 6 分钟发一班，非高峰期或周末 12 至 20 分钟发一班
公交车	单程票价 1.25 美元	有些公交车周六、周日停运
出租车	在市中心（I–45、I–10、US 59 大道范围内）搭乘出租车，一律只收 6 美元。6 美元车费不含小费，小费需要另外按总价的 15% ~ 20% 支付	24 小时
市中心免费绿色巴士	免费	周一至周五 06:30 ~ 18:30
租车	按小时或按天付费	24 小时

美食

提到休斯敦，人们都会想起篮球。其实，休斯敦不仅有着浓厚的体育精神，还有一些特色美食。对于美食爱好者来说，无论身在何处，只要能吃到美味的食物，就是一种幸福。在休斯敦游玩期间，一定要品尝当地的各种美食，这样才不虚此行。

休斯敦美食地推荐			
名称	地址	电话	网址
Peli Peli Galleria	The Galleria,5085 Westheimer Rd.,Houston,TX 77056	281–2579500	pelipeli.com
Pappas Bros. Steakhouse	5839 Westheimer Rd.,Houston,TX 77057	713–7807352	pappasbros.com
Eddie V's Prime Seafood	12848 Queensbury Ln.,Houston,TX 77024	832–2002380	www.eddiev . com
Damian 's Cucina Italiana	3011 Smith St.,Houston,TX 77006	713–5220439	damians .com
Danton's Gulf Coast Seafood Kitchen	4611 Montrose Blvd.,Houston,TX 77006	713–8078883	dantonsseafood. com

住  宿

到休斯敦游玩，住宿是行程中必不可少的一个环节。在休斯敦，入住星级酒店是一种极致享受。你可以根据个人需求，货比三家，选择适合自己的住宿地。在休斯敦，入住什么档次的酒店不是最重要的，只要住宿环境舒适即可。

住宿地推荐

休斯敦瑞吉酒店

1919 Briar Oaks Ln.,Houston,TX 77027

713-8407600

www.stregisHoustonhotel.com

休斯敦瑞吉酒店（The Stregis Houston）是一家五星级酒店，设有健身中心、休息室、酒吧和餐厅。另外，酒店还提供24小时客房内用餐服务、全套SPA服务。客房内装饰得十分精致，宽敞明亮。

休斯敦白厅酒店

1700 Smith St.,Houston,TX 77002

713-7398800

www.thewhitehallHouston.com

休斯敦白厅酒店（The Whit-ehall Houston）位于休斯敦市中心，设有一间内部餐厅、现代化的住宿以及周到的设施，包括室外游泳池和一个24小时开放的健身中心。酒店的每间客房都配有免费高速网络连接、室内咖啡机和一张办公桌。若入住该酒店，可以在酒店内的Brazos Restaurant餐厅享用早餐、午餐和晚餐，品尝美食和鸡尾酒。

休斯敦橡树大道希尔顿酒店

2001 Post Oak Blvd., Houston, TX 77056

713-9619300

www.hilton.com

休斯敦橡树大道希尔顿酒店（Hilton Houston Post Oak）配备了一流的便利设施和服务，是住宿的好选择。若入住这里，你可以在屋顶泳池放松一下，享受宽敞日光甲板上的温暖阳光。你还可以在私人阳台上欣赏到城市的壮丽美景，之后在酒店的酒廊品尝鸡尾酒。

购物

休斯敦是美国主要的旅游地区之一，因此这里有许多可以购物的地方。除了大型购物中心外，Riverwalk 和 Bourbon Street 是户外的逛街场所。此外，Mardi Gras 节庆时所戴的面具更成了新奥尔良流行的商品，送人、纪念或装饰皆宜。通常仿冒品都较为便宜，且面具上设有制作人的专属标志。好的陶制或羽毛制的面具通常在 10 美元以上，有的甚至可高达 1000 美元。

休斯敦购物地推荐

休斯敦奥特莱斯

29300 Hempstead Road Cypress, TX 77433

@www.premiumoutlets.com

休斯敦奥特莱斯（Premium Outlets）是购买打折商品的好地方，这里有雅顿、雅诗兰黛等多种打折的化妆品，大部分商品都是 4 折、5 折。需要注意的是，你要先到服务大厅领优惠券（Coupon），有多种免费领取的方式。除了化妆品之外，这里还有时尚服装、皮包等多种商品。

娱乐

休斯敦的娱乐以体育赛事为主，它不仅是 NBA 火箭队的主场，还是 NFL（美式橄榄球大联盟）德克萨斯人队、MLB（美国职业棒球大联盟）太空人队的主场。可见，在休斯敦，除了篮球外，人们还热衷于橄榄球和棒球。

休斯敦娱乐地推荐

米勒露天剧场

6000 Hermann Park Dr., Houston, TX 77030

832-4877102

@milleroutdoortheatre.com

米勒露天剧场（Miller Outdoor Theatre）位于赫曼公园（Hermann Park）旁边，每年 4 月底至 11 月底的每个周末几乎都有高水平的免费演出，包括交响乐、芭蕾舞、爵士乐以及西班牙歌舞等。每年 7 月底至 8 月中旬，这里会举办莎士比亚戏剧节（Shakespeare Festival），上演莎士比亚的经典剧目。

Part 8 丹佛

无需门票，体验丹佛“心”玩法

Part8 丹佛
丹佛市区

1 · 在游客中心获取免费信息 ·

丹佛游客中心		
中文名称	地址	电话
丹佛国际机场游客中心	8500 Pena Blvd.,5th Floor Information Desk	303-3170629
市中心游客中心	1575 California St.,Denver	303-8921505
科罗拉多会议中心游客服务点	700 14th St.,Denver	303-2288000
丹佛联合车站旅游服务台	1701 Wynkoop St.,Denver	—

2 ·不容错过的免费节庆·

丹佛节庆			
节庆名称	时间	举办地	简介
樱桃溪艺术节	7 月	丹佛市内	届时，会展出世界上 200 多位顶尖艺术家的作品
丹佛啤酒节	11 月	丹佛市内	丹佛啤酒节是世界三大啤酒节之一，来到美国的德国移民把啤酒节的传统带到了美洲，其他各族人民也纷纷受其影响，参与其中。届时，热爱音乐的美国人会把音乐融入到啤酒节中，在现场可以听到传统的蓝调、乡村音乐、摇滚乐等
丹佛国际电影节	11 月 3 日	丹佛市内（每年的举办地点不同）	丹佛国际电影节创立于 1978 年 5 月，是丹佛著名的节日之一。届时，有很多电影明星会出席

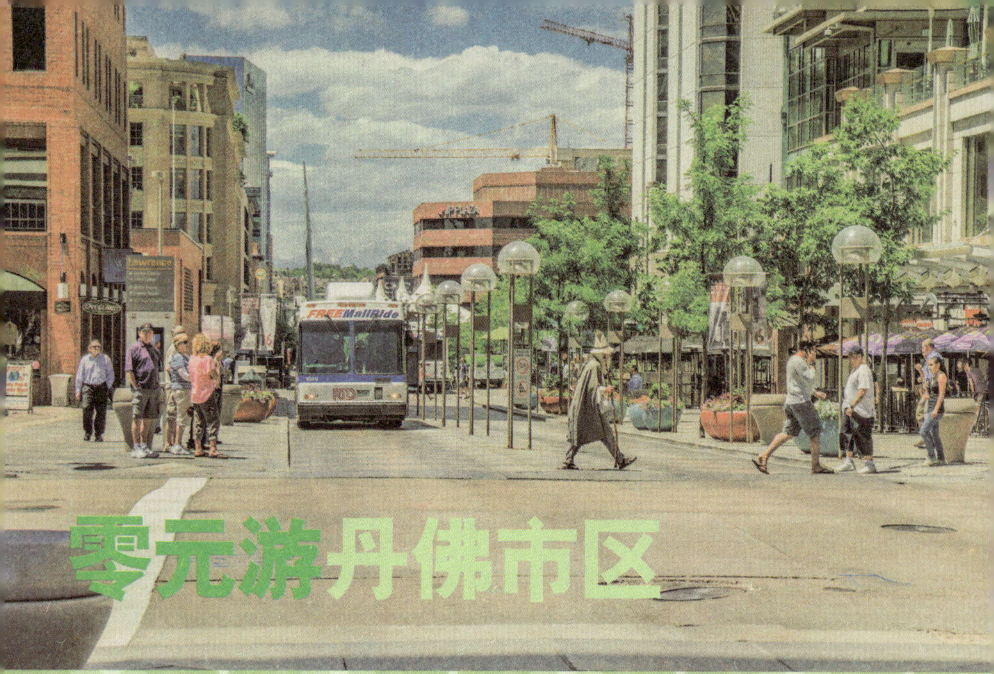

零元游丹佛市区

Part8 丹佛

丹佛市区

1 •红岩公园•

红岩公园（Red Rocks Park）是免费游玩的好去处，这个公园非同一般。公园内有一个红石公园露天剧场，你可以在这里获得独一无二的视听享受。剧场容纳9000多个座席，多场顶级交响乐团在这里举办过演出。在公园的访客中心有一座音乐名人堂，纪念曾经在这里演出过的艺术家。整个公园的风景极好，在这里可以看到丹佛市的美景。

旅游资讯

18300 W Alameda Pkwy, Morrison, CO 80465

从市区出发，沿I-70 West至259出口，左转莫里森出口匝道的底部，直行2.4公里到达公园入口

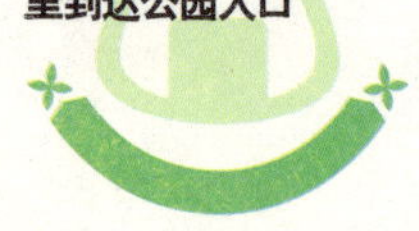

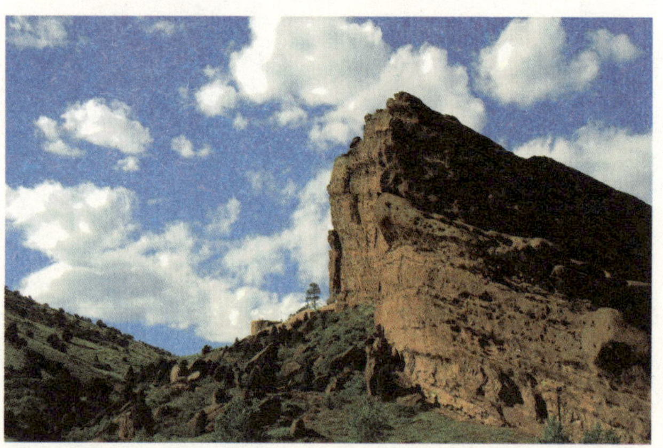

美国铸币局（**United States Mint**）分布于美国的纽约、费城、旧金山和丹佛，总部位于费城。位于丹佛的铸币局值得参观，这是世界上最大的单一造币厂。在这里，你有机会看到硬币的制造过程，深入了解美国铸币的历史，还能获得一枚纪念币作为留念。参观、听讲解都是免费的，但是在去之前要提前预约并将确认信息打印出来，在进门前还要经过严格的安检。需要注意的是，进入铸币局内部参观时不允许拍照。

旅游资讯

320 West Colfax Ave.,Denver,CO 80204

乘坐公交车16路至W Colfax Ave. & Delaware St.下车即可

周一至周四 08:00～15:50（节假日休息）

Coors啤酒酿造厂（**Coors Brewery**）是美国第三大啤酒酿造厂，是由德国的移民Adolph CoorsCoors在1873年创办的。这里生产的啤酒采用落基山脉的雪水，有着德国啤酒风味，距今有着130多年的历史，是美国西部最受欢迎的啤酒。在这个酿造厂生产之后，啤酒被分销到美国各地。免费参观这个啤酒酿造厂是种很棒的体验，通过参观啤酒的制作过程，你可以了解啤酒的品牌历史。

旅游资讯

Ford St. & 13th St.,Golden,CO 80401

乘坐公交车16路到Ford St. & 13th St.站下车后步行前往即可

周一至周六 10:00～16:00，周日12:00～16:00（除夏季之外，周二、周三不开放）

不要门票也能 High

在这里，你可以免费参观工厂的啤酒生产过程，有机会免费品尝3杯味道纯正的啤酒。需要注意的是，要品尝啤酒，你要出示ID或护照，证明你自己已经满21岁了。另外，在去之前要查询一下酿造厂是否开门，节假日有时会关门。你可以步行至停车场，有小巴士会把参观的所有人接到酿造厂去，你只要在停车场的Coors站牌那里等就可以了。参观结束之后，小巴士会把所有参观者再送到停车场。

Part8 丹佛
丹佛市区
04
·市中心公园·

市中心公园（**Downtown Park**）是丹佛的文化和政治中心，这里有装饰豪华的科罗拉多州议会大厦、科罗拉多州历史博物馆、丹佛美术馆。此外，这里还有一个大型的水景广场、一座连接着第16商业街的桥梁。这里的所有建筑都带有李贝斯金德设计的丹佛博物馆扩建工程的独特风格。公园保留了历史特色，例如：雕塑和步行道极具历史的厚重感。

旅游资讯

Downtown, Denver

乘坐公交车9、20、52路至Broadway & W 14th Ave.站下车即可

全天开放

Part8 丹佛
丹佛市区
05
·科罗拉多大学·

科罗拉多大学（**University of Colorado**）是美国落基山地区的名校之一，校园内部环境十分优美。你可以免费进入这所大学参观，感受一下这里的校园氛围。每一所大学都有它独特的魅力，在这所大学，你会有新奇的发现。

旅游资讯

Colorado, Boulder

乘坐公交车209路至Colorado Ave. & Folsom St.站下车后步行前往即可

Part8 丹佛
丹佛市区
06
·市政厅金顶大厦·

市政厅金顶大厦（**Denver City Hall**）是一座非常壮观的建筑，值得一览。白天，在阳光的照耀下，大厦金光闪闪。夜晚，大厦更加迷人。周一至周五可以免费进入大厦参观。大厦内部充满欧式风情，雕像、扶手、大灯、屋顶、门、洗手盆都是金色的，相当奢华。

旅游资讯

1144 Broadway, Denver, CO 80203

303-8322383

乘坐公交车6路至Lincoln St. & 11th Ave.下车后步行前往即可

coclubs.com

百事中心（**Pepsi Center**）是NBA丹佛掘金队、NHL（冰球）科罗拉多雪崩队和长曲棍球的主场，其实就是一个体育场。如果你是一个篮球、冰球或者长曲棍球的爱好者，那么一定要来这里看一场比赛。

Part8 丹佛 丹佛市区

07 •百事中心•

旅游资讯

1000 Chopper Cir,Denver,CO 80204

303-4051100

乘坐公交车1、20路至Auraria Pkwy & 9th St.下车后步行前往即可

@ www.pepsicenter.com

丹佛艺术博物馆（**Denver Art Museum**）珍藏着亚洲艺术品、欧洲艺术品等，所有馆藏都有很高的艺术价值。汉代的陶器、唐朝的三彩陶瓷、清朝的服饰玉器以及齐白石、张大千、程十发等艺术家的真迹画作都可以在这里看到。博物馆的外观有着现代艺术特色，就像一件精雕细琢的艺术品，就算只在外面欣赏一下建筑也挺好的。若要进入内部，就需要买票。

Part8 丹佛 丹佛市区

08 •丹佛艺术博物馆•

旅游资讯

100 W 14th Ave. Pkwy,Denver,CO 80204

720-8655000

乘坐公交车9、52路至W 13th Ave. & Broadway下车后步行前往即可

@ denverartmuseum.org

零元游丹佛周边

Part8 丹佛
丹佛周边

1 ·众神花园·

众神花园（**Garden of the Gods**）位于科罗拉多斯普林斯，因一片形状非常奇特的岩石而著称。在这里，红色砂岩、石灰岩、砾岩经过千万年的风化作用，形成了如今的奇景。园内最有趣的景观当属“骆驼之吻”，因两座山像两只正在亲吻的骆驼而得名。由于这个花园是免费开放的，因此很多人会来这里散步、攀岩。这个花园一年四季的风景都很美，因此你可以选择在任何时间来这里游览。在夏季的时候，你可以来这里体验攀岩的乐趣。

旅游资讯

1805 N 30th St., Colorado Springs, CO 80904

建议自驾前往

@ Gardenofgods.com

甘尼逊黑峡谷国家公园（**Black Canyon of the Gunnison**）与大峡谷国家公园一样以峡谷而闻名，但两者完全不同。甘尼逊黑峡谷没有大峡谷宽，也没大峡谷深，更没有大峡谷的广阔，但它却有着大峡谷没有的幽深与磅礴气势。甘尼逊黑峡谷的壮观在于“窄”，其两边的谷壁近乎垂直，极度高险，这使穿过峡谷的甘尼逊河显得格外湍急。另外，甘尼逊黑峡谷的岩石是最坚硬的粗花岗岩，这使它看着更具有力量感，令人很难想象最柔软的水是如何造就这样的奇观的。

Part8 丹佛
丹佛周边
2
·甘尼逊黑峡谷国家公园·

旅游资讯

10346 Colorado 347, Montrose, CO 81401（南缘游客中心）；G74 Road, Crawford, CO 81415（北缘游客中心）

需自驾前往

弗德台地国家公园（**Mesa Verde National Park**）是美国唯一一个保护人文遗迹的国家公园，也是美国最著名的一个历史保护点。其所在的地方曾是古印第安人生活的地方，他们一开始在地上挖洞居住，后来逐渐在峡谷内建造了现在的建筑——壁屋。它是至今存留的少有的古老印第安人遗迹，反映出了其700年前的文化历史。相传，这些壁屋使用了近百年之久，但后来印第安人神秘搬离了此地。

这片遗迹有超过4000个古迹遗址、600多间壁屋，但被发掘的很少，加上自然的侵蚀与先前人为的破坏，这里已经十分脆弱。所以，参观公园的时候必须要有公园管理员的带领，你仍可以参观超过20个景点，包括700年前的壁屋以及更加久远的地窖屋。你可以免费走到悬崖下自行参观房屋（不能进入），也可以在游客中心买票参加导览的行程，跟着管理员在房屋内爬上爬下。

Part8 丹佛
丹佛周边
3
·弗德台地国家公园·

旅游资讯

34979 U.S.160, Mancos, CO 81328

需自驾前往

11999 Colorado 150,Mosca,CO 81146

需自驾前往

在草地与雪山之间出现一片沙丘会是什么样的风景，想知道的话就来**大沙丘国家公园**（**Great Sand Dunes National Park**）。相比奇特的风景，沙丘的来源要更具有神秘性，它就像从天而降一般，令人不解。其实，在公园所在的平原上，曾有过一次威力超强的火山爆发，山体的碎石与岩浆沉积形成了大沙丘周围的山脉，后来又因地壳运动形成大沙丘所在的盆地。之后的盆地开始聚集周围山脉融化的雪水，最后形成湖泊，数年后湖泊干涸，湖底的砂质在风力的作用下才形成了今天的沙丘。

大沙丘国家公园是美国最年轻的国家公园之一，它在 2004 年才从国家保护区（National Monument）升级为国家公园。目前，公园内能从事的活动不多，主要就是徒步，往沙丘的深处和高处走，如果带上纸板之类的，爬到顶部就可以滑下来，也是不错的娱乐项目。另外，每年的春天到初夏期间，山上的雪融化会在沙丘旁形成一条小溪，那时才是沙丘最好玩的时候，小溪大约到七月份左右就会消失。

Taos,NW

乘船沿里奥格兰德河前行可到

陶斯是一个艺术家集中之地，也是一个古色古香的土镇，大部分的建筑都是以土黄色为主、用泥砖建成，就好像是一个印第安人的部落一样，所有建筑的门前都会挂着一串串红辣椒。这个小镇虽然小，但却是一个艺术家的聚集地，吸引了许多好莱坞明星及富豪来到这里度假、置业，因此这里逐渐地成为一个繁荣的艺术之都。

陶斯印第安村（**Pueblode Taos**）建于 16 世纪初，这是用石块和泥砖建成的村落。1992 年，它被列入世界文化遗产的名单中，成为美国历史演化的一个片段写照，同时也是至今保存最完美的一个土著部落。部落的建筑大多采用了欧洲建筑的风格，有壁炉、外层大门和多用途的窗户，成为美洲史前时期建筑风格和谐统一的典型代表。

夏延（**Cheyenne**）是怀俄明州的首府，一个很有风韵的城镇，每年都会举办牛仔大赛。想要了解夏延的历史并探索西部牛仔的生活方式，可以前往夏延西部历史博物馆（Cheyenne Frontier Days Old West Museum），馆内展示有仿古马车、货车以及早期的汽车。在怀俄明州立博物馆（Wyoming State Museum）里可以看到怀俄明州和落基山人民生活的文物。

在夏延与其西边的拉勒米（Laramie）小镇之间有一条欢乐杰克小路（Happy Jack Road），即210号公路。这条路上的草原风光绝佳，是骑行爱好者的乐园，有机会的话不妨试试。

4610 Carey Avenue, Cheyenne, WY 82001（夏延西部历史博物馆）；2301 Central Avenue, Cheyenne, WY 82001（怀俄明州立博物馆）

需自驾前往

拉勒米堡国家历史遗迹（**Fort Laramie National Historic Site**）所在的地方曾是一个皮毛交易点，属印第安苏族控制的领域。随着西进运动的展开，这里发展成为繁忙的市镇，逐渐成为众多移民的歇脚点。后来，军方买下了这片土地作为军事据点，十足的安全性吸引了越来越多的人，于是逐渐有了酒吧和旅馆。但随着铁路的建设与开通，来这里的人越来越少，最后变成了军营。在与印第安人的战争结束后，军队也开始撤离，拉勒米堡迎来了荒芜的岁月，以至于成为今天的国家历史纪念地。如今在遗迹区，你可以看到残破的建筑遗迹、复原的大篷车（西进运动中重要的交通工具）、兵营、教堂遗址等。

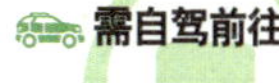

965 Gray Rocks Rd.,Fort Laramie,WY 82212

丹佛·旅游资讯

交通

飞机

丹佛国际机场（Denver International Airport）距离丹佛市中心有近 40 公里的路程，主营国内、地区和国际定期的航线。机场内有 AT&T 提供的 Wi-Fi 无线网络设施，航站楼之间有行人天桥连接。

从机场到市区的交通		
交通方式	费用	备注
机场巴士	巴士约 20 美元 / 人，轿车约 65 美元以上	乘坐机场巴士或轿车可以到达市内及周边的各个地方，还能直达一些酒店
skyRide 公交车	6 ~ 10 美元	在航站西侧 506 号门和东侧 511 号门之外乘车，可到达丹佛市区的商业街站
出租车	约 50 美元	在杰普逊航站五楼的行李领取大厅外叫车，到市区约 35 分钟

火车

美国的全国性客运铁路系统美铁（Amtrak）提供来往于芝加哥和加州 Emeryville（位于旧金山近郊）之间的加州微风号（California Zephyr）火车服务，丹佛联合车站就是其中段重要车站。另外，还有 Denver and Rio Grande Western Railroad 运作的滑雪火车（Ski Train），来往于丹佛和冬季公园滑雪度假村，乘坐这种滑雪火车去冬季公园滑雪度假村还是挺方便的。

丹佛联合车站			
英文名称	地址	电话	简介
Denver Union Station	1701 Wynkoop St.,Denver, CO 80202	800-8727245	这是丹佛历史悠久的火车站，设立于 1881 年

在丹佛，可以选择公交车、轻轨、长途巴士以及出租车等多种交通方式出行。如果需要出租车，最好提前打电话预订。如果住在市区的酒店，可以徒步游览市中心。

丹佛市内交通		
交通方式	**票价**	**运营时间**
公交车	每人每次收费 1.5 美元（5 岁及以下儿童免费）	周一至周日：06:00 ~ 23:00
轻轨	每人每次 1.5 美元，伤残人士持 RTD 卡可打折扣	周一至周日：06:00 ~ 23:00
长途巴士	每人每次 4 美元（快速线路）；每人每次 5 美元（区域线路）	24 小时
出租车	起步价是 2.5 美元 /1.6 公里，之后每增加 1.6 公里收取 2.25 美元，如果乘客要求等待或者道路拥堵，每一分钟收取 0.375 美元	24 小时

美食

在丹佛，吃牛排是一种非常棒的体验。这里的牛排店较多，每一家店都能满足你的味蕾。在这里，除了牛排你可以找到其他各种美食，包括比萨、螃蟹、芝士蛋糕等。

丹佛美食餐厅推荐

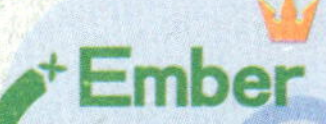

Ember

106 E Adams Ave Breckenridge,CO 80424

Ember是一家越南风味餐厅，提供印度面包、扇贝、南瓜汤、螃蟹、酿辣椒等，这些食物都十分美味。另外，这里还提供口感非常好的鸡尾酒，一边品尝美食，一边享用美酒，十分惬意。

Fruition Restaurant

1313 E.6th Avenue Denver,CO 80218

303-8311962

Fruition Restaurant提供煎鲈鱼、鸡油菌蘑菇、甜玉米、茄子、扇贝、牛肉等美食，价格亲民，服务周到。餐厅的葡萄酒口感很好，喝一口，回味无穷。餐厅有着良好的用餐氛围，在这里用餐会很轻松。

Rioja

1431 Larimer Street Denver,CO 80202

Rioja提供香甜多汁的扇贝，这里的主菜和开胃菜做得很棒。冬海汤、碎核桃、羊肉里脊、无花果、香炸奶酪卷、橙色味布丁、甜菜、山羊奶酪沙拉等都是不容错过的食物。这里的鸡尾酒味道香醇，可以搭配食物一起享用。

Root Down

1600 W 33rd Ave., Denver,CO 80211

303-9934200

Root Down提供健康、新鲜的食物，味道非常好。餐厅有着良好的用餐氛围，人们在用餐时会感觉到舒适。这里的杏仁煎饼值得品尝，价格合理。除此之外，牛肉、鱼、豆腐、甜菜沙拉、山羊奶酪切片、地瓜薯条、铁板牛排、巧克力冰糕、萝卜沙拉等都是不容错过的美食。

Izakaya Den

1487A S Pearl St.,Denver,CO 80210

303-7770691

Izakaya Den是一家寿司餐厅，这里的鱼和寿司都非常好吃。餐厅内的装饰十分精美，服务周到。来这家餐厅用餐，品尝特色菜肴和美酒，十分惬意。

Snooze an AM Eatery

1701 Wynkoop St.,suite 150, Northwest, Denver,CO 80202

303-8253536

Snooze an AM Eatery提供丰富的早餐，培根、蛋糕、煎饼等味道都非常好。这家餐厅的服务员态度很好，餐厅的氛围很棒。在这里用餐时，你可以一边品尝美食一边欣赏窗外的美景。咖啡细腻香醇，可以搭配土豆煎饼一起享用。

住宿

在丹佛游玩，星级酒店是入住的上好选择，这样的酒店一般都提供宽敞的房间、一流的会议设施以及装修精美的酒吧。

丹佛酒店推荐			
名称	地址	电话	网址
盖瑟斯堡酒店 SpringHill Suites Denver Downtown	1190 Auraria Pkwy, Denver, CO 80204	303-7057300	www.marriott.com
希尔顿大使酒店 Embassy Suites by Hilton Denver Downtown Convention Center	1420 Stout St.,Denver, CO 80202	303-5921000	embassysuites3.hilton.com
汉普顿套房酒店 Hampton Inn & Suites Denver-Downtown	1845 Sherman St., Denver, CO 80203	303-8648000	hamptoninn3.hilton.com
丹佛皇冠假日酒店 Crowne Plaza Denver	1450 Glenarm Pl., Denver, CO 80202	303-5731450	www.ihg .com
丹佛华美达酒店 Ramada Denver Downtown	1150 E Colfax Ave., Denver, CO 80218	303-8317700	www.ramada .com

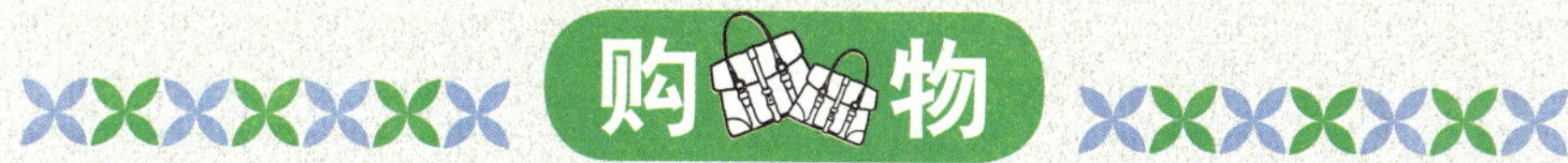

在丹佛，你可以买到草原裙、牛仔裤、丝巾、防尘外衣等各种服饰。虽然丹佛的购物地不如纽约等大城市的多，但是在这里你还是能淘到一些宝贝的。

丹佛购物地推荐		
名称	地址	特色
16th Street Mall	16th St.,Denver,CO,80202	这条街上有许多商店、餐厅，还有电影院
Nordstrom	2810 E 1st Ave.,Denver,CO	这是一个大型购物中心，里面的商品齐全，品牌多
Hue-Man Experience	911 Park Ave West,Denver,CO,80205	在这里可以买到各种各样的商品，衣服、鞋子、皮包等，应有尽有
Winter Session	2952 Welton Street Denver,CO 80205	这是一家以贩卖、制作皮革品为主的店铺

Part 9 旧金山

无需门票，体验旧金山"心"玩法

Part9 旧金山
旧金山市区

1 · 别轻易错过免费节庆 ·

旧金山节庆			
节庆名称	时间	举办地	简介
旧金山美食节	每年 1 月和 6 月	旧金山市内	届时，会有 100 多家旧金山的餐厅为游客提供味美价廉的旧金山美食
中国新年游行	农历春节（06:00 ~ 20:00）	旧金山市内	届时，会有许多活动，包括具有中国元素的舞狮，许多中国文化组织都会出现在游行队伍里面
圣帕特里克节游行	3 月 17 日	旧金山市内	这是来自于爱尔兰文化的节日，届时，很多人会穿上绿色的衣服上街
墨西哥独立纪念日	5 月 5 日	旧金山市内	届时，在教会区有纪念游行
旧金山犹太人电影节	8 月初	旧金山市内	犹太人电影节是一个不容错过的节庆。届时，会有许多有意思的活动

Part9 旧金山
旧金山市区

2·在公共场所使用免费 Wi–Fi·

在旧金山游玩期间，使用免费网络可以畅游全市。旧金山市内的30多个公共场所都提供免费Wi–Fi网络，包括阿拉莫广场（Alamo Square）、巴波亚公园（Balboa Park）、联合广场（Union Square）、中国娱乐中心（Chinese Recreation Center）、亨廷顿公园（Huntington Park）等。在旧金山，只要搜索“#sfwifi”，即可使用高速无线网络。

Part9 旧金山
旧金山市区

3·在游客信息中心获取免费信息·

旧金山游客信息中心		
名称	地址	开放时间
旧金山游客中心（Tourist information of SF）	900 Market Street, Hallidie 广场下层（位于 Market& Powell 交界）	5月至10月的周一至周五09:00 ~ 17:00，周末及节假日09:00 ~ 15:00；11月至次年4月的周一至周五09:00 ~ 17:00，周六09:00 ~ 15:00；周日、感恩节、圣诞节、新年元旦关门
Visitor information Center at Macy's Union Square	170 O'Farrell St.	周一至周六10:00 ~ 21:00，周日11:00 ~ 19:00

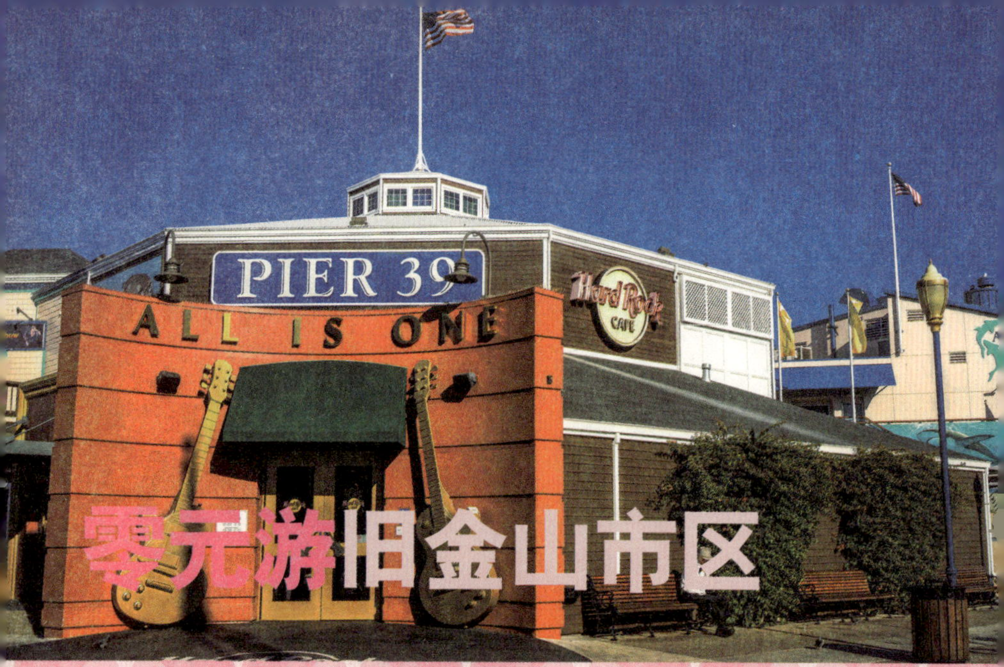

零元游旧金山市区

Part9 旧金山
旧金山市区

1 ·联合广场·

联合广场（**Union Square of SF**）位于邮政街、史塔克顿街、基立街和鲍尔街之间，这里经常举行画展，时常有跳蚤市场，活动期间有漆成紫色的女乞丐、绿色的妖婆和橘红色的精灵来凑热闹，加上广场周围名店云集，所以这里成为了当地人聚集的地方。广场周围的圣法兰西斯大酒店历史悠久，建筑外观壮丽。

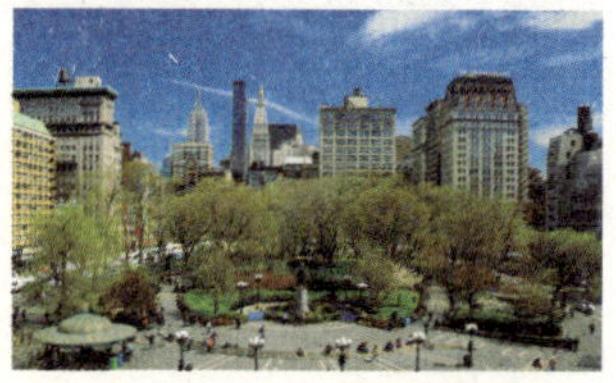

旅游资讯

Union Square, San Francisco, CA 94108

乘坐21、27、30路巴士至联合广场附近街口下车即可

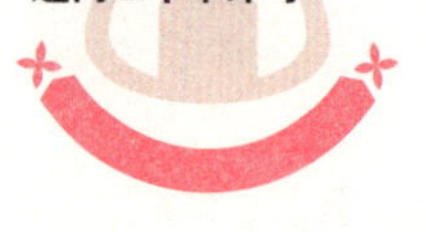

不要门票也能 High

广场旁的“圣法兰西斯大酒店”历史悠久，建筑壮丽，曾在许多好莱坞电影中露过面，也曾招待过许多知名人士，如英国女王、麦克·阿瑟将军、马丁·路德·金、约翰·肯尼迪总统、秀兰·邓波儿和英格丽·褒曼等，这家酒店不但房间古雅舒适，而且服务员亲切有礼，今天的它已经不只是一家旅馆，而且已晋升为旧金山的地标之一了。

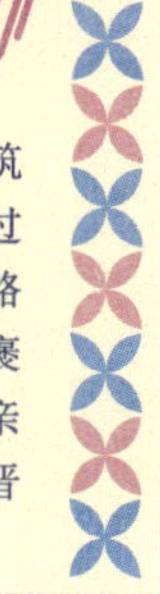

渔人码头（**Fisherman's Wharf**）过去曾是意大利渔夫的停泊码头，如今已是旧金山最热门的去处，终年热闹非凡，很多游客都会到这里享受一顿新鲜美味的海产宴。渔人码头的标志是一个画有大螃蟹的圆形广告牌，找到了“大螃蟹”，也就到了旧金山品尝海鲜的首选地点——渔人码头。在码头附近还有海洋公园博物馆等值得游览。

不要门票也能 High

到渔人码头，第一件要做的事自然是吃。螃蟹是这里最多见、最出名的海产，尤其是 11 月至次年 6 月的丹金尼斯大海蟹（dungeness crab），搭配法式酸面包同吃，是渔人码头的地道美味。一路吃过海鲜摊档的同时，还可顺带参观渔人码头的几大景点。

39 号是渔人码头一带最热闹的地方，这儿的露天广场上聚集各种街头艺人，开心之余不要忘记放小费哦。39 号码头的水底世界（underwater world）有各种水生动物，可从自动步道观赏头顶玻璃之上的海洋世界。不过 39 号码头最有名的，就是中午常常可以看到的海豹晒太阳，成群的海豹趴在石头和专置的木板上，它们可是渔人码头最闪耀的明星。

Part9 旧金山
旧金山市区
2
·渔人码头·

旅游资讯

Pier 39 Con-course #2, San Francisco, CA 94133

乘坐 9、15、25、30、32、39、42、45 路公交可到，也可以乘坐鲍威尔－梅森线、鲍威尔－海德线缆车到达

北滩（**North Beach**）有许多意裔移民居住，能让人感受到旧金山式的意大利风情。早上的北滩非常安静，但中午过后，这里就渐渐热闹起来，黄昏以后，就是北滩最热闹的时候，很多酒吧、夜总会在夜色中流光溢彩，吸引着过路的行人。在北滩，白天可以坐在咖啡厅或餐厅的露天座位上，享受咖啡、意大利面和蛋糕，晚上可以在酒吧尽情放纵。

Part9 旧金山
旧金山市区
3
·北滩·

旅游资讯

NorthEast of San Francisco

乘坐公交 15、30 路可到

不要门票也能 High

在北滩，到处是意大利餐馆，虽然没有国内的餐馆夸张豪华，但各有风味。Rose Pistolat 餐馆在北滩赫赫有名，以前的老板兼厨师 Reed Hearon 在旧金山餐饮界可谓是大名鼎鼎，另外还开了两家 LULU 和墨西哥餐馆 Cafe Marimba 也非常有名。一边吃，一边看大厨的高超手艺，是来这里的一个特色。这里的炭烤比萨口碑最好，也是许多人的最爱。这里的饭后甜点巧克力布丁蛋糕(Chocolate Budino Cake)，被评为全世界 80 种最佳点心。这里周末 21:30 开始有爵士乐演奏，是夜猫子流连北岸区的一个落脚地。

Part9 旧金山

旧金山市区

4

·九曲花街·

从浪巴街到利文街这一段是一个大下坡，即**九曲花街**（**Lombardx Street**）。市政当局为了防止交通事故，特意修筑花坛，车行至此，只能盘旋而下，时速不得超过 8 公里，因此有“世界上最弯曲的街道”之称。现在，车道两边的花坛里种满了玫瑰，街

两边家家户户也都在门口养花种草，花开时节，远远望去，犹如一幅斜挂着的绒绣，非常漂亮。而早晚在这里散步，也是一件浪漫的事情。

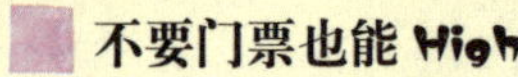

不要门票也能 High

九曲花街很长，有 8 个急转弯，因为有 40° 的斜坡，且弯曲像“Z”字形，所以车子只能往下单行。来到旧金山，游客大多要来这里考验一下自己的驾驶技术。在花街高处还可远眺海湾大桥和科伊特塔，如不开车，可顺着花街两旁的人行步道，欣赏美丽景色。

旅游资讯

Lombard Street between Hyde and Leavenworth Streets, San Francisco, CA 94109

乘坐铛铛车 Powell-Hyde 至 Hyde St. & Lombard St. 站下车即可

·金门大桥·

金门大桥（**Golden Gate Bridge**）是世界著名大桥之一，被誉为近代桥梁工程的一项奇迹。大桥长达2780米，两端有两座高达227米的塔，黄色的桥梁两端矗立着钢柱，用粗钢索相连，钢索中点下垂，几乎接近桥身，钢索和桥身用一根根细钢绳连接起来，使桥显得朴素无华而又雄伟壮观，为了纪念设计者史特劳斯，人们把他的铜像安放在桥畔。《猩球崛起》《X战警》等美国大片均在此取景拍摄。

旅游资讯

Golden Gate Bridge, San Francisco, CA 94129

乘坐公交车2、4、8、10、18、24路至Golden Gate Bridge Toll Plaza站下车即可

·旧金山艺术宫·

旧金山艺术宫（**Palace of Fine Arts**）始建于1915年，在1962年被重新设计装修。如今，这里是个免费参观的景点。天气晴朗的时候，来这里参观，你可以在艺术宫门前看到天鹅在水塘中戏水。在艺术宫内部，你还有机会看到卧倒在地的摄影师。

改建后的艺术宫沿袭了古典的风格，极其精美，吸引着许多摄影爱好者前来拍摄。艺术宫内的每根玫瑰红石柱上都有低头垂泪的仙女雕塑，仙女用泪水浇灌藤蔓，期望藤蔓生长茂盛，覆盖她们的身体。

旅游资讯

3301 Lyon St., San Francisco, CA 94123

乘坐30/30X至Broderick St. & North Point St.站下车后步行前往即可

•旧金山唐人街•

旧金山唐人街（**Chinatown San Francisco**）绝对是一个不容错过的免费游玩之地。这个唐人街有着浓厚的中国气息，随处可见飞檐画壁、中文牌匾以及讲中文的华人。唐人街有两条主要街道，一条是都板街，另外一条是市德顿街。如今，这个唐人街依然保留着中国农历新年的传统。每逢新年，唐人街上会搭起粤剧戏台，各个商铺开始出售年货。在过春节的时候，如果你恰巧在旧金山，那么不妨来唐人街感受一下浓厚的年味。

旅游资讯

Grant Ave.,San Francisco,CA 94108

乘坐铛铛车 California 线在 California St. & Stockton St. 站下车即可

•双子峰•

双子峰（**Twin Peaks**）是旧金山的最高点，海拔约 281 米，是旧金山境内唯一保留的天然山丘。在双子峰，你能以 360 度视角俯瞰旧金山美景。当夜色降临，华灯初上，在这里，你可以眺望远处的灯火。要登上双子峰的山顶，需要走山路。山顶分为两部分，站在北边的山顶可以看到金门大桥。有意思的是，北边山顶上有一排观测望远镜，只要你投硬币，就可以通过望远镜看到远处清晰的风景。

若自驾前往双子峰，车子可以开到山顶的停车场，然后需要步行爬过一段土路到达山顶。需要注意的是，在山上难以找到卫生间，如果你要在山上长时间逗留，那么需要提前做好准备。另外，山上的气温相对较低，而且风也很大，因此你最好随身携带一件外套。

旅游资讯

501 Twin Peaks Blvd.,San Francisco,CA 94114

乘坐公交车 37 路至 Twin Peaks 站下车即可

金门公园（Golden Gate Park）是旧金山的城市绿地公园，就像纽约的中央公园一样。开放式的公园建设，几乎贯穿了旧金山市区的几十条街道。整个公园由多条步行道和各种小型公园组成，是旧金山的一个“世外桃源”。金门公园面积非常大，内部景观很漂亮。当地的很多人会来这里散步、慢跑，这里的确是个休闲的绝佳之地。

旅游资讯

Park Headquarters, 501 Stanyan St., San Francisco, CA 94117

乘坐公交车21、33路至Stanyan St.& Hayes St.站下车

05:00～24:00

不要门票也能High

到金门公园游玩，你可以充分放松自己，体验休闲的乐趣。除了免费在公园内散步之外，你还可以在科技馆的旁边租一辆自行车，在公园内骑行，十分惬意。园内有许多免费的停车位，因此停车十分方便。需要注意的是，金门公园免费开放，但是里面的部分游乐项目需要付费。

Part9 旧金山
旧金山市区
10
·旧金山市政厅·

旧金山市政厅（San Francisco City Hall）是一座美丽的建筑，就像一件精致的艺术品。在市政厅的入口，摆放着法国艺术家创作的雕塑作品。其内部四周墙上有精美的石雕，惟妙惟肖。2楼为市长的办公室，办公室门口有两座半身人像。进入财税管理办公室参观，你可以拍照，但不能大声喧哗。市政厅门前的大道上伫立着一尊雕像，值得参观。

旅游资讯

1 Dr. Carlton B Goodlett Place, San Francisco, CA 94102

乘坐公交车10、70、92路至McAllister St. & Polk St.站下车即可

周一至周五08:00～20:00(周六、周日以及法定节假日休息)

Part9 旧金山
旧金山市区

11 ·阿拉莫广场·

旅游资讯

Steiner St. & Hayes St.,San Francisco,CA 94115

乘坐公交21路至Hayes St. & Pierce St. 站下车即可

阿拉莫广场（**Alamo Square**）位于旧金山的一块高地上，是一个免费游玩之地。广场周围是整齐的街区，广场中心被绿色的草坪覆盖。在这里，百年松柏树被石块砌的护坡墙围绕着。广场东侧有一排被称为“彩绘仕女”（Painted Ladies）的6栋维多利亚式住宅，十分有特色。

不要门票也能 High

阿拉莫广场是一个可以放松身心的地方，在这里，你可以放慢节奏。坐在草坪上看一看四周的风景或者躺在草坪上晒太阳都是不错的选择。另外，你还可以和家人、好友在广场的草坪上野餐，一边享用美食一边欣赏风景。

Part9 旧金山
旧金山市区

12 ·泛美金字塔·

旅游资讯

600 Montgomery St.,San Francisco, CA 94111

乘坐公交车41路至Washington St.& Sansome St. 站下车即可

泛美金字塔（**Transamerica Pyramid**）是旧金山的一座摩天大楼，高260米，共有48层。大楼很前卫，充满艺术感。有意思的是，每逢感恩节、美国独立日以及国定假日，泛美金字塔的楼顶就会射出一道白光。就算只在外面看一看泛美金字塔的外观，也是一种很棒的体验。目前，泛美金字塔以办公为主，参观者不可以进入内部。

Part9 旧金山 旧金山市区

13 ·电报山·

电报山（**Telegraph Hill**）的名字听上去像是“一座山”，其实这只是旧金山的一个街区而已，是住宅区。在电报山的顶部，矗立着著名的柯伊特塔，这个塔是欣赏旧金山风光的绝佳之地。当夜幕降临，在灯光的照耀下，柯伊特塔金光闪闪，塔与电报山相互映衬，形成至美的夜空美景。电报山的环境相当好，免费来这里参观，你一定能大有所获。

旅游资讯

Lombard Street at Kearny St.,North Beach,San Francisco

乘坐公交车39路至Coit Tower站下车即可

Part9 旧金山 旧金山市区

14 ·诺布山·

诺布山（**Nob Hill**）是旧金山市区内最高的一座山丘，同时也是富有贵族气息的街区。这里的大楼高耸入云，建筑外观精美华丽。漫步于街道上，你有机会看到各种名车。总体来说，这个地方有着富贵的气质。乘坐铛铛车游览诺布山是一种简便的方式，坐在车内，欣赏沿途的风景，十分惬意。

旅游资讯

Nob Hill,San Francisco,CA 94109

乘坐公交车27、30、45路至诺布山地区即可

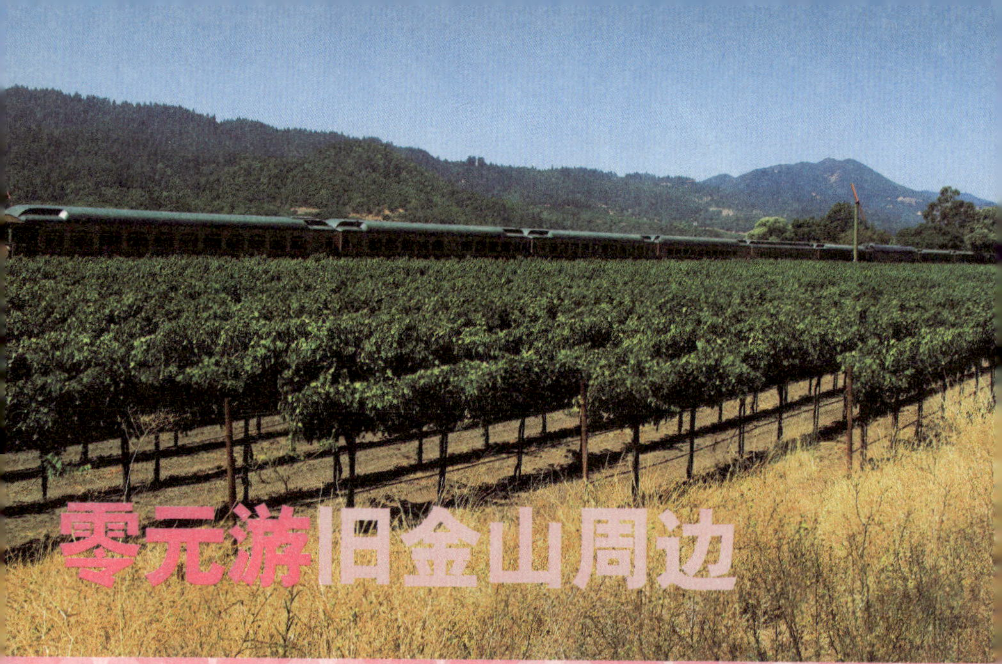

零元游旧金山周边

Part8 旧金山
旧金山周边

1

• Bonita 角灯塔 •

Bonita 角灯塔（**Point Bonita Lighthouse**）是旧金山附近一座美丽的灯塔，这是为了防止船只在浓雾中迷航而修建的。该灯塔有着 130 多年的历史，高 50 多米。灯塔顶部的菲涅尔透镜由 1008 块玻璃组成，其发出的光线可以使 40 多公里以外的船只看见，灯光每 10 秒旋转一周。灯塔及其附近的设施都是白色的，看起来很圣洁。灯塔免费向游客开放，你可以近距离参观，但不能登塔。这里有一个介绍美国灯塔的小展览馆，值得看一看。

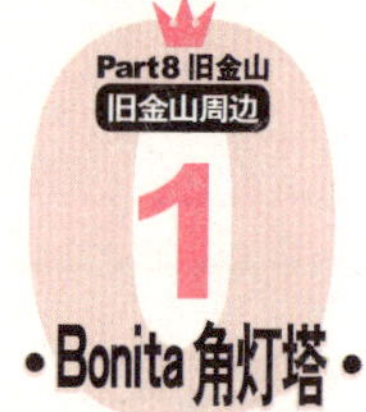

旅游资讯

Fort Barry, Building 948, Sausalito, CA 94965

建议自驾前往

周六至下周一 12:30 ~ 15:30，周二至周五休息，开放时间可能因季节略有不同，建议提前到官网查询

@ www.nps.gov

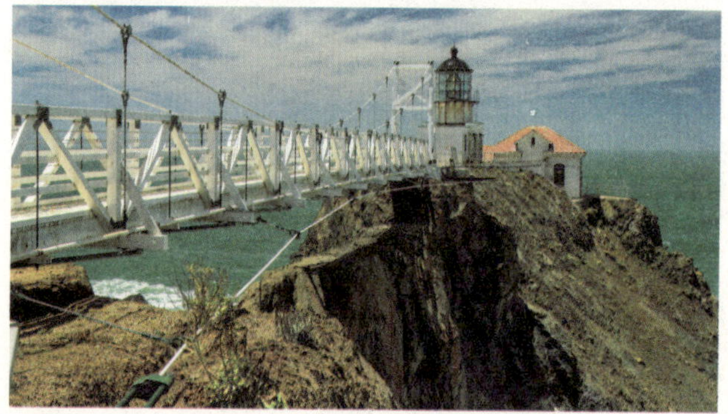

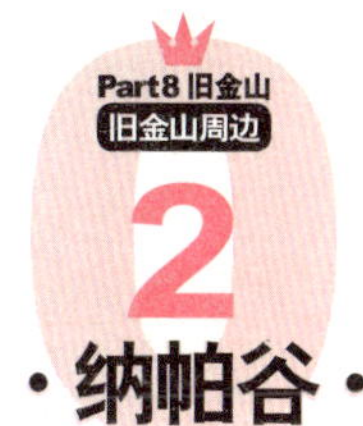

·纳帕谷·

旅游资讯

Napa Valley, Napa County, CA

建议自驾前往

纳帕谷（**Napa Valley**）位于旧金山以北，这里因生产精良的葡萄酒而出名。如今，逛酒庄已经成为当地的一种旅游方式。如果你对逛酒庄感兴趣，不妨自驾前往纳帕谷。来到纳帕谷，你不仅能品尝地道的葡萄酒，还能参观红白葡萄酒的储存区，这是非常有趣的体验。在每周四的晚上，街上热闹非凡，有人唱歌、有人现场表演厨艺、有人卖小吃。

在纳帕谷，除了常规酒庄之外，还有许多知名的大牌酒庄，例如：卡布瑞酒窖、鹿跃酒窖、香桐酒庄、卡内罗斯酒庄、鸿宁酒庄等，这些酒庄都值得参观。需要注意的是，到纳帕谷参观是免费的，但是体验酒庄内部的相关项目就需要交费。

在纳帕谷，有一种独特游览酒庄的方式，即乘坐Wine Train。Wine Train并不是一种普通的火车，而是一辆行驶在纳帕谷腹地的古董火车餐厅，有两个火车头，内部有3个车上厨房。你可以坐在充满贵族气息的老式火车包厢里，享受美酒佳肴。乘坐这种独具特色的火车，穿行于纳帕山谷中，是一种浪漫的体验。登录官网winetrain.com，即可了解更多关于Wine Train的信息。

Part8 旧金山
旧金山周边
3

·太浩湖·

旅游资讯

Lake Tahoe, Carson City, CA 96156

建议自驾前往

太浩湖（**Lake Tahoe**）是一个美丽的高原湖泊，湖水十分清澈，呈现出湛蓝色。因为湖中之水为雪山融水，所以夏天湖水也是冰凉的，因此不建议下水游泳。夏天，你可以在湖上划独木舟。冬天，你可以在湖上滑雪。就算只是站在湖边欣赏风景，也是一种很棒的体验。

Part8 旧金山
旧金山周边

4 ·红杉树国家公园·

红杉树国家公园（Redwood National Park）是一个免费开放的景点，位于美国西部加利福尼亚州西北的太平洋沿岸。在1980年，红杉树国家公园被联合国教科文组织列入《世界遗产名录》。园内有世界上最高大的植物——可长到350英尺（106.68米）的红杉树，拥有世界上现存面积最大的红杉树林。来到这个公园，漫步于世界上最古老的森林，感受红杉树林的层林尽染，是非常难得的体验。

旅游资讯

Redwood National Park,CA

具体开放时间会根据季节调整，以官网为准

@ www.nps.gov

Part8 旧金山
旧金山周边

5 ·情人角公园·

情人角公园（Lovers Point）位于蒙特雷西北角，这是一个开放式的景点。在这里，湛蓝的大海碧波荡漾，青翠的草坪簇拥着繁花。飞舞的浪花、成群的海鸥、蔚蓝的天空，这一切勾勒出一道亮丽的风景线。来到这里，你可以漫步于沙滩上、在小径上奔跑，还可以坐在木质长椅上。这个浪漫至极的地方十分吸引人，如果你感兴趣的话，不妨和好友来此游览。

旅游资讯

630 Ocean View Blvd.,Pacific Grove,CA 93950

乘坐公交车1路至Ocean View/Recreation Trail站下车后步行前往即可

全天开放

Part8 旧金山
旧金山周边

6 ·卡梅尔·

卡梅尔（Carmel）是一个较为富裕的旅游胜地。镇上不仅商店、画廊云集，还拥有壮美的海滩，此外也有很多文化盛事，如巴赫音乐节。离城镇不远的卡梅尔传教所是加州21座传教所中最重要的一所，由加州传教之父胡尼佩罗·塞拉建立，建筑是哥特式尖拱，装饰华丽，是所有传

旅游资讯

Carmel Beach,Carmel,CA 93923

建议自驾前往

全天开放

@ www.seemonterey.com

教所中最出色的。

卡梅尔的滨海大道（Ocean Avenue）以及周边小巷的店面是游客必到之地，滨海大道上全是商店，珠宝店、古董店、艺术品店、服饰店、画廊、餐馆等等，每一家商店从外形到商品都独具风格，让人流连忘返。看似此路不通的羊肠小巷，却有着非常低调又给人惊喜的小店。如果只为到此一游，顺便选选东西，两三个小时便可逛完。若要领略它的精髓，并挨间挨铺细细逛、慢慢品，可能一整天都不够用。

从卡梅尔小镇的主街走到底就是卡梅尔海滩（Carmel Beach），这个海滩是冲浪及游泳爱好者的乐园。沙滩白而细腻，很多人喜欢在上面嬉戏、野餐。海滩边有停车场，如果自驾来这里游玩，还可以免费停车。

大苏尔（**Big Sur**）是美国《国家地理杂志》评选出的人生50个应去的地方之一，它本身是美国一号公路的其中一段，但这段路是盘山海岸线，峰回路转、景色绝美。这里海深浪大，怪石嶙峋，有很多种珍稀动、植物栖息或生长在此处。沿途的7个州立公园为游客提供了良好的户外休闲场地，是徒步、垂钓、冲浪、骑车及野营爱好者的天堂。

旅游资讯

加利福尼亚州1号公路

Part8 旧金山
旧金山周边

8
·赫斯特城堡·

旅游资讯

加利福尼亚州赫斯特城堡路 750 号

赫斯特城堡（**Hearst Castle**）是加州最豪华的城堡，它的主人威廉·伦道夫·赫斯特是美国 20 世纪二三十年代的传媒业大亨。城堡修建在山顶上，历时 28 年才完工，极尽奢华之能事，湛蓝透明的室内外游泳池是整个城堡的点睛之作，游泳池底由马赛克拼成海底动物图案，池岸用纯金镶嵌；室外游泳池四周是洁白的大理石石雕，配着瓦蓝的池水，相当华丽。城堡内的家具、挂毯、绘画、雕塑、壁炉、天花板、楼梯甚至整个房间，都是艺术珍品。

在前往赫斯特城堡游玩之前，你可首先到网站 hearstcastle.org 上，往手机或平板电脑上下载一个 APP。这样可以更便捷地了解关于城堡的历史、图片、游览路线等众多相关信息，以帮助你轻松畅游赫斯特城堡。

Part8 旧金山
旧金山周边

9
·弗吉尼亚城·

旅游资讯

内华达州弗吉尼亚城

弗吉尼亚城（**Virginia City**）在 19 世纪时曾拥有美国最大的银矿，从那时起，城市就迅速发展，成为了芝加哥和旧金山之间最大的定居点，并招来了大作家马克·吐温。现在的弗吉尼亚城完整地保留了西部小镇的特色，一些标志性的符号处处可见，如沿街的带屋顶的走廊，木制的双开店门、店牌，家庭作坊式的巧克力店等。

里诺（**Reno**）是美国内华达州西部的有名城镇，从 20 世纪 20 年代到 50 年代，这里都有着“世界上最大的小城”之称，更有着“世界离婚之都”之名。市内的国家汽车博物馆是全美汽车藏品最齐全的博物馆，从早期的名牌汽车到 20 世纪 60 年代的高速马达汽车都有。

弗吉尼亚街大桥在“里诺离婚”的历史上有着非凡的意义，因为刚刚离婚的女士都要站在桥上，把结婚戒指扔进汹涌的特拉基河水里，一桩婚姻就此了结。此外，建于 1927 年的里诺离婚小木屋独具特色，小屋从墙壁到天花板都是圆木做的，每个小屋根据其建造的树木来命名，比如橡树屋、三叶杨屋、柏树屋、松树屋、榆树屋等。这种屋子冬暖夏凉，价格非常昂贵。如今，这些小屋有的被作为历史古迹保护起来，有的则向怀旧的人开放，能够有机会住上当年的离婚小屋也是一件幸事。

旅游资讯

🏠 10 Lake St., Reno, NV 89501（国家汽车博物馆）

@ www.visitrenotahoe.com

旧金山·旅游资讯

交通

飞机

旧金山国际机场（San Francisco International Airport）是旧金山的主要机场，很多航班都在该机场起降。旧金山国际机场位于距离市区22.5公里的圣布鲁诺，该机场有直飞美洲、欧洲、亚洲以及澳洲各大城市的航班。目前，北京、上海、广州都有直飞旧金山的航班。旧金山国际机场共有4个航站楼，从中国来的旅客都会在国际航站楼出港，然后到达市区。每一个航站楼都有询问处和提款机，国际航站楼有24小时医疗站。

旧金山国际机场交通	
交通方式	交通概况
机场摆渡车（Shuttle Bus）	机场摆渡车提供门到门（Door To Door）服务，方便快捷，价格很合理。可以在机场2楼出境大厅乘坐机场摆渡车，该车可以容纳12人
KX号特快汽车	可以乘坐Samtrans的KX号特快汽车到达Transbay Terminal汽车站，费用为3.5美元
出租车	从旧金山国际机场乘坐出租车前往市区的车费为25～35美元

火车

旧金山的铁路主要由两个铁路公司运营，其中加州火车（Caltrain）主要负责旧金山半岛地区的铁路，包括密尔布瑞（Millbrae）、帕洛阿尔托（Palo Alto）和圣何塞（San Jose）地区。旧金山的Amtrak站在Mission St.和The Embarcadero交汇处的Ferry Building。

市内交通

旧金山市内有地铁、Muni公交车、无轨电车、有缆电车等交通工具，乘坐这些交通工具十分方便。

旧金山市内交通资讯		
名称	票价	交通概况
地 铁（Muni Metro）	单程票 2 美元	旧金山地铁共有 8 条线路，分别是 F、J、K、L、M、N、S（只在高峰期运行）、T，其中 F 线的车厢十分美观
有缆电车（Cable Car）	单程票 5 美元，1 日票 13 美元，3 日票 20 美元	目前，有缆电车共有 3 条线路，鲍威尔——梅森街线（Powell-Mason Line）、鲍威尔——海德街线（Powell-Hyde Line）以及加州街线（California Street Line）
无轨电车	单程票 1 美元	无轨电车也叫 Muni，价格便宜，可以免费换乘一次
Muni 公交车	单程票 2 美元	可以在 Powell St. 和 Market St. 的拐角处购买到 Muni passport，在 3 小时内可以免费换乘。在市场街（Market Street）处靠近第五街（5th Street）的地方有一个车票售卖厅，在那里可以提前购买公交车票

美食

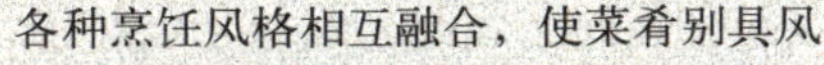

旧金山是一个融合各地美食的城市，各种烹饪风格相互融合，使菜肴别具风味。旧金山有大大小小 3000 多个餐馆，游客很容易就能找到一个自己满意的餐馆。在这里，你可以吃到姜丝南瓜馄饨、恺撒色拉拌加勒比烤鸡、烟熏鲑鱼蘸咖喱沙司等。另外，还有一道混合了全亚洲烹饪，名叫“太平洋区域大杂烩”的菜也非常流行。

旧金山特色美食

齐欧皮诺

齐欧皮诺（Cioppino）是一种由意大利鱼或贝壳类海产品和土豆炖煮而成的美食，其味道香浓醇厚，十分受当地人的喜欢，也是来到旧金山的游客必尝的一道美食。

煎牡蛎蛋饼

煎牡蛎蛋饼是一道传统美食，可追溯到淘金热时期。你可以在市中心的小吃店里当午餐享用，实惠又美味。据说这是当年侦探小说家达席尔·哈默特最喜欢吃的食物。

幸运小饼干

幸运小饼干是一种折叠式的小点心，里面印有“运气签”或谚语。这种小饼干像兔子耳朵的形状，里面无一例外地都藏有一张白底红字的小纸条，纸条上是各种各样的，让人看后莞尔一笑的吉祥话。

酸面包

酸面包以纯天然酵母低温长时间发酵、手工制成，里面不添加商业酵母，需要师傅耐心长时间制作，可谓是“慢工出细活”。天然的乳酸菌酵母发酵面包的口感带点微酸的滋味，吃时可以将面包中间掏空，然后填入蒸海鲜蔬菜杂烩一起食用，非常爽口。

邓杰内斯蟹

邓杰内斯蟹是旧金山所产的巨蟹，被公认为全球各类蟹中味道最鲜、最嫩的，和酸面包及白葡萄酒搭配最合适。渔人码头的游客区就有很多摊位卖蟹，每磅 5～9 美元。每年 11 月中旬到次年 6 月期间是食用邓奇内斯蟹最好的季节。

旧金山美食餐厅推荐

Sears Fine Food

439 Powell St.,San Francisco

乘鲍威尔－梅森线、鲍威尔－海德线缆车或 2、3、76 等路公交车到 Powell St. & Sutter St. 站下

Sears Fine Food 是旧金山一个很受欢迎的餐馆，菜肴都很不错，价格也不贵。推荐尝尝这里的瑞典薄烤饼。

Yank Sing

101 Spear St.,San Francisco

415-7811111

乘 F 线地铁在 Don Chee Way/Steuart St. 站下

@www.yanksing.com

Yank Sing 是一家环境很好的餐厅，每天都是人满为患的。这里供应有各种点心、面包、饺子、包子等，服务员会将一个个点心用小盘子装好，然后用手推车送到餐桌前。

Kokkari Estiatorio

200 Jackson St.,San Francisco,CA 94111

415-9810983

乘公交车 2、4、8、10、12 等路到 Battery St. & Jackson St. 站下即可

20 美元起

Kokkari Estiatorio 比较安静，环境典雅。客人可以坐在炉火边，看着服务员现烤羊肉、鸡肉等，看着烤肉慢慢地变成金黄色，香气四溢，让人食欲大增。吃起来肉香嫩，连细小的骨头都很香脆。

Restaurant Gary Danko

800 N Point St.,San Francisco,CA 94109–1228

415-7492060

乘公交车 2、4、8、18 等路到 Beach St. & Hyde St. 站下即可

50 美元起

Restaurant Gary Danko 靠近金门大桥，是去金门大桥游玩前后用餐的最佳选择。这里的开胃菜、海鲜、肉类、奶酪和甜点都美味至极，神话般的黑比诺葡萄酒更是值得品尝。

Bi–Rite Creamery

3692 18th St.,San Francisco,CA 94110

415-6265600

乘 F、J 等路地铁或公交车 33 路到 Church St. & 18th St. 站下即可

3 ~ 10 美元

Bi–Rite Creamery 是美国最好的 10 家激凌淋店之一，在这里可以品尝到香醋草莓、咸鱼焦糖、桃大黄冰糕、薰衣草冰激凌等美味甜点。

旧金山其他餐厅推荐

名称	地址	电话
Hollywood Cafe	530 North Point St.,San Francisco	415–5633779
Blue Mermaid	471 Jefferson St.,San Francisco	415–7712222
Swiss Louis Italian & Seafood	39 Pier 39 Concourse #204,San Francisco	415–4212913
Brandy Ho's Hunan Food	217 Columbus Ave.,San Francisco	415–7887527
Penang Garden Restaurant	728 Washington St.,San Francisco	415–2967878

住宿

旧金山拥有不同类型的住宿地，如高档酒店、中档酒店、经济型旅馆和青年旅舍等。另外，旧金山还有一些特色住宿地，如社区饭店、田园客栈等。田园客栈大多位于比较古老的豪华住宅内，而社区饭店大多位于居民区内。若入住社区饭店，可以体验当地的生活。

旧金山高档酒店			
名称	地址	电话	网址
Argonaut A Kimpton Hotel San Francisco	495 Jefferson St., San Francisco	415-5630800	www.argonauthotel.com
The Westin San Francisco Airport	1 Old Bayshore Hwy., Millbrae	650-6923500	www.starwood hotels.com
Hilton San Francisco Airport Bayfront	600 Airport Blvd., Burlingame	650-3408500	www.hilton.com
Cavallo Point Lodge	601 Murray Cir., Sausalito	415-3394700	www.cavallopoint.com

旧金山中档酒店			
名称	地址	电话	网址
Casa Loma Hotel	610 Fillmore St.,San Francisco	415-5527100	www.casalomahotelsf.com
Hotel North Beach	935 Kearny St.,San Francisco	415-9869911	www.hotelnorthbeach.com
Vagabond Inn Executive San Francisco Airport Bayfront	1640 Bayshore Hwy., Burlingame	650-6924040	www.vagabondinn.com
The Embassy Hotel San Francisco	610 Polk St.,San Francisco	415-6731404	www.theembassyhotel.bookezz.com

旧金山经济型旅馆			
名称	地址	电话	网址
Hotel Union Square	114 Powell St.,San Francisco	415-3973000	www.hotelunionsquare.com
Hostelling International USA	425 Divisadero St.,#307, San Francisco	415-8631444	www.norcalHostels.org
Adelaide Hostel	5 Isadora Duncan Lane, San Francisco,CA 94102	415-3591915	www.adelaideHostel.com

续表

名称	地址	电话	网址
San Francisco Downtown Hostel	312 Mason St.,San Francisco	415-7885604	www.sfhostels.com
San Francisco Fisherman's Wharf Hostel	240 Fort Mason,San Francisco	415-7717277	—

购物

旧金山是一个名副其实的购物天堂，它包括高档的购物街、购物中心、百货公司、世界级的连锁店、品牌直销店以及各种小商店等。在这里你能买到你所需要的任何商品，尽享购物带来的无穷乐趣。旧金山最著名的购物区有联合广场、渔人码头、唐人街、北滩等地。旧金山有许多出售艺术品的地方，例如：画廊、古玩店和各类精品店等，值得逛一逛。嬉皮街的店铺都很有特色，这里有怀旧色彩强烈的嬉皮风味店铺。

旧金山购物街区推荐

联合街

联合街（Union Street）位于诺布山和渔人码头中间的位置，这是一条具有欧式风情的购物街。在这里，不仅有时尚的服装店，还有精美的咖啡馆。

嬉皮街

嬉皮街（Haight Street）是嬉皮士（Hippies）迷幻者的发源地，如今这里已经成为一条时尚的购物街，各个品牌的时尚潮流服饰都能在这里找到。此外，这里还有一些特色的朋克（Punk）风格的文化店以及一些专卖怀旧服饰的小店。

联合广场

联合广场地处市中心，这里也是一个购物的好地方。100多家高级名品店在此驻扎，各种画廊、咖啡厅、餐厅、大型国际美食广场汇集于此。在这里逛一逛，你一定可以满载而归。

南方市场

在南方市场（South of Market），很多商品都有折扣，大部分商品的打折幅度都很大。市场内的装饰很有特色，具有文艺气息。

渔人码头

除了有诸多的海鲜摊外，渔人码头还有多家纪念品店、博物馆、餐厅以及各种很有特点的商铺，渔人码头的罐头工厂也有许多有趣的纪念品。另外，一些街头艺人会在这里表演。

旧金山特色购物地

865 Market St.,San Francisco,CA 94103

415-5126776

@www.Westfield.com

这家名叫Westfield San Francisco Centre购物中心在联合广场上，内部有170多家极具特色的精品店，值得逛一逛。另外，购物中心内还提供各种风味的美食。

吉拉迪利广场

900 North Point St.,San Francisco,CA 94109

415-7755500

@www.ghirardellisq.com

吉拉迪利广场（Ghirardelli Square）位于渔人码头，这里拥有多家商店和餐厅。在这里，你可以欣赏秀丽的海湾景色和风景如画的花园美景。

摆渡船楼市场

One Ferry Building, Suite 260, San Francisco, CA 94111
415-9838030
@www.ferrybuildingmarketplace.com

摆渡船楼市场（Ferry Building Marketplace）是一个大型的购物市场，这里有各种日用品商店，还有海湾地区的特色食品销售商。

娱乐

旧金山是美国的大都市，一个灯红酒绿的欢乐之城。市区有数家规模宏大的电影宫，每年 4、5 月的“旧金山电影节”是全美历史最悠久的电影节，届时有众多佳片可以观看。

如果喜欢热闹，你可以去旧金山的酒吧，充分放松一下。如果喜欢高雅的娱乐方式，你可以去旧金山的剧院欣赏芭蕾、歌剧、古典音乐或是交响乐。每年的 2 ~ 5 月是芭蕾舞的演出季节，届时，世界级的旧金山芭蕾舞公司会在市政中心的战争纪念歌剧院演出。

旧金山娱乐地推荐

The Castro Theatre

429 Castro St., San Francisco, CA
415-6216120
乘坐公交车 24、35、37 路至 Market St. & Castro St. 站下即可
@www.castrotheatre.com

The Castro Theatre 很古老，建筑外观很宏伟，是一座很漂亮的电影院。这里主要放映旧金山最好的艺术电影和外国电影。电影票价因电影的不同而有差异，价格 6 ~ 30 美元。

战争纪念歌剧院

301 Van Ness Ave., San Francisco, CA 94102
415-8652000
@www.sfballet.org

战争纪念歌剧院（War Memorial Opera House）最热闹的时候是 2 ~ 5 月，这段时间，世界级的芭蕾舞团——旧金山芭蕾舞团会在这里演出。此外，每年 5 ~ 7 月和 9 ~ 12 月也是演出季，这里会有几十场演出，舞台场面壮观，群星璀璨。

Part 10 洛杉矶

无需门票，体验洛杉矶“心”玩法

Part 10 洛杉矶
洛杉矶市区

1·免费节庆不可错过·

洛杉矶节庆			
节庆名称	时间	举办地	简介
巴莎堤娜花车游行	1月1日	洛杉矶市内	届时，来自全美乃至世界各地近60辆用玫瑰花与其他各种花朵装饰的大型花车游行，其间还有乐队跟随。游行过后，还会举办玫瑰杯校际美式足球赛，十分精彩
新年金龙大游行－中国城新年活动	中国农历新年	洛杉矶市内	金龙大游行早已成为当地华人与其他族裔民众共同的节庆活动，届时，游行队伍中不仅有舞龙、舞狮等中华传统表演团队，还有中西合璧的花车、阵容庞大的西洋乐队等
迎春花季	3月中旬至4月中旬	La Canada Flintridge 的 Descanso Gardens	迎春花季为期1个月，届时，各色花朵争奇斗艳，赏心悦目
仲夏夜之梦	6月底至9月中旬	John Anson FoRd. Amphi-theatre 剧场	届时，在 Hollywood Hills 的 John Anson Ford Amphitheatre 剧场，有一连串的音乐节目演出，适合全家人共度美好的仲夏夜

Part10 洛杉矶
洛杉矶市区

2·从服务中心获取免费信息·

洛杉矶服务中心				
名称	地址	电话	开放时间	简介
好莱坞游客咨询服务中心	6801 Hollywood Blvd. Hollywood,CA 90028	323-4676412	周一至周六 10:00 ~ 22:00;周日 10:00 ~ 19:00	这里的员工可以为游客提供多种语言服务，回答有关旅游的问题。另外，员工还可以协助游客安排行程，为游客推荐餐饮
洛杉矶市中心游客咨询服务中心	685 S. Figueroa St.Los Angeles, CA 90017	213-6898822	周一至周五 09:00 ~ 17:00	这里的员工可以解答游客提出的各种问题
圣塔莫尼卡访客咨询服务中心	1920 Main Street,Suite B Santa Monica, CA 90405	310-3937593	09:00 ~ 18:00	游客能在这里获取详细的旅游信息

Part10 洛杉矶
洛杉矶市区

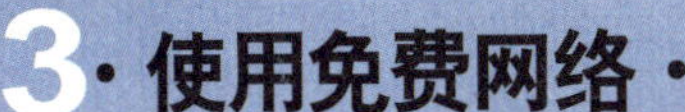

3·使用免费网络·

在洛杉矶，几乎所有的咖啡馆都有免费 Wi-Fi，一般都不设密码。若你距离 AT&T 或苹果店很近，可以搜到免费 Wi-Fi，网速很快。

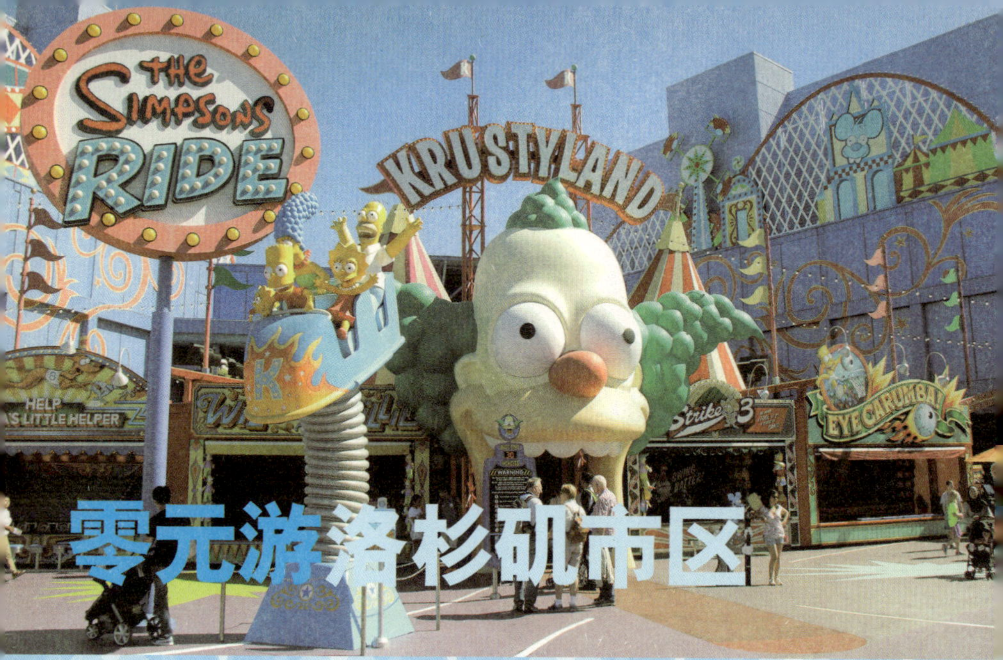

零元游洛杉矶市区

Part10 洛杉矶
洛杉矶市区

1 •好莱坞星光大道•

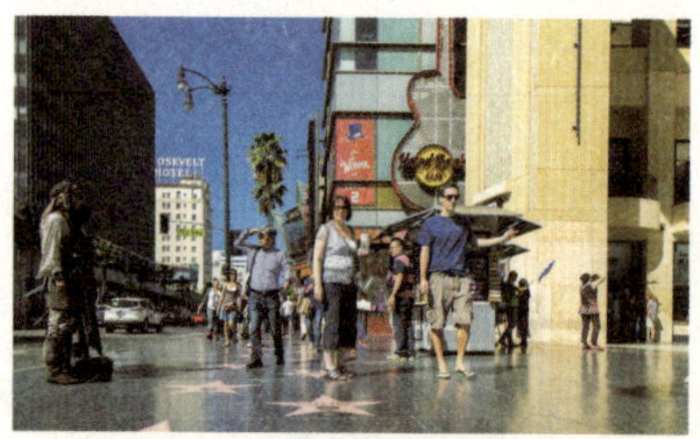

旅游资讯

7018 Hollywood Boulevard, Los Angeles, CA 90028

乘坐地铁红线至Hollywood/Highland站下即可

好莱坞星光大道（**Hollywood Walk of Fame**）有几千颗印有明星手印的星形奖章，十分夺目，这些奖章吸引着世界各地的影迷前来观看。另外，在大道两侧有一流的好莱坞剧院和杜莎夫人蜡像馆。在这里，你可以买到各种电影主题的纪念品。目前，好莱坞星光大道上有2500多颗镶有名人手印的星形奖章，你可以找到自己的偶像，并与其合影留念。

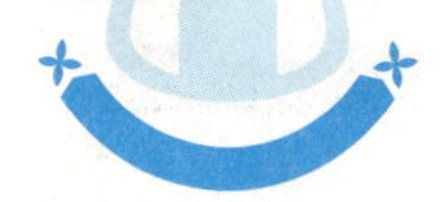

不要门票也能 High

若想找到自己偶像的手印，你要提前在官方网站查询明星所属的编号。在好莱坞星光大道，有一些街头艺人把自己打扮成电影明星，你可以免费给他们拍照，但是与他们合影要支付2美元左右的小费。

日落大道（**Sunset Boulevard**）是一个免费游览的地方，日落时分，这里的景色美得醉人。傍晚，在夕阳的映衬下，道路别有一番风情。来到这里，你可以沿着大道一直走下去，走到海滩，欣赏壮阔的景象。

不要门票也能 High

漫步于这条街上，你有机会看到一些好莱坞明星。Sunset Plaza 位于日落大道以南，你可以逛一逛这里的时装店，累了的时候可以去咖啡厅喝杯香醇的咖啡。

Part10 洛杉矶
洛杉矶市区

2 ·日落大道·

旅游资讯

Sunset Boulevard, Beverly Hills, CA 90210

乘坐地铁红线到 Hollywood/Highland 站下即可

洛杉矶水晶大教堂（**Crystal Cathedral**）位于洛杉矶市南面，是不容错过的免费景点。该教堂被称为世界建筑奇迹，在宗教建筑中独具一格。教堂由美国著名的建筑师菲利普·约翰逊设计，于 1968 年开始兴建，于 1980 年竣工，历时 12 年。建筑外壳全部为银色玻璃，晶莹透亮，教堂因此而得名。其实，从外观上来看，整个教堂就像一件水晶艺术品。

Part10 洛杉矶
洛杉矶市区

3 ·洛杉矶水晶大教堂·

旅游资讯

13280 Chapman Ave., Garden Grove, CA 92840

乘坐公交车 454 路至 Lewis-Chapman 站下车后步行前往即可

周一至周五 10:00 ~ 15:00，周六 09:00 ~ 16:00，周日休息

@ www.christcathedralcalifornia.org

Part10 洛杉矶
洛杉矶市区

4 •洛杉矶市政厅•

旅游资讯

200 North Spring St.,Los Angeles,CA 90012

乘坐33、493路市中心循环巴士至Spring St. & 1St St. W站下车即可

周一至周五09:00～12:00，周六、周日休息

@ www.lacity.org

洛杉矶市政厅（**Los Angeles City Hall**）有着独具特色的建筑风格，值得参观。在这里，一层的圆球式大厅、部分办公区域以及会议室都免费向公众开放。建筑顶部的塔楼效仿了古代世界奇迹的摩索拉斯陵墓的风格。这里不仅是政府的工作地，还是许多电影的拍摄地。在市政厅的周围有许多漂亮的建筑物，路过的时候，你可以顺便参观一下。

Part10 洛杉矶
洛杉矶市区

5 •中国城•

旅游资讯

950 North Broad-way,Los Angeles,CA 90012

乘坐市中心循环巴士81、96至Hill & College站下车即可

@ www.oldchinatownla.com

洛杉矶的**中国城**（**Old Chi-natown**）是一个华人聚居地，这里有着浓厚的中国风情。漫步于街头，随处可见大红灯笼。这里的中国牌楼古色古香，许多店铺的招牌都用汉字书写。在这里，你可以品尝地道的中国美食，包子、豆腐脑等味道都不错。来这里游玩，若恰逢传统节日，你有机会看到舞龙表演。这里的"石头记"十分有名，提供广式早茶。

布拉德伯里大楼（**Bradbury Building**）是一座造型精美的建筑，建于1893年。进入大楼内部参观，你可以欣赏到巧妙通透的天井、华丽的锻铁楼梯、炫目的彩绘玻璃以及狭窄复古的电梯。可以说，建筑的每一个地方都展现出浓厚的维多利亚风格。由于大楼有着华丽精致的复古风格，因此，许多电影的拍摄都在此选景。

Part 10 洛杉矶
洛杉矶市区
6
•布拉德伯里大楼•

旅游资讯

304 South Broadway,Los Angeles,CA 90013

乘坐公交车30、45、330路至Broadway/3 Rd.站下车后步行前往即可

全天开放

@ www.laconservancy.org

圣莫尼卡海滩（**Santa Mo-nica State Beach**）是美国66号公路的尽头，这里有白色的沙滩、湛蓝的天空、一片片棕榈树，很多好莱坞导演都会在这里拍摄电影、电视剧。这里的码头历史悠久，建于1908年，码头上有餐厅、游乐场，还有绿茵小径。来到码头，你可以租一辆脚踏车，在小径上骑行。海滩上有个小型游乐场，这里有摩天轮、阿甘虾餐厅以及一些小商铺。

Part 10 洛杉矶
洛杉矶市区
7
•圣莫尼卡海滩•

旅游资讯

Ocean Front Walk,Santa Monica,CA 90403

乘坐公交车20路至Ocean/Wilshire站下车即可

不要门票也能High

如果你是开车自驾来圣莫尼卡海滩，可以把车停在停车场，费用为每天6～15美元，开放时间为日出至日落。在圣莫尼卡海滩附近有个第三购物步行街，在海滩游玩之后，你可以来这个步行街挑选商品。

旅游资讯

845 North Alameda St.,Los Angeles,CA 90012

乘坐地铁红线至Union Station站下车后步行前往即可

周一至周五10:00～20:00,周六、周日10:00～22:00

@ www.olvera-St.reet.com

墨西哥街（**Olvera Street**）有着浓厚的墨西哥风情，这条街上有许多摊铺，你可以在这里品尝十分美味的小吃。这条街是墨西哥人在洛杉矶的聚集之地，漫步于街道上，你会感觉自己好像进入了墨西哥一样。每逢节假日，墨西哥人都会穿着传统服装来这条街唱歌、跳舞，场面十分热闹。

Beverly Hills,CA 90210

比弗利山庄（**Beverly Hills**）被称为“全世界最尊贵的住宅区”，这是一个适合居住的地方，很多好莱坞巨星都在这个山庄购买房子。山庄的对面就是广阔的太平洋，北面是比弗利山。这里的环境适合休闲度假，每年都吸引着大量游客前来游玩。漫步于山庄的街道上，你可以看到一栋栋豪华别墅，还可能会看到某个明星开车从你眼前驶过。

灰石城堡（Greystone Castle）矗立于比弗利山居住区的中心地带，建于1927年，耗资300万美元，主人是著名的石油大亨爱德华·劳伦斯·多希尼。由于建设过程中采用了大量的石材，城堡外观呈灰色，人们便把它叫作“灰石城堡”。城堡中有55个房间，每个房间都有着精心的设计和华丽的装饰。城堡内设施齐全，电影厅、台球室、保龄球馆、狩猎场、儿童乐园等，一应俱全。

不要门票也能 High

因为灰石城堡位于比弗利山庄中心，再加上不允许观光旅游车开进去，所以去里边只能打电话预约。如果实在想看一看高级住宅区，最多只能租赁汽车，或利用其他小型旅游团体的专车，否则只能从 Santa Monica Blvd 向北侧远眺。

除了对外展出，灰石城堡还承办文化艺术活动，其中一年一度的园艺和室内设计展就是其中的重头戏。来自各地的设计师用现代装饰理念赋予灰石城堡新的活力。活动的主办方表示，他们希望通过这种方式，将过去、现在和未来有机地结合起来，给参观者独特的体验。在这里，不仅能近距离接触并了解灰石城堡，还能获得园艺和室内设计方面的灵感，接触到前沿设计资讯。

格里菲斯天文台（**Griffith Observatory**）是世界著名的天文台之一，其内部的每个展厅都用生动有趣的方式展示天文知识。在这里，你可以看到天花板上的精美壁画和悬挂着的 8 大行星模型。仰靠在座椅上，你能 360 度欣赏各种影片。另外，这里还有一座 12 寸巨型天文望远镜，你可以通过这个望远镜探索星空的奥秘。

旅游资讯

2800 East Observatory Ave., Los Angeles, CA 90027

乘坐市中心循环巴士 DASH Weekend Observatory Shuttle 至 Griffith Observatory 站下车即可

周二至周五 12:00～22:00，周六、周日 10:00～22:00，周一闭馆

不要门票也能 High

黄昏时分，你可以来这个天文台远眺，欣赏笼罩在落日余晖之中的洛杉矶。由于黄昏时山上风大，因此你最好随身携带一件外套，以免着凉。

Part10 洛杉矶

洛杉矶市区

11 ·盖蒂中心·

旅游资讯

1200 Getty Center Drive, Los Angeles, CA 90049

310-4407300

乘坐巴士80、181路在科罗拉多大道Colorado Blvd.与桔树林大道Orange Grove Blvd.路口下车，步行约5分钟即可到达；也可以搭乘巴士761路前往；或者从圣塔莫妮卡乘坐Big Blue Bus 14路也可以抵达

周二至周五、周日10:00～17:30，周六10:00～21:00，周一闭馆

@ www.getty.edu

盖蒂中心（**The Getty Center**）位于圣莫尼卡山脚，鸟瞰洛杉矶全景，其是由世界一流建筑师里理查密尔设计。整座博物馆依山而建，建筑群的基调以古朴的石灰岩为主，在2个建筑之间的花园露台上有着高大简洁的石柱，室内装潢素净高雅，整体设计十分精妙，将古典和现代融合得恰到好处。盖蒂中心展示了盖蒂父子两代人所珍藏的艺术珍品，以法国古典家具、艺术品、中世纪手稿和手迹以及罗马、希腊和欧洲的绘画作品收藏见长。其中，有不少14～19世纪欧洲油画大师的真迹，拜占庭时期的手稿和路易十四时期的华丽服饰更是令人叹为观止。馆内比较知名的画作有梵·高的《鸢尾花》、保罗·高更的《国王去世》等。

不要门票也能 High

你可以在盖蒂中心入口的服务台凭身份证领取iPod Touch，查看中文版的藏品导览。需要了解的是，在1天之内游览盖蒂中心和盖蒂别墅，只收取1次停车费。

加利福尼亚大学洛杉矶分校（**University of California,Los Angeles**）是美国最古老的综合性大学之一，这所学校培养出了许多人才。这里的校园是全开放式的，因此你可以免费进入校园内部参观。整个校园如同一个小镇一般，十分古朴。轻松愉快的校园氛围，会使你回忆起自己的学生时代。

不要门票也能 High

这所学校是美国名校，校园景色优美。你梦想中的大学是什么样子？也许这里可以给你答案。在这所校园内，你可以看到学生坐在草坪上读书的场景。看到学生们有说有笑地在一起讨论课题，你会忍不住想要加入其中。

Part 10 洛杉矶

洛杉矶市区

12 · 加利福尼亚大学洛杉矶分校 ·

旅游资讯

University of California，Los Angeles，CA 90095

乘坐公交车 302 路至 Gayley Ave. & Strathmore Dr. 站下车即可

长滩（**Long Beach**）以大海和棕榈树为背景，市中心则是古建筑与现代建筑。其中著名的派恩大道两排有着成排的商店、咖啡馆与饭店，彰显着早期西部的风采。沿着海岸线的村庄，可以看见远洋轮船“玛丽王后号”，现虽已经成为宾馆和旅游景点，但还可以参观部分动力室、各种典型的房间，还可以观看有关战争年代的展览。

不要门票也能 High

这里有很多墨西哥餐馆，大多数都是卖海鲜的，同时也有很多的街头艺人，能让你领略到墨西哥的风情。坐在这里吃饭，可以叫几个穿着传统墨西哥服装的老墨来演奏西墨西哥特有的音乐，感觉还真的不错呢。如果你有兴致还可以租一条电动小船，在小海湾里漂上个把小时，那个感觉就更不用说了，而且租船的费用很便宜，大概是每小时 40 美元，一条船能坐上 6 个人，平均下来每个人不会超过 10 美元。

Part 10 洛杉矶

洛杉矶市区

13 · 长滩 ·

旅游资讯

Long Beach，California

从洛杉矶市内乘坐地铁蓝线可以到达

Part10 洛杉矶
洛杉矶市区

14

• 南加州大学 •

南加州大学（**University of Southern California**）是一个可以免费参观的大学。这所大学有着优美的校园环境，校园中的大部分建筑为罗马式风格，很多电影都会在这里拍摄校园场景。从这个学校毕业的电影明星和体育明星很多，第一位登上月球的宇航员阿姆斯特朗就毕业于这所大学。由于这所大学拥有得天独厚的资源，因此这里人才辈出，《阿甘正传》《达 · 芬奇密码》《星球大战》的导演都毕业于这所大学。

旅游资讯

University of Southern California, Los Angeles, CA 90089

乘坐公交车 35、38、200 路至 Jefferson & Hoover 站下车后步行前往即可

全天开放

www.usc.edu

加州科学中心（**California Science Center**）位于博览会公园内，是美国西岸的科学中心。这个科学中心包括科学殿堂、生命世界、创造世界、IMAX 影院等展区，一定可以让你一饱眼福。你可以在这里看到“奋进号”航天飞机，在 2011 年 5 月 16 日，这架飞机从佛罗里达州的肯尼迪太空中心发射升空，前往国际太空站。任务结束后，“奋进号”被放在加州科学中心里展示出来。

IMAX 影院每天都会放映几部不同的科学电影，例如：Journey to Space、A Beautiful Planet 和 Humpback Whales 等。你可以带着家人和好友一起来看一场电影，通过看电影，你们可以学到一些科学知识。

旅游资讯

700 Exposition Park Drive, Los Angeles, CA 90037

323-7243623

乘坐地铁 Expo 线 至 Expo Park/USC 站下车后步行前往即可

免费开放（部分展区以及 IMAX 影院单独计费）

周一至周日 10:00 ~ 17:00（节假日略有不同）

www.californiasciencecenter.org

零元游洛杉矶周边

Part10 洛杉矶
洛杉矶周边

1 ·棕榈泉·

棕榈泉（**Palm Springs**）是一个建造于沙漠中的小镇，这里有滑雪场、高尔夫球场、高耸的棕榈树。这个小镇远离城市的喧嚣，是个极好的度假胜地。来到这里，你可以乘坐高空旋转缆车观赏峡谷的壮丽景色。夏天，你可以在山间骑马；冬天，你可以滑雪。

旅游资讯

Palm Springs,CA 92262

建议自驾前往，从洛杉矶市中心出发，大概需要 2 小时

@ www.visitpalmsprings.com

Part10 洛杉矶
洛杉矶周边

2 ·亨廷顿海滩·

亨廷顿海滩（**Huntington Beach**）是美西的冲浪之都，这里有巨大的海浪，海滩上耸立着巨型雕塑“冲浪者”。在傍晚的时候，许多街头艺人会在海边表演节目。在这个海滩看海、冲浪，都是非常棒的体验。这里每年都会举办国际冲浪比赛，届时会有许多冲浪高手前来参赛。由于这个海滩的服务设施完备，因此吸引着世界各地的游客前来游玩。

旅游资讯

Huntington Beach,CA 92648

乘坐公交车 1 路至 Pacific Coast-Main 站下车即可

@ www.huntingtonbeachca.gov

Part10 洛杉矶
洛杉矶周边

3 ·拉古纳海滩·

拉古纳海滩（**Laguna Beach**）是一个度假胜地，这里聚集着许多艺术家。在这里，每年都会举办艺术节。海滩有着洁白细腻的沙子，置身其中，无论是躺在沙子上晒太阳，还是坐在沙子上看远处的风景，都很惬意。

旅游资讯

Laguna Beach, CA 92651

建议自驾前往

@ www.visitlagunabeach.com

Part10 洛杉矶
洛杉矶周边

4 ·丹麦村·

丹麦村（**Solvang**）是个小镇，是免费游玩的好地方，实在不容错过。在丹麦语中，“Solvang”意为“阳光下的田野”。丹麦村正如其名一样，一年中的300多天都沐浴在阳光之下。丹麦村由丹麦人精心打造，这个小镇的教堂、店铺等都极具北欧风格。小镇的房屋大多属于典型的丹麦式建筑风格，窗户较小、屋面较陡，墙壁厚实，房屋外观的颜色五彩缤纷。小镇的街道很干净，漫步于街头是种很棒的体验。

旅游资讯

Solvang, CA 93463

从洛杉矶市中心开车约2小时可达

不要门票也能 High

这是具有丹麦特色的小镇，这里的建筑具有欧洲风格，值得参观。你可以在这里的特色小店购买纪念品，带回国内送给亲人。如果你是冬天的时候来这里的话，要注意保暖，因为这个地方靠近海边，傍晚时风很大。

圣芭芭拉县法院（**Santa Barbara County Courthouse**）建造于160年前，由西班牙移民所建造，一直用于政府办公。在1926年，这座大楼被正式改为法院，其内部可以免费参观。在法院的顶楼，可以俯瞰整座城市的景色。

Part10 洛杉矶
洛杉矶周边
5
•圣芭芭拉县法院•

旅游资讯

1100 Anacapa St.,Santa Barbara, CA 93101

805-8824520

@ www.santabarbaracourthouse.org

圣芭芭拉海滩（**Anta Barbara Beach**）位于洛杉矶以北90公里处，被称为美国的蔚蓝海岸。来到这里，你可以看到许多艺术家，他们沿着海岸步道展出意境独特的艺术创作。在这里，你可以躺在沙滩上吹海风，还可以冲浪。总之，你可以在这里充分放松自己。

旅游资讯

723-899 E Cabrillo Blvd.,Santa Barbara,CA 93103

洛杉矶·旅游资讯

交通

飞机

洛杉矶一共有5个机场，分别是洛杉矶国际机场、安大略国际机场、范·纳伊斯机场、帕姆代尔地区机场与布班克机场。

大部分的国际班机都会降落在洛杉矶机场。它有8个航站楼，第一至第七航站楼几乎都是美国航空公司的驻地，著名的北美航空公司的班机则集中在汤姆·布拉德利国际航站楼。每个航站楼都有免费的公交车接送，并可以把乘客送至转运中心搭乘公交至市区。

从机场到市区的交通	
交通方式	**交通信息**
捷运	捷运系统无法直接从洛杉矶国际机场抵达市区，但是可先搭乘免费机场接驳巴士，抵达绿线轻轨系统的Aviation/I–105站，再转乘绿线轻轨到达市区
机场巴士	主要来往于机场与市区，车程约45分钟，单程票价3美元
出租车	归机场所管的9家出租车可以进出机场。在繁忙时间，过百辆出租车排队等候前往中央客运大楼接载搭客。除出租车外，有些私人出租车也有提供接送服务。从机场到市中心的费用约30美元，但是要加上一点小费

铁路

洛杉矶的联合火车站，靠近唐人街，其建筑是一栋非常漂亮的白色西班牙建筑，候车室中的木制横梁加上大理石地板，营造出一种古朴的感觉，因此成为了二十世纪四五十年代，好莱坞电影中常见的场景。火车站内通红线地铁，郊区火车也由此上车，在此可以到达美国各大城市，电话：800–8727245/213–6836979。

市内交通

洛杉矶的汽车以灰狗公司的长途汽车为主，其中灰狗公司的总站（213–

6298401）的汽车班次最多，另外还有北好莱坞站、El Monte 站、洛杉矶东站和 Compton 站。

地铁

洛杉矶有 5 条地铁，分别是红线、蓝线、绿线、紫线与金线，票价一律 3 美元。红蓝线可以从市区抵达好莱坞与长滩；绿线连接市区以及洛杉矶国际机场；红线在联合车站处与金线相连，前往 Sierra Madre Villa，途径唐人街；紫线从联合车站处发，到达 Wilshire Boulevard 和 Western Avenue。

MTA

MTA 是一种非常实惠而且非常方便的巴士，线路的运营地域很大，票价因为时段的不同而不同，一般在 05:00 ~ 21:00 为 1.35 美元，21:00 至次日 05:00 为 0.75 美元，转车的车票为 0.25 美元，1 小时内只能用一次。线路 1 ~ 99 路是以市区为起点的普通线路；100 ~ 199 路不经过市区，是东西走向的普通线路；200 ~ 299 路不经市区，是南北走向的普通线路；300 ~ 399 是 1 ~ 99 线路的快车，只在主要的站点停靠；400 ~ 499 路是以市区为起点，走高速的线路；500 ~ 599 路，不经市区，只走高速线路；600 ~ 699 路，是在有集会或者有活动时开通的线路。

市中心循环巴士

这是一种很小的巴士，只行走于市区，分为 A、B、C、D、E、F 线，基本都会到达市内的重要景点，票价 0.25 美元，A、B、C、D 线只在周一至周五运行，E、F 线则每天运行。

租车

洛杉矶市内到处都有租车公司，一般租车费用是每天 25 ~ 30 美元。另外，如果租车时油箱是满的，还车的时候要记得把油加满。还车时，不要超过规定时间 1 小时，否则就按 1 天的租金计算。

美食

在洛杉矶可以品尝到世界各国的美味，其中美国菜味道清淡，主菜以肉、鱼、鸡类为主。热狗和汉堡是最流行的两种快餐食品，经济而实惠。

因为洛杉矶移民者众多，因此各国美食与各地佳肴应有尽有，除了越南菜、韩国菜、日本料理、意式料理，还有中国各地的菜肴。

洛杉矶美食餐厅推荐

The Original Pantry Cafe

877 S Figueroa St.,Los Angeles
213-9729279
@www.pantrycafe.com

The Original Pantry Cafe 提供地道的美国风味牛排，味道十分可口，深受当地人喜爱。最特殊的是，该餐厅全年营业。

Mon Kee's Seafood Restaurant

679 N Spring St.,Los Angeles
213-6286717

Mon Kee's Seafood Restaurant 是开在唐人街的餐厅，占据着优越的环境，提供良好的服务，供应新鲜美味的海鲜。蟹类与虾类的菜品都非常好吃，价格也很合理。

Omelette Parlor

2732 Main St.,Santa Monica
310-3997892
@www.theomeletteparlor.com

Omelette Parlor 以品种繁多的蛋卷饭而闻名，该餐厅的早餐很有特色。一份蛋卷饭大概需要 10 美元，价格还算合理。

Original Tommy's

2575 Beverly Blvd.,Los Angeles
213-3899060
@www.originaltommys.com

Original Tommy's 在洛杉矶有多家分店，主要经营汉堡，奶油汉堡每个1.5～2美元，这种汉堡的味道很棒，值得品尝。

住宿

洛杉矶的住宿设施很多，便宜旅馆一般都在市中心。Crayhound 站点周围的很多旅馆一天房费只需 13 ~ 20 美元，灰狗汽车公司周围也有很多便宜的旅馆，但是安全环境欠佳。洛杉矶西部地区的住宿场所很安全、很干净，只是费用较高。

洛杉矶高档酒店			
名称	地址	电话	网址
比佛利山皇冠假日酒店 Crowne Plaza Beverly Hills	1150 S Beverly Dr.,Los Angeles	310-5536561	www.mybeverlyhillshotel .com
逸林酒店 DoubleTree Hotel	6161 W Centinela Ave., Culver City	310-6491776	www.placesdoubletree.com
玛丽安德尔湾丽思卡尔顿酒店 The Ritz-Carlton,Marina Del Rey	4375 Admiralty Way, Marina del Rey	310-8231700	www.ritzcarlton.com
豪华市中心酒店 Luxe City Center Hotel	1020 S Figueroa St.,Los Angeles	213-7481291	www.luxecitycenter.com
好莱坞罗斯福酒店 Hollywood Roosevelt Hotel	7000 Hollywood Blvd., Los Angeles	323-4667000	www.thompsonhotels.com

洛杉矶中档酒店			
名称	地址	电话	网址
洛杉矶国际机场皇冠广场酒店 Crowne Plaza Los Angeles International Airport	5985 W Century Blvd.,Los Angeles	310-6427500	www.ihg .com
皇冠酒店 Crowne Plaza Hotel	6121 Telegraph Rd., Commerce	323-7283600	www.ihg .com
玛丽安德尔湾酒店 Marina del Rey Hotel	13534 Bali Way, Marina Del Rey	800-8824000	www.marinadelreyhotel.com
优质酒店 Quality Inn	1520 N La Brea Ave.,Hollywood	323-4643243	www.qualityinn.com
洛杉矶市中心标准酒店 Standard Hotel	550 S Flower St.,Los Angeles	213-8928080	www.standardhotels.com

洛杉矶经济型旅馆			
名称	地址	电话	网址
凯富酒店 Comfort Inn City Center	1710 West 7th St., Angeleg	213-6163000	110 美元起
霍华德 . 约翰逊酒店 HowaRd. Johnson Hotel LAX	603 Smew Hampshire Ave.	213-3854444	100 美元起

续表

名称	地址	电话	网址
好莱坞酒店 Days Inn Hollywood	5410 Holywood,Angeleg	800-3812935	50 美元左右
塞西尔酒店 The Cecil Hotel	640 S Main St.,Angeleg	213-6244545	17 美元左右一个床位

购物

洛杉矶购物的地方很多，有全世界有名的罗迪欧大道、旧衣收购者们聚集的Melrose Avenue，还有庞大的购物中心、百货商店和专卖店。其中，南海岸广场以规模庞大、豪华品牌繁多而出名。

洛杉矶购物地推荐

日落大道

日落大道是洛杉矶最有名的街区之一，这里是洛杉矶年轻人的繁华夜场，因位于好莱坞而备受游人青睐。日落大道有多家高档店铺，据说明星们也常在此购物。

老帕萨迪纳大街

老帕萨迪纳大街里有多家专卖店，值得一逛。这里的旧衣店十分有名，吸引众多人前来淘宝。你可以在这里的旧衣店挑选心仪的商品。

圣莫尼卡主街

圣莫尼卡主街是古玩店、家具店、装饰品店和各类精品店的聚集地，多种风格的店铺吸引着各个年龄段的顾客前来光顾。

罗德欧街

罗德欧街是洛杉矶的一个高级街区，你可以在这里找到世界所有一线名牌的最新款式，好莱坞的许多明星都喜欢来这里购物。罗德欧街旁的La Cienega Blvd大街有超大型的购物中心Beverly Center，从百货商店到电影院，从品牌专卖店到高级餐厅，应有尽有。

洛杉矶折扣购物地		
名称	地址	特色
Ontario Mills	1 Mills Cir., Ontario	这个室内购物地类似于奥特莱斯。这里有很多品牌店，商品的价格比较便宜，很多商品都是大商场下架的物品
Marshalls	11270 Olympic Blvd.,1 Westside Center,West Los Angeles	这个购物中心有多家折扣店，鞋、包、衣服等基本上都是折扣价。需要注意的是，在这里购物时，一定要多注意商标，以免买到假冒伪劣的商品
T.J. Maxx	1251 4th St., Santa Monica	这家购物中心与 Marshalls 同属于一家公司，但品位规格要高于 Marshalls 。只要你耐心在清仓货架上挑选，一定能买到满意的商品
Desert Hill Premium Outlets	48400 Seminole Dr.,Cabazon	这个奥特莱斯购物中心在洛杉矶的郊区，这里的衣服一般都比专卖店的便宜 20% ~ 50%，有时候在半价的基础上还可以享受“折上折”的优惠。你还可以拿护照去领一本“Coupon”，某些品牌商品买够金额也可以再打折

娱乐

洛杉矶是一个不夜城，夜晚，这里有很多娱乐活动。好莱坞大道和日落大道聚集了洛杉矶一些新潮人士向往的娱乐活动，而在洛杉矶市内还有许多剧院、酒吧、夜总会以及电影院，经常有好莱坞明星出入这些场所。

洛杉矶交响乐团

135N,Grand Ave., Los Angeles

若想看现场的音乐演出，岂能错过洛杉矶交响乐团呢？它是全球闻名的乐团，每年夏季都在洛杉矶城内举办露天音乐会，演出持续 3 个月。其中，乐团在好莱坞露天剧场的演出最为著名，能使游客感受到浓浓的洛杉矶风情。

棒球比赛

Dodger Stadium, 1000 Elysian Park Ave.（主场）

若喜欢棒球运动，则可以在洛杉矶观看棒球比赛。在洛杉矶，有一支名为"道奇队"的球队，这是西部联盟的强队，每逢赛季，这支球队就会有精彩的比赛，令广大球迷欣喜若狂。

NBA 比赛

Forum 3900 W Manchester Blvd., Inglewood（主场）

除了令人激动的棒球比赛之外，洛杉矶还有精彩的 NBA 球赛。知道 NBA 的人一般都知道洛杉矶湖人队，这支球队在 NBA 中极具号召力。你到洛杉矶旅行时，若恰逢赛季，则可以观赏到原汁原味的美式篮球。

好莱坞环球影城

100 Universal City Plaza, Los Angeles

800-8648377

@www.universalstudioshollywood.com

好莱坞环球影城（Universal Studio, Hollywood）位于好莱坞附近的 Universal City，主要分为影城中心和娱乐中心。在这里，你可以感受《神鬼传奇》《侏罗纪公园》《未来水世界》《怪物史莱克》等电影中的真实场景，还能在夜间娱乐场所享受美好的夜晚，或在电影院中观看经典的好莱坞大片。

洛杉矶电影院推荐

名称	地址	电话	网址
AMC City Walk Stadium 19	100 Universal City Plaza, Universal City	818-6224455	www.amctheatres.com
LACMA	5905 Wilshire Blvd.,Los Angeles	323-8576000	www.lacma .org
Arc Light Cinemas	336 E Colorado Blvd.,Pasadena	626-5689651	www.arclightcinemas.com
Regency Agoura Hills Stadium 8	29045 Agoura Rd.,Agoura Hills	818-7079966	www.regencymovies.com
Edwards Theaters Alhambra Renaissance Stadium 14 IMAX Movie Theater	1 E Main St., Alhambra	626-3008312	www.regmovies.com

专题 拉斯维加斯

拉斯维加斯（City of Las Vegas）和棕榈泉一样，都是沙漠中的绿洲。然而，拉斯维加斯却更加时尚、繁华一些。拉斯维加斯是内达华州最大的城市，是世界知名的度假胜地之一，有着“世界娱乐之都”和“结婚之都”的美称。拉斯维加斯有着浓郁的浪漫气氛，是情侣和新婚夫妇度假的好选择。

在 20 世纪前期，拉斯维加斯只是一个小村落，由于它是周围荒凉的石漠与戈壁地带唯一有泉水的绿洲，所以成为来往公路的驿站和铁路的中转站。在内华达州发现金银矿之后，有大量的淘金者涌入这里，这也推动了拉斯维加斯的发展。

在美国大萧条时期，为了促进经济发展，这里的博彩业迅速发展起来。美国各地的大亨纷纷来到拉斯维加斯投资建赌场，就连阿拉伯的王子、著名演员也纷纷前来投资。就这样，拉斯维加斯很快就成为美国发展最迅速的城市。

特色景点

纽约纽约酒店

纽约纽约酒店独具特色，里面放置了纽约曼哈顿 12 栋最具代表性的摩天楼及各种地标建筑物的复制品，例如：自由女神像、布鲁克林大桥、时代广场等。

米高梅酒店

米高梅酒店建筑风格相当独特，模仿 18 世纪意大利佛罗伦萨别墅而建，建筑的外部为翠绿色的玻璃外照造型，独具一格。

拉斯维加斯会议中心

拉斯维加斯会议中心是美国最大的会展中心之一，也是世界最现代化、设施最完善的会展中心，值得参观。

威尼斯人酒店

威尼斯人酒店向游客展现了一个逼真的威尼斯小城。09:00 的时候，有白鸽在圣马可广场飞舞。无论是运河上的叹息桥，还是唱着意大利歌剧的船夫，都展示出真实的威尼斯的气氛，使人仿佛置身于真实的威尼斯一样。

利博莱斯博物馆

利博莱斯博物馆是一个很有意思的博物馆，这里面展示了赌城最杰出演奏家利博莱斯的作品，收藏了他开过的名车——劳斯莱斯与一枚镶有 260 颗钻石的钢琴状戒指。

巴黎酒店

巴黎酒店将著名的埃菲尔铁塔和凯旋门“搬”到了拉斯维加斯，其中埃菲尔铁塔依原型的二分之一建造的，而凯旋门则是依原型的三分之二建造的。游客可在 50 层的埃菲尔铁塔上面欣赏拉斯维加斯的美景。

金银岛酒店

金银岛酒店以海盗美女为主题，酒店外的人工湖上停泊着两艘海盗船。每天 18:30 开始，每 1.5 小时上演一场美女与海盗的海战表演秀，场面香艳、火爆，每天都有很多人前来观看精彩的表演。

曼德勒湾
金字塔
埃克斯卡柏利
纽约纽约
蒙特卡罗
波德沃克
贝拉焦
凯萨宫
海市蜃楼
金银岛
米高梅
高架单轨火车
巴黎
贝里斯
阿拉丁
弗朗明哥
哈乐斯
帝国皇宫
The New Frontier
星尘
威尼斯
稳赢
马戏广场
金沙会展中心
蔚蓝海岸
萨哈拉
平流层
麦卡伦国际机场
(McCaram International Airport)
亚历克斯国际饭店
希尔顿
高架单轨火车
拉斯维加斯会议中心
Arville St
Giles St.
Koval ln
Industrial Rd
Paradise Rd.
免费巴士：1路展馆内的循环游览巴士；2～8路从会议中心开往各大酒店；9～10路展场间往返巴士
拉斯维加斯会议中心
拉斯维加斯平面示意图

Part 11 圣迭戈

无需门票，体验圣迭戈“心”玩法

Part11 圣迭戈
圣迭戈市区

1·在信息中心获取免费信息·

圣迭戈游客信息中心				
英文名称	地址	电话	开放时间	简介
San Diego Visitor Information Center	996 N Harbor Dr,San Diego, CA 92101	619-2361242	09:00 ~ 17:00	在这个游客信息中心，你可以咨询旅游相关信息，免费领取地图，还可以咨询门票打折信息

Part11 圣迭戈
圣迭戈市区

2·不容错过的免费节庆·

圣迭戈节庆			
节庆名称	时间	举办地	简介
德美古拉山谷热气球和葡萄酒节	6月第一个周末	Temecula Valley	这是圣迭戈历史悠久的传统节日。届时，除了美食和佳酿，还会有数十只五彩斑斓的热气球同时升空，并且还有许多知名乐队在现场演出

Part11 圣迭戈
圣迭戈市区

3 · 美得醉人的花田 ·

每年圣迭戈刚刚入春的时候，卡尔斯巴德花田无边无际的牡丹就已经怒放得如火如荼。这个花田向公众开放，来看一看这至美的大面积花田，你一定会心旷神怡。

Part11 圣迭戈
圣迭戈市区

4 · 难得一见的航空飞行表演 ·

每年的 10 月，美国海军会在海军航空基地举办为期三天的航空飞行展示，这是美国最大规模的军事飞行表演，还被票选为世界最佳的空军表演秀，每年都会吸引上百万的观众前来观看。如果你恰逢 10 月到圣迭戈游玩，不妨观看一下这里的航空飞行表演。

Part11 圣迭戈
圣迭戈市区

5 · 免费观赏狗狗冲浪比赛 ·

在每年 7 月中旬的时候，圣迭戈会在帝王海滩举办别开生面的狗狗冲浪大赛，届时会有众多冲浪爱好者带着狗狗前来参赛。很多观赛者不远千里而来只为一睹浪尖上萌宠们的风采。狗狗被分成 3 个组进行比赛，分别是单只小狗组、单只大狗组以及组合赛组。在比赛现场，狗狗们的囧态妙趣横生，值得观赏。如果你恰逢 7 月中旬到圣迭戈游玩，那么别错过这么有意思的比赛。

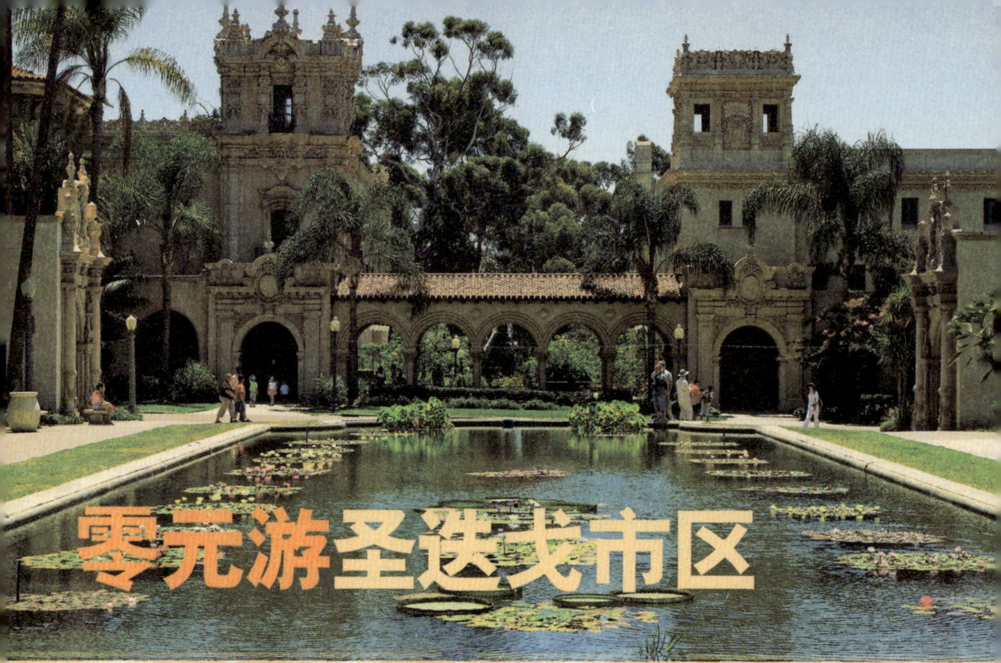

零元游圣迭戈市区

Part11 圣迭戈
圣迭戈市区

1 ·圣迭戈港·

圣迭戈港（**Port of San Diego**）是世界闻名的军港，位于圣迭戈市的南端。这里是核潜艇、航空母舰经常出没的地方，你可以来这里免费参观。已退役的“中途岛号”航空母舰停泊于此，如今已开辟为航空母舰博物馆，供人们参观。到了这个军港，映入眼帘的是各种各样的军舰。在港湾畔可以看到碧海蓝天、红瓦绿树以及海中的白色帆船。走到岸边，可以参观一群真实地记载战争结束时的塑像，这些塑像栩栩如生。塑像中，有的是刚下飞机的战斗机飞行员，有的是跪在地上的战地女护士，有的是坐在轮椅上的伤员，这些人物塑像面带笑容，目光流露出一种期盼。在所有的塑像中，最值得参观的当属“胜利之吻”。“胜利之吻”塑像背后是中途岛号航空母舰博物馆，你可以上去参观。航母的甲板上停放着多种样式的飞机，你还可以过去与飞机合影。

旅游资讯

Port of San Diego, San Diego, CA 92101

乘坐公交车 210、810、820 路至 W Broadway 站下车后步行前往即可

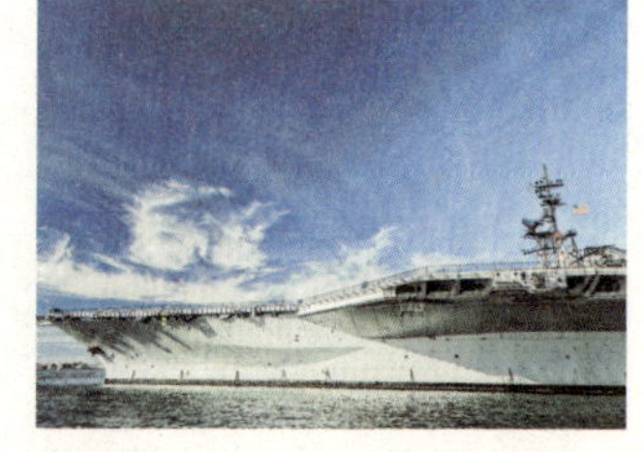

不要门票也能 High

若时间富裕，你可以逛一逛中途岛附近的特色商店，还可以到私人游艇码头观光。如果不想过多地走动，你可以在港口的咖啡馆坐一坐，吹吹海风。黄昏时候，这个军港特别美，你可以坐在广场上看夕阳，还可以坐旋转木马。

圣迭戈老城（**Old Town San Diego**）位于圣迭戈市中心，这里与墨西哥交界，墨西哥移民很多。老城保留着原汁原味的墨西哥风情，还融入了欧美元素。老城的入口处有一座白色的醒目标志，从入口处进去就是步行街，步行街的两边有特色的纪念品小店。纪念品店内的商品琳琅满目，牛仔帽很热销，还出售墨西哥人服饰。有意思的是，路边的一些小车被改装成小型礼品店。漫步于老城，除了欣赏 19 世纪的古朴建筑外，还可以看到墨西哥常见的植物——仙人掌。

·圣迭戈老城·

旅游资讯

Old Town, San Diego, CA

乘坐公交车8、9、10路至Old Town Transit Center站下车即可

全天开放

不要门票也能 High

老城内有咖啡馆，走累了可以进去喝杯咖啡，尽享悠闲时光。若在周六的时候来老城，你可以逛一逛老集市，选购自己喜爱的物品。集市上的服饰、珠宝、陶器以及玻璃制品等都是上好的选择。在老城，乘坐观光电车欣赏 19 世纪的古朴建筑是一种非常棒的体验，你可以尝试一下。

Part11 圣迭戈

圣迭戈市区

3

·圣迭戈巴尔波亚公园·

旅游资讯

1549 El Prado, San Diego,CA 92101

乘坐7、215路公交车至Park Bl. & Zoo Pl. 站下车即可

圣迭戈巴尔波亚公园（**Balboa Park in San Diego**）建于1910年，位于圣迭戈市中心北区，有"美国最大的城市文化公园"之称。这个公园内有摄影、人类历史、艺术等15个主题的博物馆，还有圣迭戈动物园。另外，公园内还有沙漠公园、玫瑰园、热带植物温室以及仙人掌花园等。公园分为南北两大区域，北区以巴拿马广场为中心，有很多博物馆是1915年巴拿马－加州博览会遗留下来的建筑群。南区以泛美广场为中心，这里的建筑具有美国西南部的建筑风格。

走过公园里横跨5号公路的天桥，漫步于东西方向的El. Prado大道上，可以看到人类博物馆（San Diego Musemu of Man）。博物馆建筑气势非凡，底层拱门和2楼落地格子窗两侧均有对称的双行雕工精美的廊柱，有着中古教堂的味道。

老环球剧场（The Old Globe）是模仿莎士比亚剧场风格建成的，每年这里都会举办莎士比亚戏剧节，戏剧节之外的其他时间是向公众开放的。

巴拿马广场（Panama Plaza）的另一边有喷水池，后面是西班牙总督Balboa的雕塑，旁边是公园的游客中心。广场上有西班牙特色的建筑和具有热带风情的棕榈树，为整个广场增添了浪漫的元素。

卡萨普拉多剧院（The Casa Del Prado Theater）是美国历史最悠久的儿童表演剧场。这栋建筑的四排柱子是亮点，上面缠绕的是葡萄雕塑，看上去美轮美

奂。剧院紧挨着西班牙艺术村。

沿着西班牙总督 Balboa 的雕塑往南走，可以看到史普瑞克管风琴表演厅（Spreckels Organ Pavilion），这个管风琴演奏厅会定期举行露天音乐会。

不要门票也能 High

圣迭戈巴尔波亚公园是一个值得参观的大型公园，公园及园内植物园免费开放。需要注意的是，公园内部的博物馆在节假日不对外开放。若要参观博物馆，你需要在非节假日前往，购买 30 美元的联票（一周内有效），用此票可以参观园内的所有博物馆，还是挺划算的。

科罗纳多岛（Coronado）是个不容错过的免费游玩之地。“科罗纳多”在西班牙语中是“皇冠”的意思，这个岛正如皇冠一样，富丽堂皇。这个迷人的度假胜地有着至美海景，躺在树荫下看风景就是一种享受。来到科罗纳多岛，除了欣赏景色以外，你还可以拜访科罗纳多酒店。科罗纳多酒店不是一个普通的酒店，它有着悠久的历史，建于 1888 年，是全世界第一个五星级酒店。

旅游资讯

Coronado, CA 92118

可以在 Embarcadero 的百老汇码头（Broadway Pier）搭乘渡轮前往科罗纳多岛上的 Orange 街

全天开放

不要门票也能 High

严格来说，科罗纳多是半岛而不是岛。科罗纳多岛四面环海，与太平洋零距离接触，海天一色的景观十分吸引人。这个岛一年四季气候宜人，是休闲度假的胜地，你可以在每年夏季、冬季的时候来这里度假。

Part11 圣迭戈

圣迭戈市区

5 •科罗纳多大桥•

旅游资讯

Coronado Bridge, San Diego, CA

乘坐公交车929路至Main St. & Evans St. 站下车即可（还可以从圣迭戈市的San Diego Fwy和John J. Montgomery Fwy进入科罗纳多大桥，前往科罗纳多岛）

科罗纳多大桥（**San Diego-Coronado Bridge**）位于美国西海岸，是一座跨海大桥。大桥有着十分优美的曲线，就像彩虹一样，十分壮观。大桥全长3400多米，有5个车道之宽。大桥高60多米，因此船只可以穿行无碍。大桥无人行道，因此只能在开车经过的时候参观大桥。开车经过大桥的时候，你可以俯瞰圣迭戈的城市美景。

不要门票也能 High

除了开车之外，你还能乘坐游船在远处海面远观大桥。当游船穿过大桥时，你可以抬头仰望大桥。

Part11 圣迭戈

圣迭戈市区

6 •圣迭戈海港村•

旅游资讯

849 West Harbor Drive, Downtown, San Diego, CA 92101

10:00～21:00

圣迭戈海港村（**Seaport Village**）位于圣迭戈湾岸边，这是一个极具特色的旅游之地，这里有着各式各样的建筑。这里不仅有饭店，还有咖啡厅和酒吧。这里绿树成荫、空气清新，很多当地人都喜欢来这里休憩。海陆两栖船和街头艺人是这里的亮点。来到这里，可以散散步，品尝特色美食和咖啡。看到那些很有特点的建筑，你可以用相机记录下来。既然这是一个免费的景点，那么别轻易错过。

不要门票也能 High

到了圣迭戈海港村，有很多种玩法。拍照、购物、品尝美食都能带给你乐趣。另外，你还可以租一辆自行车，骑车看风景；可以坐一坐两栖鸭子车，在欢笑中度过美好的时光；可以坐在海边看日落；可以在海边放风筝；可以带一些食物，坐在绿色的草坪上野餐等。

拉霍亚海滩（**La Jolla Beach**）海岸线曲折蜿蜒，海水湛蓝透明。这里有着良好的生态环境，因此海豹、海狮常常在此出没。另外，这里还是鸟类的栖息地，经常有海鸥在海岸的岩石上休憩。来到这个海滩，让海风轻抚自己的面庞，近距离欣赏海豹、海鸥，在宁静中放松身心，这是一种很好的体验。

旅游资讯

Coast Blvd., San Diego, CA 92037

乘坐公交车30路至Torrey Pines Rd. & Exchange Pl.站下车即可

不要门票也能 High

在这个海滩，到处都透着温馨、抒写着浪漫。除了欣赏风景、近距离观看海豹之外，你还可以玩皮划艇。

圣迭戈·旅游资讯

交通

飞机

圣迭戈国际机场位于市中心，这里有往返于美国境内各大城市的直航航班，也有固定的国际航班。目前，中国还没有直飞圣迭戈的飞机，需要通过在洛杉矶、旧金山等地转机到达。

圣迭戈国际机场			
英文名称	地址	电话	网址
San Diego International Airport	3225 N. Harbor Dr, San Diego CA 92101	619–4002400	www.san.org

到达和离开机场的交通	
交通方式	概况
公交车	若行李不多，则可以乘坐公交车。圣迭戈的 992 路公交车（Route992）连接市中心的 Santa Fe Depot 公交总站和机场，运营时间大概是 05:00 ~ 23:30，工作日每 15 分钟一趟，周末每 30 分钟一趟
机场大巴	若行李较多，则可以乘坐机场大巴，如 Cloud 9 Shuttle / Super Shuttle、Advanced Shuttle 等

火车

圣迭戈地区火车由 Amtrak 运营，全城遍布 6 个火车站。对于游客来说，最常用到的火车站主要为：Old Town、San Diego。乘坐火车往返洛杉矶很方便，单程只需 3 个小时。

圣迭戈火车站信息			
名称	地址	交通	简介
Santa Fe Depot Union Station（SAN）	1055 Kettner Blvd., San Diego,CA 92101	乘坐绿线、橘线轻轨至 Santa Fe Depot 站下车即可	这是圣迭戈市中心的公交总站，乘客在这里能转乘公交车、轻轨与火车。车站内部设有天然红木横梁和颜色鲜艳的瓷砖壁板，十分美观

续表

名称	地址	交通	简介
Old Town Station（OLT）	4005 Taylor St., San Diego,CA 92110	乘坐绿线轻轨至 Old Town Transit Center 站下车即可	这个车站位于圣迭戈老城区

长途汽车

灰狗（Greyhound）是在美国最为常见的一种长途汽车。若要乘坐这种长途汽车，可以在网上提前订票。灰狗的班次多、票价便宜，从圣迭戈到洛杉矶大概需要 2 小时 30 分钟，票价为 18 美元左右。

圣迭戈的灰狗巴士汽车站信息			
地址	电话	交通	网址
1313 National Ave., San Diego, CA 92101	619-5151100	乘坐轻轨蓝线、绿线、橘线至 12th & Imperial Transit Center 下车即可	www.greyhound.com

公交车

公交车单程票价为 2.25 美元，但需先花 2 美元购买罗盘卡（Compass Card）。如果乘车次数多，可以购买一日票（Day Pass），价格为 5 美元。你可以在公交车司机那里购买当次车票或一日票，也可以去 Transit Store 购买。

若在圣迭戈逗留时间较长，则可以购买两日票、三日票或三日以上的连票，但这些票不能在司机处购买，要去车票售卖机器处或 Transit Store 购买，或在网上购买，价格分别为 9 美元、12 美元和 15 美元。

Transit Store 信息		
地址	交通	开放时间
102 Broadway, San Diego	从 Santa Fe Depot Station 步行 10 分钟即可到达	周一至周五 09:00 ~ 17:00

轻轨

圣迭戈的轻轨主要有 3 条线：蓝线（Blue Line）、橘线（Orange Line）和绿线（Green Line）。另外还有一条银线（Silver Line），只在市中心循环。轻轨票价为 2.5 美元，也可用一日票，车票可在轻轨各个乘车点的车票贩卖机处购买。

乘坐轻轨可以游览圣迭戈市中心的重要景点，包括圣地亚哥会展中心（San Diego Convention Center）、老城区（Old Town）、米申谷（Mission Valley）等。

出租车

在圣迭戈可以乘坐出租车出行，只是价格相对较高。出租车起步价 2.8 美元，之后每 1.6 公里加 3 美元，从机场出来要再加 2 ~ 3 美元，下车前记得支付 10% ~ 15% 的小费。

水运

轮渡（Coronado Ferry）或水上出租车（Water Taxi）往返市中心与科罗纳多岛（Coronado Island）。

轮渡

轮渡的运营时间为周日至下周四 09:00 ~ 21:30，周五、周六 09:00 ~ 22:30，每 30 分钟发一次船，票价为每人 4.75 美元。乘坐轮渡，你有机会欣赏到圣迭戈港口的美景。

水上出租车

水上出租车单程票价为每人 8 美元，运营时间为周五至周日 12:00 ~ 22:00，你需要通过电话预订。预订电话为：619-2358294。

美食

在圣迭戈，你可以吃到多种美食，如海鲜、牛肉等都是不容错过的特色美食。这里的餐厅环境都很好，食物价格合理。

圣迭戈美食餐厅推荐

Leroy's Kitchen+Lounge

1015 Orange Ave., Coronado, CA 92118

619-4376087

Leroy's Kitchen+Lounge 是一家深受当地人喜爱的餐厅，这里的环境良好。餐厅有优惠券，若在这里用餐，你可以节省一些费用。餐厅提供玉米饼、烤金枪鱼三明治、松露奶酪三明治等美食，值得品尝。餐厅的服务员态度良好、服务周到。

Eddie V's–La Jolla

1270 Prospect St.,La Jolla,CA 92037

858-4595500

Eddie V's–La Jolla 是一家主营海鲜的餐厅，这里的服务员态度良好。来到这里，你可以坐在封闭的露台里用餐。菲力牛排、饮料和甜点都是不能错过的美味佳肴。这里的食物一定可以满足你的味蕾。

Crab Catcher

1298 Prospect St.,La Jolla,CA 92037

858-4549587

Crab Catcher 餐馆是一个很棒的用餐之地，这里的食物都十分可口，例如：金枪鱼、蟹饼、炸薯条、三明治和烤虾等。在这里吃饭的同时还可以欣赏日落美景。如果你来这里用餐，一定会成为难忘的回忆。

Oceana Coastal Kitchen

3999 Mission Blvd.,San Diego,CA 92109

858-5398635

Oceana Coast.al Kitchen是一家西餐厅，这里的牛排烤制得非常美味，海鲜制作得也十分精细。食物价格都不是很贵，很容易接受。这个餐厅有着良好的地理位置，在这里用餐的时候，你可以欣赏到美丽的海景，十分惬意。餐厅提供的肋眼牛排、土豆泥、蒸芦笋等都是不容错过的美食。

Herringbone

7837 Herschel Ave.,La Jolla,CA 92037

858-4590221

Herringbone 是一家主营海鲜的餐馆，位于海边，若在这里吃饭，你可以边吃饭边看风景。餐馆提供的龙虾卷、沙拉味道都很棒，别轻易错过。总体来说，这里的西餐味道都不错，你可以带着好友一起来享用美食。

Caffe Bella Italia

1525 Garnet Ave.,San Diego,CA 92109

858-2731224

Caffe Bella Italia是一家意大利西餐馆，这里的环境非常好，服务也十分周到。餐馆提供独具特色的意大利面，价格合理。虽然这个餐馆的面积不大，但是却有着浪漫的氛围。来这里用餐，你一定不会失望的。

住宿

圣迭戈的住宿地不少，环境都很棒，价格也不是特别贵。如果提前在网上预订，还有优惠。

圣迭戈住宿地推荐			
名称	地址	电话	网址
希尔顿圣迭戈海湾酒店 Hilton San Diego Bayfront	1 Park Blvd.,San Diego, CA 92101	619-5643333	www3.hilton.com
圣迭戈君悦酒店 Manchester Grand Hyatt San Diego	1 Market Pl.,San Diego,CA 92101	619-2321234	manchester.grand.hyatt.com
希尔顿高尔夫度假村 DoubleTree by Hilton Golf Resort San Diego	14455 Penasquitos Dr., San Diego,CA 92129	858-6729100	doubletree3.hilton.com
普瑞斯快捷假日酒店 Holiday Inn Express San Diego Downtown	1430 Seventh Ave.,San Diego,CA 92101	619-6960911	www.ihg .com
温德姆花园酒店 Wyndham Garden San Diego near SeaWorld	3737 Sports Arena Blvd., San Diego,CA 92110	619-8816100	www.wyndham.com

购物

到圣迭戈游玩，可以逛一逛当地的特色购物中心，例如：西田 UTC 购物中心、西蒙时尚购物中心等。在购物中心内，你可以精心挑选心仪的物品。

圣迭戈购物地推荐

西田 UTC 购物中心

4545 La Jolla Village Dr.,San Diego,CA 92122

858-5468858

西田 UTC 购物中心（Westfield UTC）拥有多间展厅和商铺，商品琳琅满目，既有时尚服装，也有独具特色的家具。购物中心内有梅西百货（Macy′s）、西尔斯百货（Sears）、诺德斯特龙百货（Nordstrom）等。在这个购物中心，除了购物之外，你还可以享用美味的食物，在 Seasons 52、Tender Greens 可以品尝到地道的当地美食。

西田霍顿广场

324 Horton Plaza,San Diego,CA 92101

619-2398180

西田霍顿广场（Westfield Horton Plaza）是一个大型购物商场，这里有多家店铺，你可以买到新潮的时装、珠宝首饰。除了挑选心仪的商品之外，你还可以在这里品尝美食。这里有中餐，在吃饭的同时，你还可以欣赏爆笑的喜剧演出。

流行谷中心

7007 Friars Rd., Suite 302 San Diego, CA 92108

619-6889113

流行谷中心（Fashion Valley）是圣迭戈知名的购物地，这里有多种品牌。精品时装屋、时尚画廊、流行商铺等云集于此。另外，你还可以在这里找到各种风味的餐馆，尽情享用美食。

Part12 西雅图
西雅图市区

1·不容错过的免费节庆·

西雅图节庆

节庆名称	时间	举办地	简介
西雅图船舶展	每年的 1 月底、2 月初	西雅图市内	届时，会展出顶尖销售商的全新船只，包括船舶所需的导航系统和硬件等相关航行配件。参观者可以登船参观，还能购买游艇、机动船或者帆船
西北花卉与园艺展	每年 2 月中旬	西雅图市内	届时，会举办各种与花卉相关的展览、花艺大赛以及园艺大师讲座
滑水节	每年春天的第 4 周	西雅图市内	届时，会有世界级水平的歌舞表演、杂技表演、马戏表演、喜剧表演以及其他音乐戏剧表演
西北民俗节	一般为 5 月底	西雅图市内	届时，来自西北的人们会展示热情的音乐和舞蹈。表演者很多，包括爱尔兰的中东舞者、兰草小提琴手、非洲鼓手、斯卡乐队等

续表

节庆名称	时间	举办地	简介
西雅图国际电影节	每年 5、6 月份	每年影片展映剧院不同，主会场一般都会在 SIFF 电影中心（SIFF Film Center）	西雅图国际电影节是欣赏国际独立电影的好机会，每年 25 天的时间，播放超过 70 个国家的短片和纪录片。届时，来自世界各地知名的电影人和制作人会出席该电影节，带来全美国甚至全世界的首映礼
西雅图美食节	每年 7 月中旬	西雅图市内	届时，各种美食汇集在一起，供人们品尝，如果你有幸参加西雅图美食节，那么不要错过美味的夹饼

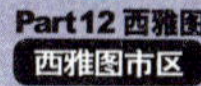

2·免费游玩线路设计·

华盛顿大学→凯瑞公园

用 1 天时间免费游览华盛顿大学和凯瑞公园足够了。上午，你可以先前往华盛顿大学赏樱花，参观校园内像教堂一样的图书馆。黄昏时分，你可以前往凯瑞公园，在那里欣赏西雅图夜景。

西雅图码头区→西雅图中央图书馆→西雅图摩天轮

早上，你可以先去西雅图码头区游览，逛一逛这片区域，到中午的时候可以品尝美味的“敲螃蟹”。吃过午饭后，即可前往西雅图中央图书馆参观，在那里看一会儿书。离开西雅图中央图书馆之后，你可以去参观一下西雅图摩天轮，不乘坐，一饱眼福即可。

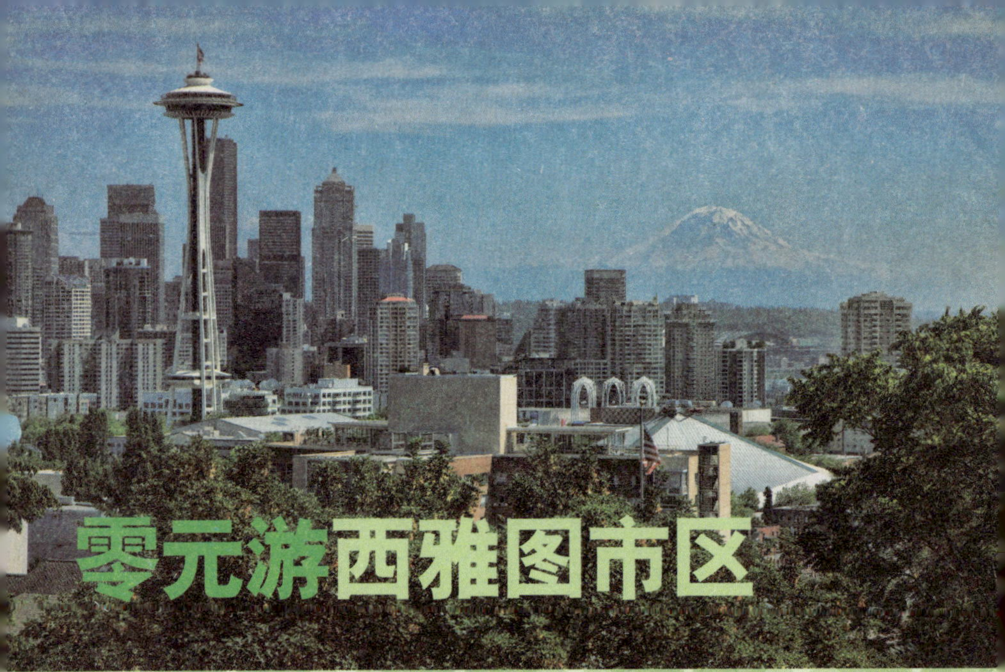

零元游西雅图市区

Part12 西雅图
西雅图市区

1 ·凯瑞公园·

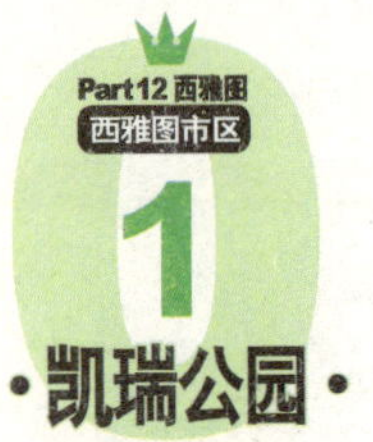

凯瑞公园（Kerry Park）是一个风景优美的公园，这里是观赏西雅图全景的最佳地点。在这个公园里，不仅可以看到太空针塔，还可以在天气晴朗的时候拍摄到雷尼尔雪山。当黄昏来临的时候，整个西雅图变得异常美丽，此时可以拍摄到与众不同的城市景色。这个公园是西雅图最古老的居民区之一，聚集着许多古色古香的房子。免费进入凯瑞公园游览，是一种非常棒的体验。需要注意的是，凯瑞公园依山而建，坡路有些陡，因此步行上山时要多加小心。

旅游资讯

211 West Highland Drive, Seattle, WA 98119

乘坐公交车2、13、29路至Queen Anne Ave. N & W Highland Dr.站下车后步行前往即可

全天开放

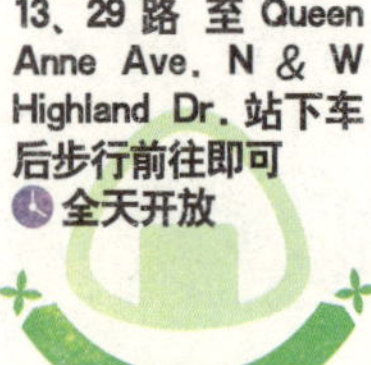

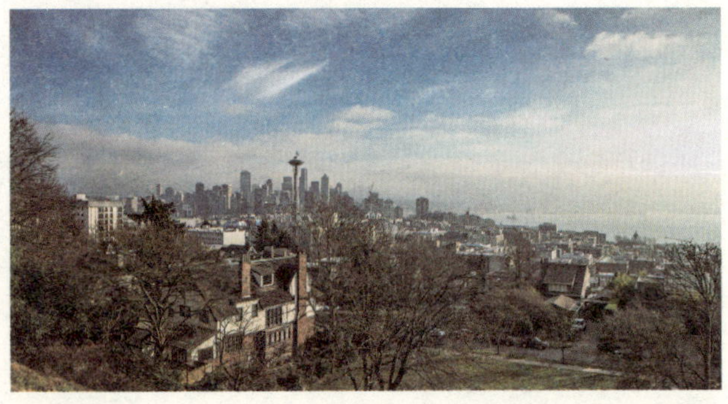

西雅图码头区（**Seattle Waterfront**）是值得逛一逛的好去处，从阿拉斯加路52号到70号码头被称为西雅图码头区。在这片区域，有购物中心、餐厅等，轮渡、巡洋船以及游船从这里启航。来到码头区，你可以在码头公园的喷泉旁闲庭信步。肚子饿了，还可以去吃当地的特色美食“敲螃蟹”。

从55号码头出发，可以乘坐Argosy游轮体验历时1小时的海湾之旅。在Elliott海湾环绕一圈，伴着清凉的海风，在海面上看市区林立的高楼大厦、高耸的太空针塔以及西雅图水手队主场。

玩累了，肚子很饿的时候，不妨前往57号码头附近的餐厅“The Crab Pot”品尝美味的“敲螃蟹”。在这里吃螃蟹挺有意思的，进去之后要先围上画着店内卡通人物的围兜，然后用小木槌敲敲打打地剥开螃蟹壳，接下来才能把美味送入口中。

旅游资讯

Alaskan Way，Pier 52-70，Seattle，WA 98101

乘坐公交车71、73、101、102、106路至University St. 站下车后朝西南方向步行即可

西雅图摩天轮（**Seattle Great Wheel**）是美国西海岸最高的摩天轮，它是57号码头上的地标。你可以不乘坐摩天轮，免费参观一下也挺好的。最好在太阳下山的时候去参观，因为那时的摩天轮被夕阳映衬得十分迷人，只是站在远处看一看，你就会陶醉其中。需要注意的是，如果你在夏天前往西雅图游玩，那时太阳都是21:00多下山，不用去得太早。

旅游资讯

1301 Alaskan Way，Seattle，WA 98101

乘坐公交车47、99、113路至1St Ave. & Union St. 下车后步行前往即可

·西雅图中央图书馆·

旅游资讯

1000 4th Ave., Seattle, WA 98104

乘坐公交车2、12、630路至Madison St. & 5th Ave.站下车即可

西雅图中央图书馆（**Seattle Central Library**）的外观就值得参观，该馆由荷兰建筑师Rem Koolhaas设计，可谓独具匠心。建筑的11层玻璃和钢铁结构棱角分明，整体造型呈半透明状。因为这样的独特设计，走在路上的行人可以在外面看到图书馆的内部。由于馆内光线良好，因此在图书馆阅览区的人可以拥有广阔的视野。

图书馆的1层是国际阅览区，这里有西班牙语、俄语、越南语等语言的图书，当然也有中文书。1层设有儿童阅览区，相当温馨。4层是城市观景平台，这里的红色背景十分夺目，在这里不仅可以阅读，还可以俯瞰西雅图市中心的景观。

馆内有参观指南路线图，你可以拿着它参观整个图书馆，置身于图书的海洋中，寻找图书馆每一个角落的亮点。

不要门票也能High

只需要过一道安检，你就可以免费进入图书馆内看书。里面有电脑，你可以免费上网。手机没电的时候，你可以坐在座位上，免费给手机充电。另外，你还可以凭护照等有效证件免费办理图书卡。总而言之，这个图书馆是一个免费休憩的好地方。

·李小龙墓·

旅游资讯

1554 15th Ave., NE, Seattle, WA 98112

乘坐公交车10路至15th Ave.E & E Galer St.站下车即可

李小龙墓（**Brandon Lee and Bruce Lee's Grave Site**）是一个不容错过的免费景点。很多人都知道大名鼎鼎的李小龙，若能参观李小龙墓，那是莫大的荣幸。李小龙墓是功夫巨星李小龙的安息之地，来这里参观就是一种“朝圣”。李小龙让全世界记住了中国功夫，还开创了独立电影里功夫片的先河。李小龙墓位于西雅图风景优美的湖景公墓，这里是一片常年青翠如茵的半山坡地。需要注意的是，李小龙墓所在的位置靠里面，因此你最好借助地图导航进去参观。

拓荒者广场（**Pioneer Square**）是西雅图的旧区，这里有许多相当“年轻”的古迹，如拓荒者大楼、保存了 20 世纪 30 年代西部风格的酒吧以及艾略特潘书局。广场上的其他商店，在柔和的灯光映照下，也令人感受到怀旧典雅的情调。广场上的国立克朗代克淘金热史迹公园，集大量文物、雕塑及放映电影为一体，可让游人缅怀一下当年的历史，因而成为最吸引人的景点。

Pioneer Square, Seattle

乘坐公交 15、18、21、22、56 路可到

09:00 ~ 17:00

不要门票也能 High

在拓荒者广场参加热门行程“地下之旅”，是了解西雅图历史最快的方式。在旅程中，你可以看到当初的饭店、百货商场等，地下街道的灯光灰暗又潮湿，进入眼帘的是蜘蛛网、灰尘、老旧的水管等。走在这时光隧道般的历史中，你会感到百年光阴如此之短，短的伸手便可触及。

派克市场（**Pike Place Market**）拥有百年的历史，是西雅图历史悠久的农贸市场。市场内有餐馆、咖啡馆、酒吧等场所。在好莱坞电影《西雅图不眠夜》中，男主角与友人倾吐心事的餐厅就位于此，这里也是品尝鲜美食物的好去处。此外，市场内有曾被评为“全世界十大酿酒厂之一”的啤酒屋，每天提供自酿的招牌啤酒。市场内的卖鱼摊位是著名的“快乐鱼市”，这里每日都上演着“飞鱼秀”，大鱼、螃蟹、龙虾等在鱼贩们的手中飞来飞去，一派热闹场面。

旅游资讯

Pike Place Market, 86 Pike Pl., Seattle

乘公交 15、18 路可到

周一至周六 09:00 ~ 18:00；周日 11:00 ~ 17:00

不要门票也能 High

在市场里，最惬意的事情就是随意走一走。你可以在手工艺品摊上淘到心仪的礼物，可以将礼物送给亲人或朋友。这里有很多特色小店，可以带给你惊喜。各种餐馆和酒吧可以让你流连忘返。中餐馆已经在市场经营了 20 多年，用餐的时候可以看到海边的景色，里面的食物很丰富，还能找到粽子、麻球、春卷等中国小吃。

西雅图中心（**Seattle Center**）是为举办 1962 年的世界博览会而建造的，包括太空针塔、儿童博物馆以及狂欢的摇滚音乐博物馆，周围还有许多餐厅。其中的太空针塔是最引人注目的景点，其奇特的造型就像"一个飞碟立在细长的金属上面"，非常前卫。

不要门票也能 High

如果不想乘公交车去市中心的话，搭乘单轨铁路还是挺方便的。它在 Seattle Downtown 的终点是 Westlake Center，这是一座很大的购物中心，从那里走到 Pike Market Place 和码头只需 10 分钟左右。另外，从空中观看西雅图的市容，如街道和建筑别有一番风味。

旅游资讯

305 Harrison St.，Seattle，WA 98109

206-6847200

乘坐公交车 3、4、82 路至 5th Ave.N & Broad St. 下车后步行前往即可

弗里蒙特（**Fremont**）是一个非常时尚的地区，在 20 世纪 60 年代有“艺术家共和国”之称，这里还住着学生、艺术家和文人。后来，这里的性质转变，但是至今仍然保持着优良的传统，如夏至游行。另外，在弗里蒙特的公共艺术区内，有一尊 4 米高的列宁雕像。

Part12 西雅图
西雅图市区

9

·弗里蒙特·

旅游资讯

8th St., NW, Seattle

乘坐 26、28 路公交可到

华盛顿大学（**University Of Washington**）是美国西北部最重要的高等学府。该校园就像一个生机勃勃的大花园，有 200 多座不同风格的建筑。在校内，还有一个伯克自然史和文化博物馆，该馆的主要看点是恐龙化石和西北部原住民艺术品。在校园的西部，有一条小街，街道旁边遍布着书店、小酒馆和饭店等。免费进入校园参观，是很棒的体验。

Part12 西雅图
西雅图市区

10

·华盛顿大学·

不要门票也能 High

除了美丽的校园风光外，华盛顿大学还有繁华的购物街——45 大街。这条大街上不仅有不同国家风味的餐馆，还有西雅图最大的连锁书店——University Book Store，海报专卖店——Hang it Up，休闲品专卖店——M.J.Feet 以及其他各式各样的商店。

旅游资讯

4020 E Stevens Way, Seattle, Washington

乘坐公交车 7、25、43、70、71、72、73 路可到

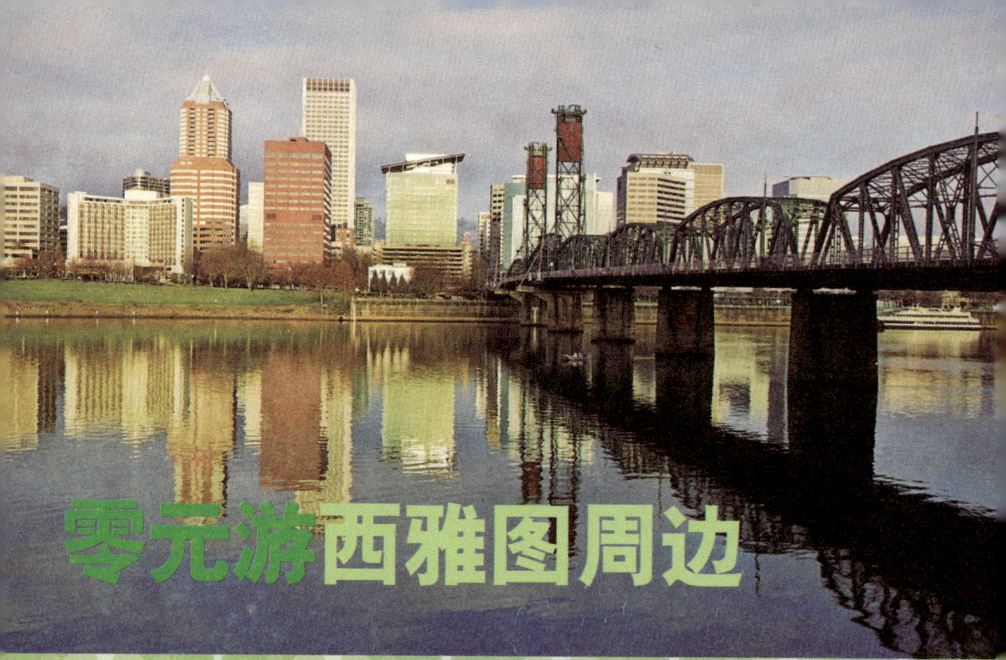

零元游西雅图周边

Part 12 西雅图
西雅图周边

1 ·汤森港·

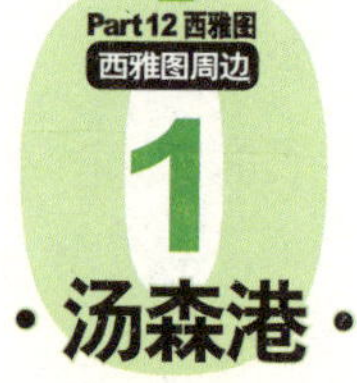

汤森港（**Port Townsend**）是一个繁忙的海港，建于19世纪晚期。一直以来，汤森港都散发着一种浓厚的历史气息，因此，每年都有超过100万的游客来此地观赏维多利亚时代的豪宅、狭长的山区景色与水上奇观。

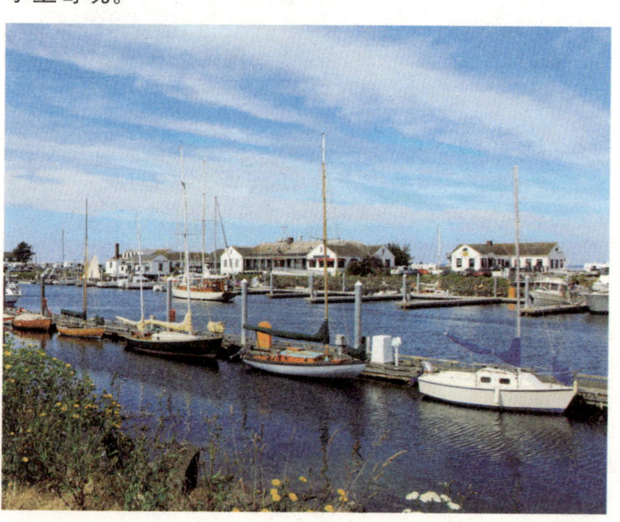

旅游资讯

Port Townsend, Washington

可以从惠德比岛上的基斯通出发或从埃德蒙兹坐轮船出发

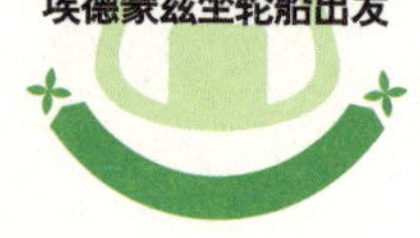

·西雅图→波特兰

波特兰（**Portland**）是位于美国俄勒冈州的城市，由于该市临近太平洋，所以这里有着海洋性气候。湿润的气候比较适宜种植玫瑰，因此波特兰市内有很多玫瑰种植园，波特兰被称为“玫瑰之城”。在美国，波特兰是人均收入较高的城市，加之湿润的气候，使得它连续多年被评为美国最宜居的城市之一。对于世界各地的游客来说，到波特兰游玩，参观美丽的玫瑰花是一种非常棒的体验，这里的玫瑰花品种多，色彩缤纷。

前往波特兰

从西雅图前往波特兰，可以选择自驾的方式。从西雅图市中心到波特兰市中心，自驾大概需要3个小时。在自驾的过程中，你可以欣赏沿途的风景，这也是一种非常棒的体验。

另外，你还可以先从西雅图乘坐灰狗巴士到天使港（Port Angeles），然后再从天使港乘坐14路公交车至Forks。

先锋法院广场（**Pioneer Courthouse Square**）是个可以免费参观的广场，因法院对面的先锋法院而得名。这个广场的面积很大，占地3000多平方米。广场的地面上铺着红砖，这些红砖上刻着一些人的名字。广场附近有购物中心，你可以进去挑选免税的商品。

旅游资讯

701 SW Sixth Ave.,Portland,OR 97205

乘坐公交车8、9、17、43、66路至SW 6th & Alder站下车后步行前往即可

位于落基山脉的哥伦比亚河，在俄勒冈和华盛顿州的交界处形成了一条美丽的河谷——**哥伦比亚河谷（Columbia River Gorge）**，河谷气势雄伟。天气晴朗的时候，河面上波光粼粼，美得醉人。河谷区有几条瀑布，气魄非凡，值得参观。这个河谷是户外爱好者的天堂，许多人都喜欢在这里进行激流皮艇运动，你也可以体验一下。河谷景区面积很大，值得花费时间游览。

旅游资讯

E Historic Columbia River, Cascade Locks, OR 97014

国际玫瑰试验园（International Rose Test Garden）是一个可以免费参观的美丽花园。园内种植了许多玫瑰花，一般在5月开始绽放，芳香四溢，在夏末秋初的时候，玫瑰花会被修剪。波特兰享有"玫瑰之城"的美誉，通过这个国际玫瑰试验园就可以看出，玫瑰花就是波特兰的象征。在夏季的夜晚，玫瑰园里的露天舞台有精彩的音乐演出活动，值得欣赏。

Part12 西雅图
西雅图周边
3
·国际玫瑰试验园·

旅游资讯

400 SW Kingston Ave., Portland, OR 97205

503-8233636

乘坐公交车63路至SW Rose Garden Blvd.& Sherwood站下车后步行前往即可

07:30～21:00

Part12 西雅图
西雅图周边
4
·石窟露天大教堂·

石窟露天大教堂（He Grotto）就像一座神殿，位于波特兰市东北区。岩洞前有一个很大的广场，可以容纳数百人。如果你只是在山下参观石窟露天大教堂，是免费的。如果你想乘坐电梯到达上面的花园，就需要买票。

旅游资讯

8840 NorthEast Skidmore St., Portland, OR 97220

503-2547371

乘坐公交车12路至NE Sandy & 86th站下车后步行前往即可

@ www.thegrotto.org

西雅图·旅游资讯

交通

飞机

西雅图－塔科玛国际机场（Seattle Tacoma International Airport）是西雅图的主要机场，简称为西塔国际机场。该机场位于西雅图与塔科玛之间的洲际99号公路上。该机场有飞往北美、欧洲和远东的航班。

从西雅图－塔科玛国际机场到市区的交通	
交通方式	详细资讯
灰线机场快线（Gray Line Airport Express）	提供从国际机场到市中心七家大型旅馆的快速巴士服务，每20分钟一班，单程票7.5美元，往返票13美元
公交车	可以在机场乘坐174或194路公交车到达市区，大概需要40分钟，公交车起价为1.25或2美元
出租车	在机场乘坐出租车到市区需要30美元

其他外部交通

除了飞机以外，西雅图还有几种外部交通方式，包括火车、长途巴士以及轮船。通过这些交通方式，你可以从西雅图前往美国其他各大城市。

其他外部交通			
名称	地址	电话	交通概况
火车	303 South Jackson St.,Seattle	206-2960100	西雅图的火车站为国王火车站（King Street Station），这个火车站有多条铁路，通往美国各个较大的城市
长途巴士	811 Stewart,Seattle	206-6285561	灰狗汽车站是西雅图的主要汽车站，该站有到达美国各大城市的班车
轮船	西雅图市区69号码头	206-4485000	西雅图靠近加拿大，在西雅图乘轮渡用3个小时就可以到达加拿大维多利亚。轮渡冬季有两班，夏季每天有两班

市内交通

西雅图市内交通工具有公交车、出租车、电车、有线巴士等，在当地游玩时，乘坐这些交通工具十分方便。

西雅图市内交通信息		
交通方式	交通费用	交通概况
出租车	1.8 美元起价，1.6 公里以后每分钟 0.5 美元	西雅图有 FarWest Taxi（206-6221717）、Gray Top Taxi（206-2828222）、Yellow Cabs（206-6226500）等大公司。若要搭乘出租车，要在出租车停车点乘车或打电话叫车
单轨电车	票价 2 美元 / 人	单轨电车连接西雅图市中心的西湖中心（Westlake Center）和西雅图中心，全程只需几分钟时间，而且没有停靠站。单轨电车的运营时间是 11:00 ～ 19:00
隧道巴士	票价和巴士一样	隧道巴士主要在西雅图第 3 大道（3Rd.Ave.）的地下运行
专线巴士（Metro Bus）	2 ～ 2.5 美元	专线巴士的线路覆盖市中心和周边地区，在商业区（Downtown）免费乘坐，在 1 区（1-Zone）和 2 区（2-Zone）乘坐收费。非高峰期 2 美元，高峰期 2.5 美元，从 1 区（1-Zone）乘坐专线巴士到 2 区（2-Zone）需要 2.75 美元，在 90 分钟内可以免费换乘

美食

西雅图的美食以海鲜为主，包括螃蟹、鲑鱼、鳟鱼、鳕鱼等。西雅图还有来自华盛顿州草原的烤牛排，这种牛排鲜嫩可口。在西雅图的唐人街有各国风味餐厅，包括中国、韩国、越南以及泰国的餐厅，这些餐厅的美食都让人垂涎欲滴。

西雅图必尝美食

咖啡

西雅图人比较喜欢喝咖啡，有 150 多家星巴克店面以及 200 多家贩卖 Espresso 的咖啡摊。西雅图的咖啡香醇浓厚，口感还不错，值得品尝。

蚝

西雅图的蚝非常好吃，既可以带壳生吃，还可以浅炸而食。红绿蚝、帕默森蚝以及波本蚝都是非常诱人的美食。

海鲜杂烩浓汤

海鲜杂烩浓汤（Chowder）是一种黏稠状的浓汤，选用鱼或蛤，加入马铃薯、洋葱炖制而成。这种浓汤大致可以分为 4 种，Cioppino、Bouillabaisse、Bisque 和 Gumbo。Cioppino 是用带壳的螃蟹、虾和蛤熬制而成的汤，味道十分鲜美；Bouillabaisse 是用鱼、蔬菜、洋葱和番红花炖成的法式海鲜浓汤；Bisque 是用龙虾、大虾和螯虾裹上面粉制作而成；制作 Gumbo 的过程中加入了秋葵，因此 Gumbo 的味道更加醇香。

螃蟹

在西雅图时，一定要品尝一下大螃蟹。11 月是美洲 Dungeness 大螃蟹上市的时候，这个时间可以按照传统吃法品尝大螃蟹，将大螃蟹清蒸以后蘸醋吃。另外，还可以加入奶油酱、意大利酱以及黑豆酱等调料吃，味道会更棒。

Brownie 甜品

Brownie 甜品香甜可口，外面松脆，里面柔软，口感非常好。如果你喜欢吃甜品，不妨尝一尝西雅图的 Brownie 甜品。

西雅图美食餐厅推荐

Elliott Bay Café

1521 10th Ave.,Seattle
206-4368482
快餐 5～6 美元
www.elliottbaycafe.com

Elliott Bay Café 提供色拉、三明治、海鲜汤以及 Top Pot 手工炸面包圈，味道不错，值得品尝。

Mama's Mexican Kitchen

2234 2nd Ave.,Seattle
206-7286262
主菜 5～8 美元
www.mamas.com

Mama's Mexican Kitchen 是一家不错的餐厅，这里最受欢迎的菜肴是墨西哥玉米煎饼和很棒的玛格丽塔酒。有时，这里还有爵士乐队演出，是一个不错的用餐地。

Cactus

4220 E Madison St., Seattle
206-3244140
午餐 8～10 美元，晚餐 10～15 美元
www.cactusRestaurants.com

从装潢到菜品，Cactus 都很有特色，餐厅主要提供墨西哥风味的美食。很多好莱坞的明星都喜欢来这里用餐，你也可以来这里品尝美食，说不定还能遇见自己的偶像呢！

Shiro's Sushi Restaurant

2401 2nd Ave., Seattle
206-4439844
寿司 4 美元，主菜 16～20 美元
www.shiros.com

Shiro's Sushi Restaurant 是一个很受欢迎的日本寿司店。在这里不仅能够吃到种类多样的寿司，还能吃到厨师们现做的新鲜寿司。你也可以跟厨师们学习，尝试一下制作寿司。

Copperleaf Restaurant

18525 36th Ave., Seattle
206-2144282
www.cedarbrooklodge.com

Copperleaf Restaurant 的位置和环境相当不错，它有露天座位，从露天餐桌区可以俯瞰到郁郁葱葱的湿地。建议尝尝这里的蟹肉三明治、蛤蜊杂烩汤、新鲜的面包、热巧克力和甜甜圈。

特色餐厅推荐

名称	地址	电话
意大利香肠店	309 Third Ave.,Seattle	305-5310361
滨城餐厅	1046 S.Jackson St.,Seattle	305-5340268
比彻的小屋	1600 Pike Place,Seattle	_
六七餐馆	2411 Alaskan Way,Seattle	305-8667661

西雅图有各种类型的住宿地，包括经济型旅馆、中档酒店以及高档酒店等。夏天是西雅图的旅游旺季，在旺季时住宿费比较高。若在旅游旺季去西雅图游玩，可以选择经济型的小旅社，或者提前预订酒店。

西雅图高档酒店			
名称	地址	电话	网址
西雅图 W 酒店 W Seattle Hotel	1112 4thFourth Ave., Seattle	206-2646000	www.wseattle.com
索伦托酒店 Sorrento Hotel	900 Madison St., Seattle	206-6226400	www.hotelsorrento.com
市场酒店 Inn at the Market	86 Pine St.,Seattle	206-4433600	www.innatthemarket.com
西雅图威斯汀酒店 The Westin Seattle	1900 5th Ave.,Seattle	206-7281000	www.westinseattle.com
西雅图第五酒店 Hotel Five Seattle	2200 5th Ave.,Seattle	206-4419785	www.hotelfiveseattle.com

西雅图中档酒店			
名称	地址	电话	网址
西雅图王牌大酒店 Ace Hotel, Seattle	2423 1St.,Ave., Seattle	206-4484721	www.acehotel.com
派拉蒙酒店 The Paramount Hotel	724 Pine St., Seattle	206-2929500	www.paramounthotelseattle.com
西雅图机场红屋顶客栈 Red Roof Inn Seattle Airport – SEATAC	16838 International Blvd.,Seattle	206-2480901	www.redroof.com
西雅图机场快捷酒店 Holiday Inn Express Hotel & Suites Seattle-Sea-Tac Airport	19621 International Blvd.,SeaTac	206-8243200	www.ihg.com
西雅图西塔机场菲得酒店 Fairfield Inn Seattle Sea-Tac Airport	19631 International Blvd.,SeaTac	206-8249909	www.marriott.com

西雅图经济型旅馆			
名称	地址	电话	网址
穆尔酒店 Moore Hotel	1926 2nd Ave.,Seattle	206-4484851	www.moorehotel.com

续表

尼克尔斯小旅馆 Pensione Nichols Bed and BreakfaSt.	1923 First Ave.,Seattle	206-4417125	www.pensionenichols.com
罗德威旅馆 Rodeway Inn	2930 S 176th St., SeaTac	206-2469300	www.rodewayinn.com
西雅图城市青年旅舍 City Hostel Seattle	2327 2nd Ave.,Seattle	206-7063255	www.cityHostelseattle.com
国会山公寓 Bed and Breakfast on Capitol Hill	739 Broadway E, Seattle	206-3255300	www.bbcapitolhill.com

购物

西雅图的购物村不但品牌齐全，而且交通便利，每逢换季的时候，购物村便成为美国人和加拿大人的理想购物地。这里的物品更加休闲和实用，折扣也很吸引人，大部分名牌折扣都达到 30% 以上。

派克市场

Pike Place Market,86 Pike Pl.,Seattle

206-6827453

乘公交 15、18 路可到

周一至周六 09:00～18:00，周日 11:00～17:00；许多农产品卖主夏季在 08:00 开门，餐厅则另有不同；元旦、复活节、感恩节以及圣诞节不开放

派克市场不仅是西雅图著名的旅游胜地，还是很多游客购物的首选地。不管是到这里来买新鲜的水果、海鲜，还是购买西雅图的特色商品都是非常不错的。此外，这里还有进口商品店、古董店、收藏品店等，只要你善于发现，一定会找到你满意的商品。

Pacific Place

600 Pine St.,Seattle

206-4052655

乘公交车 41、71、72、101 等路到 Westlake Station 站下即可

www.pacificplaceseattle.com

Pacific Place 坐落在西湖中心的旁边，是西雅图市中心的一个高级购物中心。这里云集了很多世界名牌，如 Tiffany & Co、Chico's、L'Occitane、Helly Hansen、Restoration HaRd.ware、Ann Taylor 等。此外，这里还有很多高级餐厅、电影院等，是逛街休闲的好去处。

Seattle Premium Outlets

10600 Quil Ceda Blvd., Tulalip
360-6543000
www.premiumoutlets.com

在西雅图的北边，距离西雅图车程约 50 分钟的地方有一个奥特莱斯购物村。那里有很多品牌服装和鞋子的直销店，店铺的数量超过 100 家。每家店的商品都是正品，但打折很厉害，你可以以原价三分之一的价格买到心仪的商品。购物村中还有购物小车可以租赁，小车有 1 个座位和 2 个座位的，价格在 5～6 美元 1 天。如果是带着孩子来购物的话，租一个小车是非常方便的。

娱乐

在阳光明媚、风和日丽的西雅图，有很多娱乐活动。不论是游览西雅图各种特色的公园、在城市中骑车穿梭、去市中心购物、在海滩及湖边漫步，或去咖啡厅品一杯咖啡、在酒吧浅饮一杯美酒，又或是去夜总会、俱乐部狂欢，都不会令你失望的。

星巴克

1912 Pike Pl., Seattle
206-4488762
www.starbucks.com

这家星巴克（Starbucks）坐落在帕克市场内，据说是西雅图第一家星巴克。在这么一个古老的咖啡店里，喝着香醇的咖啡，安静地看着书，慢慢地度过一个悠闲的下午，安逸舒适。在店内，有星巴克历史介绍，还有很多星巴克的纪念品出售，很多纪念品都是独一无二的。

Benaroya Hall

200 University St., Seattle
206-2154800
乘公交车 216、218、255、550 等路到 University Street 站下
www.benaroyahall.org

Benaroya Hall 位于西雅图市中心第二大道和 University St. 的交汇处，是一个比较大的音乐厅，西雅图著名的地区性合唱团 Seattle Symphony 经常在这里演出。

Part 13 美国·旅行信息

证件

办理护照要趁早

出境旅游，首先需要准备的证件就是护照。如果你没有护照或者所持护照有效期不满 6 个月，就必须去办理或者更换护照。根据最新的规定，全国现在共有 43 个城市的外地人可以携带本人有效身份证或户口簿以及其他相关要求材料在当地办理外，其他城市的人则需要携带有效身份证或户口簿在本人户口所在地办理。可以就近办理护照的城市有：北京、天津、石家庄、太原、呼和浩特、沈阳、大连、长春、哈尔滨、上海、南京、杭州、宁波、合肥、福州、厦门、南昌、济南、青岛、郑州、武汉、长沙、广州、深圳、南宁、海口、重庆、成都、贵阳、昆明、西安、无锡、常州、苏州、温州、嘉兴、舟山、泉州、株洲、湘潭、珠海、东莞、佛山。

·护照办理流程·

方式 1：浏览器搜索“xx 市公安局出入境管理处”，进入网站后找到“表格下载”栏目，选择下载“中国公民出入境证件申请表”，打印并按要求填写。

方式 2：携带本人身份证或户口簿到当地公安局出入境管理处填写该表，并复印相关证明材料。

在表上贴上符合要求的照片（也可到出入境管理处拍照），与其他所需材料递交到受理窗口，待工作人员审核完毕后，领取《因私出国（境）证件申请回执》单，核对回执单内容确认无误后签名。最后按要求录入指纹。

持《因私出国（境）证件申请回执》到收费处交费。

方式 1：本人按规定的取证日期，携《因私出国（境）证件申请回执》、缴费单、本人身份证件到出入境接待大厅领证。

方式 2：让他人带领，需携《因私出国（境）证件申请回执》、缴费单、托付人身份证件、你自己的身份证件复印件去领取。

方式 3：选择快递，需在办理护照当天，凭《因私出国（境）证件申请回执》到出入境管理处内的邮政速递柜台办理手续并缴纳快递费。

签证办理并不难

申请美国非移民签证都要提前预约并接受面谈。如今，在美国驻华大使馆的官网上，从申请、交款到预约面签时间都可在线完成，十分便捷。而签证能否成功取决于面签这一关，面签是要举证自己没有移民倾向，签证官会提以下常规问题：“出国做什么”“现在做什么工作”“工作月收入是多少”“本次出国的行程安排是什么”等。在面谈中诚实是非常重要的，错误引导、说谎或者出示相关虚假材料都可能导致永久拒签。

·申请流程·

1. 在线填写 DS–160 表格，并打印出带有条形码“确认页”

在美国驻华大使馆的官网填写 DS–160 表（需上传电子照片，白底正面像，600×600 像素），进入 DS160 表格填写页面时，在右上角可以选择语言，选择简体中文后，把鼠标放在英文上就会显示出中文，然后严格按照说明填写即可。最后在线支付签证申请费（需中信银行的信用卡），预约面签时间。

2. 面谈

面谈当天携带所有签证相关材料，接受安全检查，申请人只能携带跟签证申请有关的文件，不允许携带食物以及任何液体，也不允许携带任何电子设备包括手机。面谈时，真诚、微笑、坚定，问什么答什么，被你否定的东西给予直接的说明即可。

材料明细，能带上的带上 ，没有的可以不带
护照（含以往过期护照）
DS160 确认单
缴费条形码确认单
户口簿、户口单页、暂住证、身份证、结婚证
在职证明（包含工作、职位、月薪、护照号、准假时间、公司信息）、名片、工卡、公司奖励证书
所在企业营业执照、组织机构代码证，加盖公章
资产证明、账户 6 个月流水、信用卡 6 个月账单、股票交易流水明细
签证证件照片 2 张，全家福照片，旅行照片
国外学位证书
驾照、行驶证、房产证
行程简表

办理地点

大使馆	地址	邮编	网址
美国驻华大使馆（北京）	新馆：北京市朝阳区安家楼路 55 号	100600	beijing.usembassy-china.org.cn
	日坛分部：北京市朝阳区建国门外秀水东路 2 号	100600	
美国驻华总领事馆（成都）	成都市领事馆路 4 号	610041	chengdu.usembassy-china.org.cn
美国驻华总领事馆（广州）	广州市天河区珠江新城华夏路	510623	guangzhou.usembassy-china.org.cn
美国驻华总领事馆（上海）	上海市南京西路 1038 号梅龙镇广场 8 楼	200041	shanghai.usembassy-china.org.cn
美国驻华总领事馆（沈阳）	沈阳市和平区十四纬路 52 号	110003	shenyang.usembassy-china.org.cn

3. 领取护照和签证

如果签证申请被批准，护照和签证将寄送至预约面谈时指定的地点。签证审理时间平均在 1 周左右，整个流程所需时间一般在 3 周左右，包括预约签证时间 + 面试 + 取签的 3 个工作日。

住青旅就要青年旅舍卡

青年旅舍是十分经济的住宿选择，如果有 YHA 国际青年旅舍会员卡，住宿价格会更优惠。另外，还可以在世界各地享受食、住、行、游、购、娱等优惠，并能享受折扣。因此，在出发前，申请青年旅舍的会员卡是比较明智的选择。国际青年旅舍会员卡的有效期为 1 年，全球可以通用。期满后可把旧卡复印后传真至青年旅舍中国总部，第二年会员可激活享受九折优惠。

在国际青年旅舍网站（www.yhachina.com），你可以办理 YHA 国际青年旅舍会员卡，还可以链接到全球的青年旅舍网站，并能直接在网站上订房。

网上申请

在网上输入申请人资料，会费只可以通过邮局汇款。费用收到后，就会寄来会员卡。

亲自申请

亲自到各青年旅舍或当地的 YHA 国际会员卡代理商处申请，办妥手续后，就可以取卡。或者直接到国际青年旅舍中国总部办理会员卡，手续办妥后，就能立即取卡。

其他申请方式

如果无法在网上申请，则可以下载会籍申请表（简体中文 / 繁体中文 / 英文），填写后通过电邮 service@yhachina.com 到国际青年旅舍中国总部，会费可到邮局汇款。费用收到后，就会寄来会员卡。

行程计划

旅行路线设计

到美国旅行，有多种线路可以选择。这里提供的旅行路线仅供参考，路线中有美国的几个重要旅游城市，但不包括所有城市。路线中提到了一小部分景点，你可以根据情况游览喜欢的免费景点。

Day1 ~ Day2：游览纽约

抵达纽约之后，可以先去参观一下华尔街、时代广场等景点，,品尝特色美食。第 2 天，你可以搭乘轮渡前往自由岛，参观自由女神像，中午可以到唐人街用餐，下午去参观布鲁克林大桥。之后，离开纽约，前往费城。

Day3 ~ Day4：游览费城和华盛顿

你可以用 1 天时间游览费城，参观自由钟、独立厅等免费景点。之后，前往华盛顿，用 1 天时间参观白宫、华盛顿纪念碑以及林肯纪念堂等景点。

Day5 ~ Day6：游览西雅图

西雅图是一个浪漫的城市，因此可以花费 2 天时间游览这座城市。第 1 天，你可以先到派克市场的星巴克品尝香醇的咖啡，然后看一看街头的表演。之后，你可以到码头区去逛一逛，在码头区闲庭信步，肚子饿了可以品尝美味的螃蟹。第 2 天，你可以先去华盛顿大学参观，漫步于校园内的林荫小道、参观图书馆，感受这所大学的校园氛围。之后，你可以前往凯瑞公园游览，在那里俯瞰西雅图的全景。

Day7：游览旧金山

在旧金山游览的第一站是渔人码头，这个码头有着独特的旧金山风情，你可以在这里看到海鸟，还能品尝美味的海鲜。之后，你可以到九曲花街感受浪漫气息。接下来，你可以前往金门大桥，与这个好莱坞电影中的“明星”合影。

Day8：游览洛杉矶

在洛杉矶，你可以漫步于好莱坞星光大道、日落大道。之后，前往圣莫尼卡海滩畅游，体验海滩的浪漫。

Day9：游览拉斯维加斯

拉斯维加斯有许多特色酒店，这些酒店就是这个城市的符号。用 1 天时间参观这些独具魅力的酒店，你会发现“原来酒店还可以是这个样子的”，能住、能看、能玩。可以说，拉斯维加斯的酒店就是一件件艺术品，具有观赏价值。

Day10 ~ Day11：游览休斯敦和新奥尔良

第 1 天，你可以先前往莱斯大学参观，感受这所大学的校园氛围。之后，可以前往赫曼公园游览，呼吸新鲜空气，充分放松自己。接下来，可以前往新奥尔良。第 2 天，你可以先在新奥尔良的法国居民区逛一逛，然后去新奥尔良沼泽地游览。

做出预算有分寸

出门在外，住宿、吃饭、交通、游玩、娱乐都要钱。因此在旅游之前，为自己的开支做出预算必不可少，只有预算合理，才能玩得放心。

·住宿费·

在美国，住宿最便宜的是青年旅舍，最低只要15美元一晚，豪华的则是几百上千美元。另外，不同的城市其住宿的价格也不一样，如纽约、华盛顿、旧金山、芝加哥、波士顿等城市的房价要高得多，尤其是纽约。一般来说，中档旅馆的单人间是90～180美元；双人间是100～190美元。如果通过国内的旅行网预订，还可以享受一定的折扣。另外，每当有重要会议召开或者其他活动举行时，房价一下子就会提得很高。

·饮食费·

美国到处是快餐，如果对吃不是太讲究，可以用快餐填饱肚子，也可以自己买些面包与火腿做三明治。一般来说，早餐4～7美元；午餐15～20美元；晚餐25～35美元。但是，一直吃快餐以及三明治对于讲究吃的中国人来说，一定不习惯，因此，你可以到一些休闲餐厅偶尔尝试一次，大概是50美元/人。

·观光费·

观光费是指参加当地旅游团、参观主题乐园、博物馆和美术馆以及各地著名景点的门票，当然，也少不了听音乐会与演唱会的门票钱。

·交通费·

如果你不租车，那么公共汽车与地铁将是你主要的代步工具，一个区间的费用是1～2美元。如果乘坐出租车，基本上10美元就够了，而从机场到市内的机场大巴单程的花费是10～20美元。

如果经常穿梭于市内，建议购买市内巴士和地铁等公共交通工具的通票。通票在大多数城市都能买到，有了它，你就可以在限定时间内随意乘坐市内的交通工具。

·其他费用·

除了基本的费用，还要准备日常用品的费用、零食的费用、给司机或服务生的小费、往国内寄信的邮票费、以及到美国带些特产回家的钱。

另外，在美国购物以及住宿时都会有税金，在餐厅就餐也要支付营业税等税金，各个州的缴纳比例都不同。

旅行季节

美国的冬季是 12 月至次年 2 月，去美国旅行最好避开寒冷的冬季，除非在冬季只去美国的夏威夷享受阳光。

美国的东西和南北跨度很大，因此全国的气候差别相当大。例如：同样是在冬季，美国有些地区的气温降到零下，而有些地方却很温暖；在美国的夏天，有些地方比较热，而美国北部却比较凉爽，因此在夏天去美国北部需要准备夹克和薄毛衣。

制订行李清单

若要出国旅行，准备行李时最好制定一个行李清单，分类列举，准备好的物品打勾，这样，在行李打包的过程中就不会遗漏物品。

行李清单

证件类			衣物类		
类别	带齐打✓	备注	类别	带齐打✓	备注
签证			长衣长裤		
护照			T 恤、短裤		
学生证			沙滩衣裤		
青年旅舍会员卡			内衣内裤		
证件照及电子版			外套		
现金及信用卡			鞋		
驾照及公证件			围巾		
行程单			遮阳帽／伞		
笔和纸			太阳镜		
药品类			**护肤品类**		
类别	带齐打✓	备注	类别	带齐打✓	备注
驱蚊药			防晒霜		
创可贴			洗面奶		
感冒药			爽肤水		
眼药水			润肤乳		
藿香正气丸			眼霜		
诺氟沙星			隔离霜		

续表

通信拍照类			清洁卫生类		
类别	带齐打✓	备注	类别	带齐打✓	备注
手机			毛巾		
相机 /DV			牙膏牙刷		
存储卡			梳子		
替换电池			剃须刀		
充电器 / 充电宝			湿巾 / 纸巾		
插头转换器			生理用品		
地图			旅行三宝（U 型枕、耳塞、眼罩）		
攻略指南			—		

关于货币

熟悉美国货币

美国的通用货币是美元（dollar），辅助货币为美分（cent），标志分别为美元 $、美分 ¢。美元纸币的面值有 1 美元、2 美元、5 美元、10 美元、20 美元、50 美元、100 美元，硬币有 1 美分、5 美分、10 美分、25 美分、50 美分、1 美元。1 美元 =100 美分。

兑换美元要了解

去美国旅行，少不了要花钱，但人民币在美国是不适用的，必须要换成美元才能使用。因此，会有怎么兑换美元、在哪里兑换等问题。下面就来简要介绍一下兑换现金和使用旅行支票、信用卡等问题。

· 国内兑换 ·

在美国购物、用餐、租车等，多用信用卡，就连一些小商店里都可以刷卡，只有一些中餐馆会写着只能用现金（Cash Only）结账，因此不用带太多现金去美国。中国公民出入境每人每次携带的人民币限额为 2 万元或是等值的外币，否则要向外汇管理部门申请“携带证”。而美国规定不能携带超过 1 万美元的现金或等值的外币，否则要另外填表申请。在换取美元的时候，记得要换一些零钱和20美元的钞票。在美国，100美元的大票是很难找开的，一般商店都不愿意收。而且零钱对于付小费、坐公交车等非常方便。

去银行兑换，规定一人一年凭身份证可以兑换5万美元。在银行兑换有两种方式，分别是兑换成现金和通过网上银行兑换。要兑换现金，可以到招商银行、中国银行等银行的柜台直接兑换，不需要预约；有的银行可能需要预约，手续较为繁琐，建议提前打电话给客服询问。

·在美国兑换·

在美国兑换美元相对于国内来说，是比较麻烦的。大部分的美国银行都不能把人民币兑换成美元，但部分人会选择在机场、旅馆、酒店、两替店（Money Exchange）兑换，有的也可以跟导游换。但是在那些地方兑换的话，汇率一般都比国内高，不划算。

信用卡

一般来说，在国外取现用借记卡（Debit Card）比较方便，刷卡消费用信用卡（Credit Card）比较方便。在去美国之前，最好先办一张带有美元账户的维萨卡（Visa）、万事达卡（Master Card）、美国运通卡（American Express）的信用卡。在美国大型购物中心购物、住宿、用餐或租车时都可以使用信用卡。

如何使用 ATM

去美国，既可以携带兑换好的美元，也可以携带银联卡（包括借记卡和信用卡）。持银联卡可以在商户消费，也可以在ATM（自动提款机）上取款。目前，美国有20多万台ATM可以受理银联卡取款和消费，美国的很多城市都有这样的ATM。在美国使用ATM取款并不难，现在很多ATM都有中文操作界面。

在美国取款时，只要ATM上有银联、PULSE和花旗银行（CitiBank）中的任意一个标志，就说明本机可以提取银行账户的存款。在美国使用ATM取款时，除国内发卡银行收取的手续费用外，美国的ATM运营商也会收取一定数额的服务手续费用，但花旗银行（CITI）、匹兹堡国民银行（PNC）、联合银行（UCB）、大通银行（CHASE）等银行的ATM都不收取服务费。

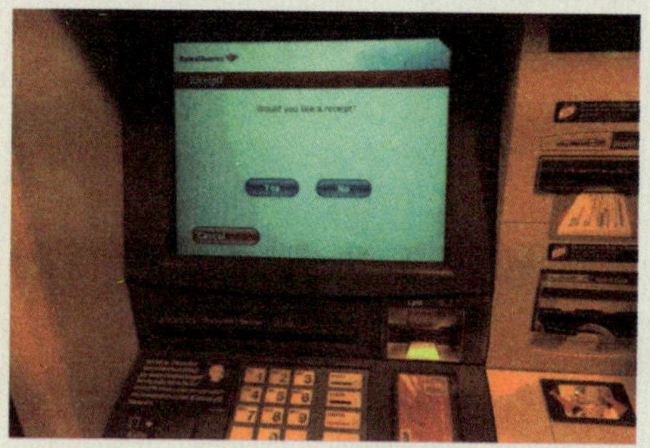

去美国旅行，飞机票是一个必须要考虑的问题。办理好护照、签证，确定好自己的行程，并且确定好出发地、目的地、出发时间之后，就可以预订机票了。就飞机票的价格来说，一般是淡季比旺季便宜，提前预订比临时购买便宜，往返票比单程票便宜，转机比直飞便宜。虽是如此，但是转机花的时间长，而且到别的国家还要过境签证，很麻烦。因此买机票避免转机又想比较便宜，就要提早预订、货比三家。如果行程已经确定好，那买往返票就更合算了。若是转机的话一定要事先留出 2 个小时以上的转机时间，以免误机或衔接不上。

了解航空公司

中国与美国直飞的航班主要由国内的国际航空公司（CA）、南方航空公司（CZ）、东方航空公司（MU）以及美国的联合航空公司（UA）运营。通过东京转机的航班主要由中国联航、西北航空公司（NW）、美国航空公司（AA）等。了解了航空公司，之后就要了解自己的出发地和目的地之间的通常航线，了解一些大概的票价，然后在订票的时候就有衡量的标准了。游客可以通过机票搜索软件（ITA Airfare Search Software）查询。

提前多久订票合适

在预订之前，一定要想好提前多久预订。一般来说，拿到便宜机票的最佳时间是提前 4 个月以上，如果在飞机临出发一个月还有不少余票，那航空公司就可能实行优惠销售（Promotion）或再次折价，那此时也会买到比较便宜的机票。一般中美往返在 800～1500 美元左右都是正常的价格。

另外，了解一些航空公司放出低价票的时间也是很有必要的。在美国，美国本土的航空公司的竞争能力较强，往往在航班起飞前 1～2 月才放出低价机位。亚洲的航空公司，比如东航（China Eastern Airlines）则往往提前 3 个月甚至更久放出一些比较便宜的机位以抢占市场份额。加拿大航空公司（Air Canada）为抢占美国市场份额，也经常采取这种竞争战略。如果怕问不到准确的价格或低价，可以注册一些网站，如美中机票网（www.e-trAve.ltochina.com），它会在你每次进行查询的时候，都会给出多种航班组合和票价。

航空公司官网订票

很多人都会想不通过代理，而自己去买票，那样比较放心，不怕被骗。自己订票可以到售票窗口，也可以到各大航空公司的网站预订。一般来说，到窗口购买是很少有折扣的，而到各大航空公司的网站预订是比较划算的。到航空公司的网站，可以先在网上（如 matrix.itasoftware.com）查一下票价的大概范围，然后到相应的航空公司网站查询、预订。大多数航空公司网站都有中文，但有的在开始订票之后就只有英文的。在支付票价时，最好用信用卡结算。

预订酒店

住宿类型要对比

美国的住宿地种类是比较多的，而且档次也齐全。一般高档酒店的双人间是 170 美元以上，中档酒店是 70 ~ 150 美元，经济型旅馆是 40 ~ 70 美元，单人间相应的会少 10 ~ 20 美元。如果有人与你结伴而行，住一个双人间是很划算的。如果预算有限的话，可以选择住青年旅舍，一天大约需要 15 美元。酒店的入住时间一般为 14:00，退房时间为 12:00 以前，超时需要加收费用。酒店内一般不提供牙膏、牙刷、梳子、拖鞋、剃须刀等个人用品，因此这些自己都要提前准备好。

· 星级酒店 ·

美国的星级酒店（Hotel）的门口是不挂星级的，而且美国也没有专门的权威的酒店评星机构，其酒店管理协会是不会为酒店评星级的。美国人最在意的是消费者对酒店的评价，所以通常我们在网上或别的地方看见的酒店星级标识，都是消费者在入住酒店之后给酒店打的分数（5 分制）。我们常听见的酒店如假日酒店（Holiday Inn）、雷迪森酒店（Radisson）在美国通常为 3 星标准，希尔顿酒店（Hilton）、谢拉顿酒店（Sheraton）通常为 4 星。华美达酒店（Ramada Inn）、戴斯酒店（Days Inn）等为 2 星以下。一般来说四星、五星级酒店过于豪华了，二星级的酒店条件相对会差一些，而三星级的酒店是最合适的，价格不像四星、五星级酒店那么贵，环境还很舒适。

美国的星级酒店大多位于市中心，虽然很多酒店不如国内的酒店那么新，但是大多数都很舒适。酒店的价格因酒店的规模、设施而异，而且还因城市而异。如在纽约住一个三星级或二星级酒店的费用可能就相当于你在盐湖城住一个四星级酒店的费用。大一点的酒店一般都会有餐厅、酒吧、休息室、咖啡厅等，豪华酒店会有游泳池、健身房等。很多酒店都会提供免费的早餐。酒店内的客房面积很大，床大小分为 King

Size、Queen Size、Full Size或Double Size，其中King Size、Queen Size都比国内双人床大，而Full Size跟国内的双人床差不多大，Double Size是单人床。

·汽车旅馆·

在美国旅行，住汽车旅馆（Motel）是不错的选择，如果你是自驾旅行的话，这里就应该是你的首选住宿地了。一般来说，美国的酒店都比较贵，而汽车旅馆相对来说会比较便宜一些，但设施可能没有酒店那么好，要简单很多，但可以免费停车，而且很安静。汽车旅馆一般远离市中心，或者位于主要高速公路旁，其中有些汽车旅馆会有饭店或者小厨房、洗衣设备或者游泳池等供旅客使用。常见的连锁型汽车旅馆有Motel 6、Super 8、Comfort Inn、Red Roof，以及Choice Hotels旗下的Quality Inn、Comfort Inn、Sleep Inn，Holiday Inn旗下的Holiday Inn Express，Radisson旗下的Suites by Radisson等。

·家庭旅馆·

家庭旅馆（Home Stay）一般都是由一家人或一对夫妻经营，客房大多数都是多余的房间或子女不在空出来的房间，有床位和单间两种客房类型（以单间居多），其内部装饰与一般美国家庭的房间一样，很舒适、温馨。但家庭旅馆的客房一般比较少，要提前预订。而且会有宵禁时间，如果房东给你一把大门的钥匙，那你就不用考虑时间问题了。不过回去太晚的话，要注意不能吵闹。家庭旅馆一般都会提供比较丰盛的早餐。住家庭旅馆还有一个好处就是能更深入地了解美国文化与生活。

·B&B·

B&B（Bed & Breakfast）是指提供住宿和早餐的旅馆。这种旅馆设施一般都比较简单，有单人间、双人间、多人间等几种客房类型，但以多人间居多，如4人间、6人间等。价格比较便宜，房费中一般都是包含早餐费用的，但提供的早餐有简单的，也有比较丰盛的。住宿费用一般为20～30美元。

·青年旅舍·

青年旅舍（Youth Hostel或Hostelling International）是一种比较经济实惠的住宿地，它们有的在比较远的乡村或郊区，有的则在城市的高楼大厦之间。多数的青年旅舍都是多人间，有上百个床位，但有些比较大的青年旅舍会提供单人间或双人间，价格也会比多人间贵很多。在青年旅舍中住宿，厨房、卫生间、洗衣间等都是公用的，因此要有比较好的自律性，要自己打扫卫生等。在青年旅舍中住宿，如果你有青年旅舍会员卡，会享受到一定的优惠。住在青年旅舍里，你会遇到很多与你志同道合的游客。青年旅舍的入住时间（Check in）一般是 17:00 ~ 22:30，离店时间（Check in）是 7:00 ~ 10:00，需要自备盥洗用具。

·露营·

说到露营，可能会让人想到背着帐篷在某座山上住一晚上，除了自己带的东西，什么都没有。但在美国露营并不是这样的。美国到处都有露营地，而且也不乏一些很好的露营地，比如安静的郊区、美丽的国家公园内等，都会让你体验到不一样的旅行生活。在美国，几乎所有的露营地都是通电、通水，还有卫生间，淋浴间和洗衣房。露天营地的价格也各有不同，有些是免费的，有些可能住一晚就要 20 ~ 25 美元。

住宿预订网站推荐

预订住宿地，一般都是在各种订房网站上预订，游客可以多找几个酒店预订网站，然后多比较几家酒店，选择一个适合自己的住宿地。如果行程确定好了，就可以确定一家酒店或别的住宿地，然后提前预订，一般的网站在预订之后入住之前都是允许修改或退订的。一般提前在网上预订的话，都会有至少 40% 的折扣。如果交通方便，可以选择远离市中心的住宿地，这样住宿的费用会比市中心的同等住宿地便宜很多。

酒店预订网站推荐

网址	特色
www.lastminutetravel.com	酒店预订，有折扣
www.southwest.com	机票、租车、酒店预订
www.usahostels.com	可以预订到价格比较便宜的酒店
www.hotels.com	是美国最大的酒店订购网站之一，通常有很便宜的折扣
www.hotelclub.com	提供了全球 141 个国家的酒店，价格也是非常有竞争力的
www.priceline.com	英文网站，它的优点是可以 Name your own price，就是给出你要住宿的区域、星级和价位。如果有酒店愿意接受你的价格，你就可以成功订到你的酒店了。但缺点是不能取消订房
www.booking.com	有中文网站，对国内游客来说使用起来非常方便，但它可选择的住宿地相对来说比较少
www.kayak.com	是一个将各个网站的信息进行汇总比较的网站，查看这个网站就不会错过便宜的酒店，但这个网站不提供酒店预订

软件下载

离线地图 MAPS.ME

这是一款可在任何地点和任何时间离线查找世界上所有国家的地图软件，可帮助你随时了解所在位置以及如何找到附近的餐厅与景点。

大小：41.10M

支持：iOS 7.0 或更高版本，与 iPhone、iPad、iPod touch 兼容

奥维互动地图

该软件支持 Google 地图、百度地图、搜狗地图，并可在这几种地图间自由切换，了解更详尽的信息。拥有详细的信息查询功能，并可直接对搜索出的线路进行语音导航，还可同时显示好友的位置。

大小：19.3 MB

支持：iOS 5.1.1 或更高版本，与 iPhone、iPad、iPod touch 兼容。

实用的谷歌地图

Google Map 涵盖 200 多个国家和地区的地图，绝对可以满足你的使用需求。高精确度的定位和 360° 视角的街景模式具有真实感。如果想要探索路线，输入出发地和目的地，它就能帮你计划出公交、自驾、步行三种模式的线路。然后，你就可以按照详细的路线跟着导航去你想去的地方。即便你是在美国，只需要输入中文地名，谷歌地图也会帮你找到正确的地点，而且路况实时更新，若前面路段发生事故或维修，谷歌地图会及时提醒你绕开。

大小：28.8MB

支持：需要 iOS 7.0 或更高版本，与 iPhone、iPad、iPod touch 兼容，此 App 已针对 iPhone 5、iPhone 6 和 iPhone 6 Plus 优化

订房用 Booking

Booking 是酒店预订管家，收录的酒店齐全，超过 55 万个住宿地，房型多样，性价比高。如果你要到美国旅行，订酒店的事情可以交给 Booking，只要简单的操作，就可以订到满意的酒店。Booking 上面的酒店预订价格真实，即所标明的价格就是你要付费的实际价格，所有的税费都已含入标价中，清晰明了。另外，在 Booking 预订酒店，并不需要提前付款，你可以在抵达酒店后进行支付。若在出行前对自己订的酒店不满意，你随时都能取消订单。若计划行程出现变动，你还可以更换酒店，方便快捷。

大小：43.5 MB

支持：需要 iOS 7.0 或更高版本，与 iPhone、iPad、iPod touch 兼容，此 App 已针对 iPhone 5、iPhone 6 和 iPhone 6 Plus 优化

购买出行保险

办理旅游保险

出门旅游不比在家里，有时遇到一些状况在国内可以很顺利地解决，但要是在国外发生，你大概就会有点措手不及。买一份保险，花的钱不多，但却可以有一份保障，买一份安心。尽管，每个人都不希望有用上它的机会。

此外，由于在美国旅游过程中，信用卡的使用频率较高，因而建议游客买一份信用卡保险。具体购买哪些旅游保险，游客可以向旅游代理公司咨询，他们会提供给你合理的购买保险的方法。

平安保险、人寿保险、太平洋保险、泰康人寿保险等都是值得信赖的保险公司。不过，无论选择哪家保险公司，一定要选择购买适合自己境外旅行的险种。

常用保险公司

名称	网址
平安人寿保险	www.life.pingan .com
中国人寿保险	www.e-chinalife.com
泰康人寿保险	www.taikang .com
太平洋保险	www.ecpic .com.cn

出入境美国

获得签证后并不表示你就可以进入美国，按照美国移民法规定，签证只是表示持证人具有进入美国的资格，并不是进入美国的保证。所以，你是否能进入美国，还取决于入境口的移民官。那么如何才能顺利入境美国呢？以下是美国旅游局公布的一些入境要求，掌握好这些入境技巧，进入美国很简单。

入境步骤

1. 填写入境卡

如今，美国海关与边境保护局实施了外籍旅客入境免填出入境登记卡的规定。外国旅客在登机前往美国前，其资料就已同步通过旅客资料预报系统传送至美国。

你在飞机上只需要填写海关申报单（6059 B 表）。海关申报单顾名思义，就是向海关申报你带了哪些东西的表格。填写海关申报单时一定要据实填写，如果没有据实填写，依法海关将没收。

2. 前往移民局柜台

下飞机后，可以沿着标有 Arrival 的方向去接受入境检查（Immigration）。到达入境关口时，选择非美国公民（No-resident）窗口进行排队。这时，你可以将护照、签证、海关申报表准备好以备检查。当进入检查环节时，你需要通过数字化出入境登记系统（US-VISIT）的检查。一名 CBP 官员将会记录你的电子指纹和照片，作为你旅行记录的一部分。同时 US-VISIT 将通过你的指纹来建立与核实你的身份证明材料。

美国的海关人员及边境保护官员将检查你的旅游证件，例如护照、签证，并将详细询问你在美国逗留的信息。按照惯例，你也可能需要回答一些问题，包括你所从事的职业，是否为你的旅行准备好了足够的钱（最好准备一张信用卡）和你将于何时以何种方式离开美国（准备好一份旅行日程）。回答这些问题时，不必紧张，如实回答，只要与你的旅行目的相符，检查人员都会让你通关。

3. 盖入境章

移民官在检查完护照签证后，会在护照上盖入境章，上面注明允许你在美国的停留时间。

4. 领取托运行李

入境之后，才可以领取托运的行李或转机。提取行李后离开机场，会有专门的行李检查人员进行检查。

5. 出海关

到了海关检查关口，找到一个窗口排队，等待接受行李检查。接受检查时，将海关申报单交给检查工作人员，并如实回答他询问的问题。如果要求你打开行李检查，不要犹豫，应立即打开供其检查。海关检查通过后，你就正式入境美国了。

从美国离境

和入境手续相比，离境手续要简单得多。不过还是要提醒游客一定要提前2～3个小时前往机场，这样时间上比较充裕，不会手忙脚乱。到达机场后，先找到你所搭乘航班的服务台，在那里换登机牌。换登机牌时，护照上的出境小卡会由机场人员撕去。领到登机牌和座位号后，工作人员会告知你从几号门登机。通常，登机在飞机起飞前30分钟开始，起飞前15分钟关闭机舱门。

·离境步骤·

1. 前往机场

最好在飞机起飞时间前2～3小时到达机场，杜绝意外。

2. 换登机牌

拿着机票、护照到指定柜台（一般一进入候机厅就可见航班信息大屏幕，上面有对应航班的柜台编号）交给工作人员。

3. 托运行李、出境手续

大件行李要托运，通常有免费托运行李要求；如果超重超大需要额外付费；记得买份意外保险。

4. 退税、登机安全检查

需要提供3样物品：身份证、机票、登机牌。随身的手提包里不能有道具、危险品等，甚至连水、肉类等也不能携带。

5. 登机

在指定的登机口登机，如果喜欢坐在窗边，可以在换登机牌时就提出；乘坐时间较长，可以将自己平时休闲用的物品放在手提包内。

购物退税不能忘

如果你在一些商场或标有免税（Tax–free）的零售店里购物的话，你就可以在离境前的一个月之内，凭借离境机票（包括在美国境内的转机机票）、本人护照、所购物品和所购物品票据，在退税办理机构办理相关手续，之后就能在3到7个月内获得所购物品的退税。

在退税时，对退税额也是有要求的，所退税款要达到10美元。因为美国各个州的税率不一样，所购买物品的价格也不一样，如休斯敦市的购物税为8.25%，即所购物品至少125美元。在购物时，需要自己用信用卡或现金结账。

退税机构都会收取一定的手续费，一般为所退税款的33%，你能得到的退税款只有5%～6%。一个人出境前只能办理一次出境购物退税。退税机构的工作人员核对物品之后，会让你填写一张《外国消费者退换消费税》（Attention Foreign Shoppers Recover your State Sales Tax）的表格，签上你的名字后退税就算完成了。退税款会以现金（Cash）、支票（Check）、旅行支票（Travelers Check）这3种方式中的一种寄给你，一般现金会汇到你的Visa卡或Master Card上，支票会通过邮局寄给你。

适应美国时间

美国时区

美国有多个时区，它的时区界限并不完全按照经线划分，不同的时区覆盖的州市大小、多少不同。美国有6个时区，时区与时区之间的时差在1～5个小时。每个时区与中国的时间都相差很大，最少是13个小时，最多是18个小时。

美国时区

时区	所属地区
东部时区（EST）	包括大西洋沿岸及近大陆的19个州和华盛顿特区，代表城市为华盛顿、纽约
中部时区（CST）	代表城市为芝加哥、新奥尔良
山区时区（MST）	代表城市为盐湖城、丹佛
太平洋时区（PST）	包括太平洋沿岸的4个州，代表城市为旧金山、洛杉矶、西雅图
阿拉斯加标准时间（AKST）	只限于阿拉斯加
夏威夷—阿留申时区（HST）	只限于夏威夷群岛

美国夏令时

美国夏令时始于每年4月的第1个周日，止于每年10月的最后一个周日。夏令时比正常时间早1小时，相应的美国各地时差与北京时间减少1小时。

例如，北京时间20:00，美国太平洋时间就是04:00。在夏令时，时差少1小时，北京时间20:00，美国太平洋时间就是05:00。

美国营业时间

这里列出的营业时间可供参考：

银行：周一至周五09:00～17:00（美国商业银行一周7天营业）

商店：周一至周五10:00～19:00，周六10:00～18:00，周日12:00～17:00

餐馆：早餐07:00～10:00，午餐11:00～14:00，晚餐17:30～22:00

电话与网络

如何在美国打电话

美国的电话号码都是 10 位数，其中 7 位数是基本的电话号码。这 7 位数之前还有 3 位数是“区号”（Area Code）。每个“区”（Area）管辖的范围很广，有时甚至包括整个州。有些州，一个“区”里拥有电话的人实在多（一般是某个大都会地区），打电话时拨 7 位数电话号码的同时也要拨“区号”。

美国较大城市的电话簿则干脆分为两册。“黄页部分”所列是单位、团体、企事业、公司、服务行业等等的名单、地址和电话号码，按部门类别分类后再按英文字母排列，部门类别则有索引可查。“黄页部分”用途非常广泛，特别是当你要查找某个专门行业的单位时更是不可缺少。如果要查找的电话号码在电话簿上找不到，可拨刊登在电话簿最前面的“查号服务台”（Directory Assistance）。在美国大部分地方，查号台的电话号码是 411。

1. 使用公用电话

美国通讯发达，打公用电话可用投币和电话卡两种方式。投币式电话（Public or “Pay” Phone）在美国比较常见，美国很多的加油站、大街、餐厅以及大型商场靠近厕所的地方都能找到，这些电话只接收 25 美分、10 美分和 5 美分的硬币。如果通过投币式公用电话机打长途，而且愿意自行付款（不要受话人付费），事先必须准备足够的硬币（Cuarters，Dimes，Nickles）。打电话时如果不知道价格多少就先拨号，接线生会告诉你需要多少钱，如果钱不足，接线生也会通知你补钱。

购买电话卡就可以在旅馆内拨打长途电话。购买电话卡，首先找到电话卡售卖机，然后选择你要的电话卡金额，放入现金或插入信用卡付钱，最后取出电话卡，就可以用来打电话了。使用电话卡的程序一般是：先拨电话卡上 1–800 或 1–888 开头的号码，按提示输入电话卡上的密码（Pin#），再拨打电话号码。

如果打长途电话以及国际长途电话，建议购买长途电话卡，这样会比较实惠和方便。美国很多城市的唐人街里的书店、录像带出租店以及杂货店可以购买到拨往中国大陆、香港等地的国际电话卡，非常便宜，也非常方便，还可以使用公用电话、旅馆内的电话打。

用长途电话卡拨打美加地区：电话卡上同区电话号码＋密码＋＃+1+ 区号＋电话号码＋＃。

用长途电话卡拨打国际地区：电话卡上同区电话号码＋密码＋＃+011+ 国码＋区域号

码＋电话号码＋#。

2. 拨打电话

从美国打电话回中国，公式为：国际冠码 011+ 中国国家代码或香港代码 86+ 区域号码＋电话号码

从美国打电话至美国本地：加码＋区域号码＋电话号码／手机号码。

3. 发短信

短信用的钱比打电话便宜，在美国，也可以收到中文短信。

从美国发送短信到中国的方法是：国际冠码 0+ 国家代码 86+ 手机号码 11 位。

4. 打电话应注意的事项

美国免付费的电话都是以 800、888、866 开头的，通常是商用电话，拨时前面要加 1，如 1+800+ 电话号码。

值得注意的是，900、915、976 的号码都会额外收费，而且费用比较贵，因此，不要乱打。拨这类电话也要在前面加 1，如 1+900+ 电话号码。

网络

若需要使用手机上网的时间较长，你可以选择 Verizon 的 Smart PhonePlan 优惠套餐（70 美元包月，包含 4GB 流量）。除了上网方便之外，拨打美国本土电话以及发送短信都不限量。选择这两种优惠套餐，不一定非要专门购买运营商的手机，直接购买即可。

小费支付

美国人在接受服务时有付小费的习惯，用餐、理发、美容、停车、住宿、打车等都要付小费，费用按百分比来计算。

代泊车、取车、拎行李：1 ～ 2 美元。

酒店房间整理 1～2美元，放枕头边即可。

有服务员服务的餐厅：消费金额的 15%～ 20%。吃自助餐时一般不需要给小费。

出租车：车费的 10% ～ 15%。

应急知识

物品丢失

·证件丢失怎么办·

在国外，重要的证件都要随身携带，并且留有备份。比如把签证、护照复印一下备份。如果是护照丢失，则需要马上报警，警察会给你一个护照遗失证明，游客可凭这张证明向中国驻美国大使馆或总领事馆申请补发护照或旅行证。补发护照时，需提交我国驻美使领馆签发的《中华人民共和国旅行证》，提交户口簿、身份证原件和相应复印件，在办理证件所在的公安局出入境管理处与我国驻外使领馆（遗失地）核实后补发。

·贵重物品丢失·

在美国旅行时，随身携带的现金不宜太多，在购物、用餐时都可以用信用卡、银行卡或旅行支票结算。游客最好将信用卡、银行卡的卡号，旅行支票的支票号码记下来，有一些贵重物品可以放在酒店的保险箱内。如果信用卡或银行卡丢失，要立即打电话给发卡银行挂失，然后申请补办。若旅行支票丢失，如果支票的复签栏没有签名的话，丢失也不会有太大的影响，如果事先把支票的号码记下来，可以方便补办和申请赔偿。

·行李损坏或丢失·

当你拿到行李后发现行李在货仓内有损坏，那应该立即在行李转盘处或是航空公司专设的柜台处理。在索赔的时候，游客要填写行李破损报告，然后航空公司才会负责理赔。如果找不到行李，可以持登机证上的行李注册存根向航空公司查询，请工作人员帮忙查找。万一还是找不回来，则须填写报失单，最好要详细地写清楚行李箱中的物品和价格，并保留一份副本和机场服务人员的姓名及电话，如果你的行李在3天内没有被找到的话，航空公司会按照合同给予一定的赔偿。

·迷路了怎么办·

在外旅行，一份地图是非常有必要的，地图可以在机场的游客协助处或城市的游客信息中心领取，也可以在商店购买。游玩时，如果发现自己迷路了，最好的办法是找警察问路。如果旁边没有警察，则可以礼貌的询问路旁的商家。如果是去野外旅游，带上指南针很有必要。假如没有指南针，就借助野外知识和一些标志性建筑明确方向，如太阳、植被等；实在自己找不到道路，可以打电话给警察求助，你就待在原地，耐心等待。如果自驾车迷路，可以借助车上的GPS或手机地图来找路。若是没有导航，那就到最近的加油站、商店问问。

·机票丢失怎么办·

机票丢失一般有两种情况：一种是如果能确认丢失机票的详细情况，则可以重新签发；二是购买待用机票，并且在一定时段内没有不正当使用丢失的机票，如果情况属实，则可以申请退款。如果不知道机票的详细情况，可以亲自与购买机票的中国公司驻美办事处联系，查询详情。

身体不适

在外旅行，舟车劳顿加上水土不服，很容易发生急性肠胃炎、感冒等情况，夏天还容易中暑，因而要备一些感冒药、胃药、消暑药物、晕车药等。在面对美国众多美食的时候，一定要有所节制，特别是一些生冷油腻的食物，尽量少吃，以免导致肠胃不舒服。如果游客是在生病中去的美国，那么就要在国内买足了药带去，并带上医生的诊断书（英文翻译件），若有突发情况，当地医生可以快速地做出判断。如果出现较为严重的身体不适，可求助于旅馆的工作人员，尽量安排医生或者到就近的医院就医。如果在旅行的路途不舒服，应让身边的人叫救护车或者前往就近的医院。

美国主要旅游城市的医院信息

城市	医院	地址	电话	网址
纽约	New York Downtown Hospital	170 William Street New York	212-3125000	www.downtownhospital.org
洛杉矶	California Hospital Medical Center	1401 South Grand Avenue Los Angeles	213-7482411	www.chmcla.org
洛杉矶	White Memorial Medical Center	1720 East Cesar E Chavez Avenue,Los Angeles,CA 90033	323-2685000	www.whitememorial.com
旧金山	CPMC Alzheimer's Residential Care	3698 California Street San Francisco	415-6006392	www.cpmc.org
旧金山	Kaiser Permanente：Shafaee Navid MD	2425 Geary Blvd M-160,San Francisco,CA 94115	415-8339182	www.kaiserpermanente.org
芝加哥	Mercy Hospital & Medical Center	2525 South Michigan Avenue Chicago	312-5672000	www.mercy-chicago.org

卫生间的那点事

说到卫生间，可能会觉得这是小事，但当你到了一个陌生的地方，当你有需要的时候，生活的小细节就变成了旅行生活中的大事。在去美国旅行之前，先做做功课，了解一下美国的卫生间的相关信息，一定能对你的旅行生活有很大的帮助。

·街头的公共卫生间·

美国整体给人的感觉是干净整洁的，不管是大街小巷，还是高楼大厦，就连供人们野餐的草坪都没有被人践踏的痕迹，甚至连大街上的公共卫生间都是非常干净的。在美国，不管是大城市还是小城镇，其大街上都能看见公共卫生间，而且卫生间的设计很独特，不管是颜色、形状、装饰都与街道的设计相符合，很小巧美观、经济适用，一点都不影响街道的美观与市容。

美国的公共卫生间都是免费使用，卫生间有专人打扫，走近时不用掩鼻，反而会闻到一种淡淡的香味。一般街道上的卫生间是不分男女专用的，也不如其他卫生间设施齐全，但里面空间很大，并有上下水道连通，便后可以洗手。里面提供厕所用纸，外面没有阶梯，轮椅可以很轻松的推进去。卫生间是滑动门的，按键开门。里面也有扶手，方便老人和残疾人如厕。卫生间外面一般装饰有城市的地图和街道名称，在入口处还有多种语言说明，还有“自动清理”等电子显示屏。

·景点、商场等场所内的卫生间·

美国的景点如博物馆、教堂、水族馆等地，以及超市、商场、购物中心、火车站、冰淇淋店、咖啡店、酒吧、快餐店（如肯德基）等场所内都会有卫生间，而且都是宽敞明亮的，地面没有水渍，也没有一点异味。一般各种公共场所内的卫生间是分男女卫生间的，大多数还有母婴卫生间（家庭卫生间）。卫生间内都会有卫生纸、冷热水龙头、洗手液、擦手纸、烘干机、放东西的平台、衣帽钩、小型饮水机等设备。有时，在购物中心、酒店、高级餐厅等场所内的卫生间门口，还会有侍者为你喷古龙香水，但此时你也要付 1 美元的小费。

说到卫生间，不得不提的就是母婴卫生间，也可以叫家庭卫生间（Family Room），这种卫生间供携带婴儿的一家人如厕使用，尤其是供母婴使用。在母婴卫生间中，除了一般的设施之外，里面还会有长沙发和若干个短沙发，以及一张圆桌子，桌子上有玩具、杂志和画报，可供休息。

·卫生间的叫法·

在国内，卫生间都被称为 WC，但在美国，都被称为 Toilet 和 Restroom。在大街上的公共卫生间一般都叫 Toilet，而公共场所的卫生间被叫作 Restroom，这些都是比较雅致一点的称呼，让人感觉洁净、舒适。

附录

自驾须知

关于驾照公证

驾照公证就是对翻译件进行类似官方的认可，认定这个翻译件没有问题，然后盖个章，收取一定的费用。去美国合法的地区自驾，这个公证件不是特别重要，对于交警来说，只要能看懂你的个人信息即可。如果你觉得办理了驾照公证件会更安心，那么不妨办一个。另外，如果租车条款里明确要求有公证件才能提车，那么就要去公证。

关于国际驾照

目前，在中国大陆无法办理国际驾照。如果在网上或者某个机构办理了所谓的“国际驾照”，还可能会因为涉嫌造假而留下不良记录。

关于加油

美国最常见的汽油有 87 号（Regular）、89 号（Plus）和 91 号（Supreme），87 号最便宜，租车自驾选择最便宜的 87 号即可。

美国的一些加油站没有工作人员，而且只接受特定的加油卡，遇到这种情况，只能另选一家。如果刷信用卡时提示要支付几美元的手续费（按百分比收费），那么就选择现金支付。

1. 用信用卡支付，VISA 和 MASTER 均可使用，只要根据加油机提示，把信用卡刷一下，再按对应油号的按键，用油枪控制加油量的多少即可。

2. 根据提示，放入适合面额的现金到卡槽，然后提枪加油，余额也会通过找补槽退回。

3. 到旁边的小超市（加油站的工作人员同时也兼任售货员）或工作间找工作人员，告诉对方你要加油的加油机号码，然后支付油钱，加油后再来找零。也可以先去加油，然后再返回付款。

关于酒驾

在美国酒后驾车，一旦被警察逮到，那就不是单纯的违反交通法规，而是违反刑法的犯罪行为，通常会被判处长时间拘留、高额罚款或直接吊销驾照。

美国交通标志

停止　让道　禁止进入　危险

单行道　禁止回转　禁止右转　红灯时禁止右转

红灯时停在这

右转道

速度限制

改道

动物穿越

前方有道路工程

行人穿越

前方有铁路

红灯—停
不要前行，直到转换成绿灯

黄灯—灯将转成红色，准备停车
闪烁的黄灯—警告

绿灯—通行

绿色箭头—继续行驶向箭头方向

DO NOT ENTER
单行道

不准停车

禁止进入

禁止右转

禁止掉头

右转或直行车道

只能右转车道

靠右边行驶

美国应急电话

美国常用应急电话

名称	电话
警察警官高速公路巡察、火警援救、紧急医疗和空降救护	911
安全驾车热线（Auto Safety Hotline）	800–4249393
美国红十字会（American Red Cross）	213–7395200
消费者投诉电话（Reviews Consumer Complaints）	800–9525225
消费者信用咨询服务（Consumer Credit Counseling Service）	800–7502227
儿童和家庭服务（Child and Family Services）	213–4272700
法律协助基金会（Legal Aid Foundation of Los Angeles）	213–4873320

续表

名称	电话
医疗咨询（Medi–Cal Information）	800–3396993
美国移民局（U.S. Immigration and Naturalization Service）	800–3755283
巴士服务华语服务专线（Foothill Transit Information Line，Chinese）	888–6295992

中国驻美国使领馆

中国驻美国使领馆信息

使领馆名称	地址	电话	工作时间
中国驻美国大使馆	3505 International Place, NW, Washington, D.C.	202–4952266 202–6698024	09:00～17:30（周一至周五，节假日除外）
中国驻纽约总领事馆	纽约市曼哈顿12马路520号，42与43街之间	212–2449392	09:00～12:00，13:30～17:00（周一至周五，节假日除外）
中国驻旧金山总领事馆	1450 Laguna Street, San Francisco, CA	415–8525900	09:00～12:00，13:30～17:00（周一至周五，节假日除外）
中国驻洛杉矶总领事馆	443 Shatto Place, Los Angeles, CA	213–8078088	09:00～12:00，14:00～17:00（周一至周五，节假日除外）
中国驻芝加哥总领事馆	100 West Erie Street Chicago, IL	312–8030095	09:00～12:00，14:00～17:00（周一至周五，节假日除外）
中国驻休斯敦总领事馆	3417 Montrose Blvd., Houston, TX	713–5201462	09:00～12:00，13:30～17:00（周一至周五，节假日除外）

美国世界遗产

美国世界遗产名录

中文名	英文名	列入时间	归属	类别
梅萨沃德国家公园	Mesa Verde National Park	1978年	科罗拉多州	世界文化遗产
黄石国家公园	Yellowstone National Park	1978年	怀俄明州、蒙大拿州、爱达荷州	世界自然遗产
大沼泽地国家公园	Everglades National Park	1979年	佛罗里达州	濒危世界自然遗产

续表

中文名	英文名	列入时间	归属	类别
大峡谷国家公园	Grand Canyon National Park	1979 年	亚利桑那州	世界自然遗产
独立大厅	Independence Hall	1979 年	宾夕法尼亚州	世界文化遗产
红杉树国家和州立公园	Redwood National and State Parks	1980 年	加利福尼亚州	世界自然遗产
猛犸洞穴国家公园	Mammoth Cave National Park	1981 年	阿肯色州	世界自然遗产
奥林匹克国家公园	Olympic National Park	1981 年	华盛顿州	世界自然遗产
卡俄基亚土丘历史遗址	Cahokia Mounds State Historic Site	1982 年	伊利诺伊州	世界文化遗产
大雾山国家公园	Great Smoky Mountains National Park	1983 年	田纳西州和北卡罗来纳州	世界自然遗产
波多黎各的要塞与圣胡安国家历史遗址	La Fortaleza and San Juan Historic Site in Puerto Rico	1983 年	波多黎各	世界文化遗产
自由女神像	Statue of Liberty	1984 年	纽约州	世界文化遗产
约塞米蒂国家公园	Yosemite National Park	1984 年	加利福尼亚州	世界自然遗产
查科文化	Chaco Culture	1987 年	新墨西哥州	世界文化遗产
夏威夷火山国家公园	Hawaii Volcanoes National Park	1987 年	夏威夷州	世界自然遗产
夏洛茨维尔的蒙蒂塞洛和弗吉尼亚大学	Monticello and the University of Virginia in Charlottesville	1987 年	弗吉尼亚州	世界文化遗产
陶斯的印第安村	Pueblo de Taos	1992 年	新墨西哥州	世界文化遗产
卡尔斯巴德洞穴国家公园	Carlsbad Caverns National Park	1995 年	新墨西哥州	世界自然遗产
沃特顿冰川国际和平公园	Waterton Glacier International Peace Park	1995 年	美国蒙大拿州和加拿大阿尔伯塔省	世界自然遗产
克卢恩／弗兰格尔－圣伊莱亚斯／冰川湾／塔琴希尼－阿尔塞克	Kluane／Wrangell–St Elias／GlacierBay／Tatshenshini–Alsek	1979 年，1992 年、1994 年扩大范围	美国阿拉斯加州和加拿大育空地区	世界自然遗产
帕帕哈瑙莫夸基亚国家海洋保护区	Papahā naumoku ā kea	2010 年	夏威夷州	世界文化与自然双重遗产
波弗蒂角纪念土冢	Monumental Earthworks of Poverty Point	2014 年	路易斯安那州	世界文化遗产